思想政治教育研究丛书
丛书主编 魏则胜

本书由教育部高校思想政治工作队伍培训研修中心（华南师范大学）出品

高校辅导员
工作基本任务与方法

王 刚 江 峰 荆 懿 贾婀娜 编著

广东高等教育出版社
Guangdong Higher Education Press
·广州·

图书在版编目（CIP）数据

高校辅导员工作基本任务与方法/王刚等编著. —广州：广东高等教育出版社，2024. 12

（思想政治教育研究丛书/魏则胜主编）

ISBN 978－7－5361－7820－5

Ⅰ. G645. 1

中国国家版本馆 CIP 数据核字第 20249XG732 号

出版发行	广东高等教育出版社 地址：广州市天河区林和西横路 邮政编码：510500　电话：（020）87551597　87551077 http://www. gdgjs. com. cn
印　　刷	佛山市浩文彩色印刷有限公司
开　　本	787 毫米×1 092 毫米　1/16
印　　张	14
字　　数	320 千
版　　次	2024 年 12 月第 1 版
印　　次	2024 年 12 月第 1 次印刷
定　　价	49. 00 元

序　言

习近平总书记在《高举中国特色社会主义伟大旗帜　为全面建设社会主义现代化国家而团结奋斗》（即中国共产党第二十次全国代表大会报告）中指出："青年强，则国家强。当代中国青年生逢其时，施展才干的舞台无比广阔，实现梦想的前景无比光明。全党要把青年工作作为战略性工作来抓，用党的科学理论武装青年，用党的初心使命感召青年，做青年朋友的知心人、青年工作的热心人、青年群众的引路人。广大青年要坚定不移听党话、跟党走，怀抱梦想又脚踏实地，敢想敢为又善作善成，立志做有理想、敢担当、能吃苦、肯奋斗的新时代好青年，让青春在全面建设社会主义现代化国家的火热实践中绽放绚丽之花。"中国社会发展已经进入新时代，今天的青年就是未来的中国，今天高等教育的人才培养水平，必将深刻地影响着未来中国社会的发展水平和社会风尚。高校辅导员是高等教育系统中的核心力量，他们承担着高校学生的管理、服务与教育工作，他们的工作成效，直接关系到人才培养质量，关系到大学生的专业知识水平、思想政治素养和道德修养的优劣。

现代社会，一个没有上过大学的人，难以被称为受过良好教育的人。由于教育资源的短缺，我国每年还有相当一部分青年无法进入大学校园接受高等教育。这不仅是社会之殇，也是个人命运之痛。那些通过高考顺利进入大学校园而被称为大学生的年轻人，应该说是幸运的。很多大学生懂得和珍惜这份幸运，并且能够将这份幸运转变为通向完满人生的阶梯。然而也有一部分大学生，他们的大学生活并不精彩，也不快乐，甚至会误入歧途。如何度过大学生活，不仅是大学生个人的事，也是学校的事，因此，任何一所具有社会责任感的大学，都会想方设法尽可能为学生配备优良师资，让莘莘学子在大学之路上，能够获得良师益友的指引，能够在纷繁复杂的大千世界，不至于迷失人生的方向。很多大学生毕业多年后回首往事，也许不再记得当初给他上课的专业教师，也许无法清晰地回忆起充满喜怒哀乐的大学生活细节，但是有个人他们一定会记得，那就是他们的辅导员。在大学阶段，辅导员也许是你最依赖的人，也许是你最心烦的人，也许是你最畏惧的人，也许是你最信任的人，但在多年以后，无论你曾经以什么样的情绪和眼光看待辅导员，辅导员都一定是你无法忘怀的人。

在高校设立辅导员工作岗位，是现代高等教育的通行做法。1951 年 11 月，政务院批准《关于全国工学院调整方案的报告》，首次提出建立政治辅导员队伍。这是我国高校辅导员制度的开端。1953 年开始，个别大学开始设立辅导员工作岗位。1965 年，教育部制定《关于政治辅导员工作条例》，对政治辅导员的地位、作用和学生工作等内容做出了具体规定，这是我国高校政治辅导员制度得以确立的标志。由此，全国各类高校普遍建立政治辅导员制度。

从辅导员制度的确立到现在，我国高校辅导员队伍建设大致经历了四个阶段：第一阶段是“文化大革命”时期，由于高等教育受到干扰，辅导员制度随之衰退。第二阶段从 1977 年恢复高考制度到 1990 年前后，属于高校辅导员制度的恢复与重建时期。第三阶段从 20 世纪 90 年代到 2004 年，辅导员队伍建设处于徘徊时期，主要原因是市场经济强大的冲击力，对高校办学思想产生了一些负面影响，辅导员工作岗位的意义受到质疑，很多高校并没有将辅导员队伍建设当作一个重要议题。第四阶段是 2005 年至今，我国高校辅导员队伍建设走上正规化发展道路，职业化、专业化及专家化成为辅导员职业素养的基本要求和提升目标。2006 年，为深入贯彻落实《中共中央　国务院关于进一步加强和改进大学生思想政治教育的意见》（中发〔2004〕16 号）文件精神，教育部颁布施行《普通高等学校辅导员队伍建设规定》（中华人民共和国教育部令第 24 号），明确指出：高等学校应当把辅导员队伍建设作为教师队伍和管理队伍建设的重要内容；加强辅导员队伍建设，应当坚持育人为本、德育为先，促进高等学校改革、发展和稳定，促进培养造就有理想、有道德、有文化、有纪律的社会主义建设者和接班人；辅导员是高等学校教师队伍和管理队伍的重要组成部分，具有教师和干部的双重身份；辅导员是开展大学生思想政治教育的骨干力量，是高校学生日常思想政治教育和管理工作的组织者、实施者和指导者；辅导员应当努力成为学生的人生导师和健康成长的知心朋友。《普通高等学校辅导员队伍建设规定》（中华人民共和国教育部令第 24 号）明确辅导员具有教师和干部的双重身份，工作职责包括思想政治教育、党团建设、社团指导、心理辅导、就业指导、帮困助学、日常事务管理等内容。由此，我国高校辅导员队伍建设状况进入良性发展阶段，成为我国高等教育和人才培养事业的支柱力量。

在美国，高校辅导员制度建设比较完备。1862 年《莫里尔法案》颁布后，高等学校规模迅速扩大，几乎所有高校都配置了专门负责学生事务管理的“院长”或“副校长”，与学生事务管理有关的工作队伍和工作机构开始出现。20 世纪 60 年代，美国高校形形色色的“学生运动”促使一批专家学者以大学生为研究对象，对学生个体和学生事务管理规律进行形而上的研究，极大地推动了学生事务管理模式的知识化、专业化进程，辅导员队伍真正进入专业化、专门化及专家化阶段。

与国外高校相比，我国高校辅导员队伍建设的职业化、专业化和专家化程度，还处于初级阶段。虽然近十年来辅导员队伍的数量与质量均有巨大进步，涌现了一批享誉全国的行业标兵与“年度人物”，但是就总体而言，辅导员工作任务依然过于繁重，一线辅导员与所带班级学生的比例，大部分学校都没有真正达标。现有的高校评价体制对于辅导员的生存境遇和发展空间，都产生了不利影响，但是，我国高校辅导员队伍快速发展、素质提升的大趋势已经确立。这种趋势在短期内是不可逆转的，因为辅导员队伍建设，并不是完全基于政治意识形态工作的需要，也不是应时之策，而是中国高等教育发展和人才培养模式优化所产生的必然要求。如果说还有什么可以作为中国可持续发展的保障的话，那么这种保障不会是别的什么物质，一定是素质全面的人，一定是将知识、能力和优良价值观融合为个体素质核心要素的人。如果我们的高等教育和人才培养机制，只有专业知识传授而缺少正义观念、社会责任感的培养，缺少对于学生良好德性的养成，那么这样的高等教育就是对于国家和人民的犯罪，急功近利、重物轻人的教育，流弊深远，后患无穷。在专业知识和职业技能培养之外，辅导员可谓任重而道远，他们对于学生的身心健康，对于学生的世界观、人生观和价值观的引导，具有不可推卸的责任。

如何才能更好地履行辅导员职责？立足职业化、专业化与专家化，不断提升自身职业素养，是必由之路。打铁还需自身硬，说的就是这个道理。辅导员职业化，是指辅导员作为一类职业，具有独特的职业资格要求，需要专门的职业知识和职业能力，需要遵守职业规范即职业法规和职业道德，有特定的职业目标、远大的职业理想和美好的职业情感。辅导员专业化，是指在辅导员工作岗位上，对于学生事务中各种问题的处理方式和工作方法，不再随意，不再局限于经验，而是运用专业理论知识指导，以科学方法为手段，采取接受过专门训练的科学思维和科学方法处理各种问题。为此，辅导员要学习政治学、心理学、教育学、伦理学、思想政治教育等专业理论知识，要经过专门化的辅导员岗位培训，要按照各种岗位要求、规章制度和价值原则设计工作方法。辅导员专家化，是辅导员个人职业素养发展的一个高级阶段，是指辅导员能够以专业的方式研究问题，创新理论成果，成为某个领域的理论权威或实践权威。

当前，我国高校辅导员的职业化，从岗位设置来说已经完成，但是对辅导员队伍建设而言，是一个需要不断重复的过程；辅导员的专业化和专家化水平还难以满足日益发展的高等教育事业的需要，还不足以应对大学生成长过程中出现的各种新情况、新问题。每年新入职的辅导员在承担辅导员岗位工作后，面临着不熟悉工作环境和工作要求、不了解工作方法、不能明确工作目标、缺乏专业技能和必需的工作素养如政治素养和道德素养等问题。为了解决上述问题，我们组织编写了《高校辅导员工作基本任务与方法》一书，作为新入职辅导员培训教材，也可以作为在岗辅导员工作指导用书。

辅导员职业是辛苦的。很多辅导员的手机从来没有关闭过，随时准备处理问题。辅导员们在承担繁重的工作任务的同时，还要面临各种生计难题，处理各种家庭琐事，职业发展与职级晋升也是让他们苦恼的原因之一。辅导员职业是高尚的。很多辅导员为了学生成长，为了处理各种事务，殚精竭虑，夜以继日，任劳任怨，付出很多，而且很多付出并不为外界所知。辅导员职业是重要的。因为，他们今天所培养的学生的样子，就是我们这个国家未来的样子。高校辅导员，一个受到公众尊重的职业，一个受到国家高度重视的职业，一个受到学生爱戴的职业，也是一个融入了我们的理想和忠诚、能够实现我们的光荣和梦想的伟大职业。

魏则胜

2023 年 5 月

目录

第一章
高校辅导员制度发展历程与工作意义

第一节　高校辅导员制度发展历程

一、初创阶段（1949—1965年）

1951年10月，教育部发出《关于加强对学校思想政治教育的领导》的指示，要求各院校试行政治辅导员制度，专门选拔教师和干部，从事学生思想教育工作，积极主动地了解学生的思想状况，管理学生的学习、生活、社会活动及毕业分配。

1952年，教育部在总结经验的基础上，发布了《关于在高等学校有重点的试行政治工作制度的指示》。该指示指出："全国高等学校在'三反'运动和思想改造、忠诚老实学习以后，进一步肃清了封建、买办、法西斯思想，批判了资产阶级思想，整顿了教师的队伍，初步树立起工人阶级的思想领导，教职员工的政治觉悟空前提高。在这种情况下，亟需进一步在高等学校中建立政治工作制度，以加强政治领导，改进政治思想教育，开展马克思、列宁主义的思想建设工作，为全国高等学校教育建设事业打下坚强的政治基础。为了达到上述目的，全国高等学校在思想改造学习后，应有准备地在校内设立政治工作机构，其名称可称为政治辅导处。"①

1953年，国民经济恢复发展，为适应国家建设对人才的需要，当时的高校大学生数量不断增加。面对新形势人才发展的需要，时任清华大学校长的蒋南翔向高教部、人事部请示设立学生政治辅导员。蒋南翔把这种政治辅导员模式形象地称为"双肩挑"，即"学会用两个肩膀挑担子，一个肩膀挑政治，一个肩膀挑业务"。政治辅导员"双肩挑"模式"是对高校政治辅导员制度的新发展，为兼职政治辅导员的设立奠定了基础，对全国高校思想政治工作产生了重要影响"②。

1961年9月，中共中央出台了《中华人民共和国教育部直属高等学校暂行工作条例（草案）》（也叫《高教六十条》），该条例对高校学生思想政治工作队伍做出明确规定：

① 何东昌. 中华人民共和国重要教育文献（1949—1975）［M］. 海口：海南出版社，1998：176.

② 冯刚，等. 辅导员队伍专业化建设理论与实务［M］. 北京：中国人民大学出版社，2010：7.

“为了加强思想政治工作，在一、二年级设政治辅导员或者班主任，从专职的党政干部、政治理论课教师和其他青年教师中挑选有一定政治工作经验的人担任。同时，要逐步培养和配备一批专职的政治辅导员。”这是中共中央文件中第一次正式提出要在高校设置专职政治辅导员。

1964 年 6 月，中共中央批转高等教育部党[①]组《关于加强高等学校政治工作和建设政治工作机构试点问题的报告》。该报告指出，在高等教育部和直属高校设立政治部，北京大学、清华大学两校被确定为高等学校设立政治部的试点学校。该报告还进一步提出了“在二三年内配齐班级的专职政治工作干部，其编制为平均每一百个学生至少配备一人。干部来源主要从高等学校毕业生中间选留解决”。

1965 年教育部制定了《关于政治辅导员工作条例》，条例以法规的形式“对政治辅导员的地位、作用和学生工作等一系列问题做出了明确规定，标志着我国高校政治辅导员制度已经形成”[②]。至此，我国的高校辅导员制度在全国各教育部直属高校范围内已经初步形成，而这支队伍的建立，对于稳定当时高校内大学生的政治思想具有不可替代的作用。

二、曲折发展阶段（1966—1989 年）

“文化大革命”期间，教育工作严重受挫，高校思想政治工作受到严重影响，当时的政治辅导员在一定程度上成了“左”倾的帮凶，辅导员工作基本停止，辅导员制度也名存实亡，辅导员制度发展暂时受挫。

一直到“文化大革命”结束，经过了中国共产党第十一届中央委员会等三次全体会议和恢复高考制度后，在邓小平同志的亲自主抓下，高校工作才得以恢复。1978 年 4 月，中共中央出台了《全国普通高等学校暂行工作条例》，表明必须建立一支学生思想政治工作队伍，在一、二年级设立政治辅导员。

1980 年 4 月，教育部、共青团中央联合出台了《关于加强高等学校学生思想政治工作的意见》。该意见指出：“加强学生的思想政治工作，必须建立一支坚强的、有战斗力的政治工作队伍。不仅专职、兼职的政工干部要做思想政治工作，业务课教师也要做思想政治工作，特别要注意发挥马列主义理论课教师和各科骨干教师的作用。……要充分发挥专职和兼职政工干部的作用。”该意见要求“各校要根据具体情况建立政治辅导员制度或班主任制度。政治辅导员和班主任应从政治、业务都好的毕业生中选留或从教师中选任”。该意见还明确指出“高等学校的学生政治工作干部，既是党的政治工作队伍的一部分，又是师资队伍的一部分，担负着全面培养学生的重要任务。他们和教学人员一样，都是办好高等学校不可缺少的重要力量”。这实际上是对“双肩挑”政治辅导员制度的恢复，将政治辅导员、班主任都统称为专职政工干部。

1987 年 5 月 11 日，国家教育委员会印发了《关于在高等学校学生思想政治教育专职

① 本书的“党”专指“中国共产党”。

② 冯刚，等．辅导员队伍专业化建设理论与实务［M］．北京：中国人民大学出版社，2010：9.

人员中聘任教师职务的实施意见》。该意见指出："在高等学校学生思想政治教育专职人员中开展聘任教师职务的工作，是加强思想政治工作队伍建设的一项重要措施。"这对高等学校政治辅导员的工作是一个极大的推动和促进。①

1987 年 5 月 29 日，中共中央下发《关于改进和加强高等学校思想政治工作的决定》。该决定提出了从八个方面改进高等学校的思想政治工作：一是有的放矢地进行马克思主义理论教育和形势政策教育；二是积极引导学生参加社会实践；三是把思想政治教育与业务教学工作结合起来；四是把发扬民主与加强法制纪律教育结合起来；五是对学生要严格要求，积极疏导；六是改善学生的学习、生活条件是学校的一项重要任务；七是认真培养学生骨干队伍；八是加强和改进研究生的思想政治工作。这些规定对高校辅导员工作机制的健全和完善，起到了很大的作用。②

20 世纪 80 年代，高校政治辅导员制度恢复后，得到了国家的重视，不同部门先后出台文件对思想政治辅导员的方方面面进行了规范和指导。

三、发展完善时期（1990 年至今）

20 世纪 90 年代至 21 世纪，全球发生了巨大而深刻的变化，从世界历史进程看，世界处于大变革的历史时期；从中国发展实际看，中国特色社会主义事业进入了新时期。新形势下，党和国家高度重视思想政治教育工作面临的机遇和挑战。

1993 年 8 月，中央组织部、宣传部和国家教育委员会联合下发《关于新形势下加强和改进高等学校党的建设和思想政治工作的若干意见》，这是在加快改革开放和现代化建设、发展社会主义市场经济新的历史阶段，对加强包括专职和兼职从事学生思想政治教育的政工干部队伍建设做出了进一步部署。

1994 年发布《中共中央关于进一步加强和改进学校德育工作的若干意见》，1995 年 11 月，国家教育委员会出台《中国普通高等学校德育大纲（试行）》，1999 年 9 月发布《中共中央关于加强和改进思想政治工作的若干意见》。2000 年 6 月，中共中央思想政治工作会议在北京召开，江泽民指出必须要建立一支政治强、业务精、纪律严、作风正的专兼结合的思想政治工作队伍。同年 7 月，中共教育部党组颁发了《关于进一步加强高等学校学生思想政治工作队伍建设的若干意见》，对高等学校思想政治工作队伍建设提出了指导性意见。

与高校辅导员制度相关的国家层面的各种会议的召开及各种文件的颁布，全方位完善了高等学校辅导员制度，开启了辅导员队伍建设的新局面。

2004 年 8 月 26 日，中共中央、国务院下发了《中共中央　国务院关于进一步加强和改进大学生思想政治教育的意见》（中发〔2004〕16 号）。该文件的出台对加强大学生思想政治教育，全面实施科教兴国战略，实现中华民族伟大复兴具有重要意义，成为高校

①② 周良书，朱平，俞小和，等. 中国高校辅导员工作史论［M］. 北京：人民出版社，2016：145.

思想政治教育工作的纲领性文件，也为高校辅导员工作和辅导员队伍建设奠定了基础。①

《中共中央　国务院关于进一步加强和改进大学生思想政治教育的意见》从新时期思想政治教育形势、任务、思想和方法等方面，对思想政治教育做出了全面阐述。该文件指出："辅导员、班主任是大学生思想政治教育的骨干力量，辅导员按照党委的部署有针对性地开展思想政治教育活动。""要采取有力措施，着力建设一支高水平的辅导员、班主任队伍。（院）系的每个年级都要按适当比例配备一定数量的专职辅导员。"该文件全面指出了大学生思想政治教育的重要性和实施办法，同时把这一角色明确定名为"辅导员"。

《中共中央　国务院关于进一步加强和改进大学生思想政治教育的意见》立意高远，总揽全局，具有很强的思想性、现实性和操作性，在较长的时间内是指导大学生思想政治教育的纲领性文件。中共中央和国务院联合发文，就大学生思想政治教育做出重大决策，这在新中国成立后还是首次，对我国广大青年学生的健康成长和全面发展产生了重大而深远的影响。

《中共中央　国务院关于进一步加强和改进大学生思想政治教育的意见》颁布后，为贯彻和落实文件精神，中共中央宣传部、教育部等部门一共颁发了十多个配套文件。其中专门针对高校辅导员队伍建设的文件是2005年3月教育部发布的《教育部关于加强高等学校辅导员、班主任队伍建设的意见》。

2006年4月27—28日，全国高校辅导员队伍建设工作会议在上海召开，这是我国辅导员工作史上第一次有国务院与教育部领导人和来自全国各地高校最高领导人及辅导员代表参加的全国性、专门性的会议。会议下发了《普通高等学校辅导员队伍建设规定》和《2006—2010年普通高等学校辅导员培训计划》两个文件的讨论稿，时任教育部部长的周济所做的报告基本上是对《普通高等学校辅导员队伍建设规定》文件内容的详细阐述。经过会议商讨之后，中华人民共和国教育部令第24号文件也自此产生。

《普通高等学校辅导员队伍建设规定》（中华人民共和国教育部令第24号）于2006年7月23日发布，2006年9月1日起开始施行。该规定要求高等学校把辅导员队伍建设作为教师队伍和管理队伍建设的重要内容，加强辅导员队伍建设。同时还指出辅导员是高等学校教师队伍和管理队伍的重要组成部分，具有教师和干部的双重身份，是开展大学生思想政治教育的骨干力量，是大学生日常思想政治教育和管理工作的组织者、实施者和指导者。该规定还对辅导员队伍建设做了全面要求。②

《普通高等学校辅导员队伍建设规定》（中华人民共和国教育部令第24号）从中央层面对高校辅导员队伍的建设做了详细的规定，明确了中央部委、地方高校的责任与任务，对辅导员队伍的发展做了清晰的规划，是辅导员队伍建设的纲领性文件。之后，我国辅导员队伍建设进入了职业化、专业化发展的全新阶段。

---

① 教育部思想政治工作司. 加强和改进大学生思想政治教育重要文献选编：1978—2008［M］. 北京：中国人民大学出版社，2008：376.

② 教育部思想政治工作司. 加强和改进大学生思想政治教育重要文献选编：1978—2008［M］. 北京：中国人民大学出版社，2008：492.

2007 年 7 月，教育部公布了首批 21 个教育部高校辅导员培训和研修基地。教育部高校辅导员培训和研修基地隶属于教育部，除承担培训任务外，还要承担专题研究的任务，要在教学实践和科研的基础上，为教育部和省级教育部门制定相关政策提供决策咨询，确保政策的合理到位，努力成为加强辅导员队伍建设及大学生思想政治教育的智库。

2009 年 5 月 13 日，“2008 全国高校辅导员年度人物”终评会议在北京举行，经过评委投票表决，华中师范大学辅导员冯圣兵等 10 名辅导员脱颖而出，荣获“2008 全国高校辅导员年度人物”称号。每年一度的“全国高校辅导员年度人物”评选活动由此展开。

从 2012 年起，由教育部思想政治工作司主办、全国高校辅导员工作研究会承办的“全国高校辅导员职业能力大赛”启动。举办全国高校辅导员职业能力大赛，以赛代训，以赛代练，以此推进辅导员职业能力提升，取得了良好的效果。

2013 年 5 月，继《2006—2010 年普通高等学校辅导员培训计划》之后，教育部又制定了新的《普通高等学校辅导员培训规划（2013—2017 年）》。该文件指出：“高校辅导员是高校教师队伍和管理干部队伍的重要组成部分，是开展大学生思想政治教育、促进校园和谐稳定的骨干力量。”

2013 年 5 月 4 日，10 名第五届“全国高校辅导员年度人物”与各界优秀青年代表一起受到了习近平总书记的亲切接见，并相互握手，合影留念。

2014 年 3 月，《高等学校辅导员职业能力标准（暂行）》发布，标志着高校辅导员在职业化道路上迈出了最关键的一步，已逐步走向成熟，而中央层级职业能力标准的发布，给高校辅导员职称评定规则细化提供了基础，为科学制定高校辅导员职称评定文件提供了可能。①

2014 年 5 月 4 日，刘延东副总理专门接见了第六届“全国高校辅导员年度人物”，并与他们进行了座谈。

2015 年 1 月，中共中央办公厅、国务院办公厅印发《关于进一步加强和改进新形势下高校宣传思想工作的意见》。该意见强调，要配齐建强高校宣传思想工作队伍，统筹推进高校党政干部和共青团干部、思想政治理论课教师和哲学社会科学课教师、辅导员班主任和心理咨询教师等宣传思想工作骨干队伍建设。

2016 年 12 月，中共中央、国务院印发了《关于加强和改进新形势下高校思想政治工作的意见》（中发〔2016〕31 号），提出高校要按师生比不低于 1∶200 的比例设置辅导员岗。推动高校思想政治工作队伍和党务工作队伍专业化、职业化建设，探索职务职级“双线”晋升办法和保障激励机制，实行职务（职称）评审单列计划、单设标准、单独评审。该文件为新形势下高校辅导员队伍的建设进一步指明了方向。

2017 年 9 月，为了深入贯彻落实全国高校思想政治工作会议精神和中共中央、国务院印发的《关于加强和改进新形势下高校思想政治工作的意见》，切实加强高等学校辅导员队伍专业化、职业化建设，教育部公布了修订后的《普通高等学校辅导员队伍建设

---

① 周良书，朱平，俞小和，等. 中国高校辅导员工作史论［M］. 北京：人民出版社，2016：234.

规定》（中华人民共和国教育部令第 43 号），该规定自 2017 年 10 月 1 日起施行，明确了高校辅导员的工作职责和配备与选聘的相关要求，以及高校辅导员队伍的专业培训要求和发展通道。2020 年 4 月，《教育部等八部门关于加快构建高校思想政治工作体系的意见》（教思政〔2020〕1 号）指出：“打造高素质思想政治工作和党务工作队伍。严格落实中央关于高校思想政治工作和党务工作队伍配备的各项指标性要求。完善高校专职辅导员职业发展体系，建立职级、职称“双线”晋升办法，学校应当结合实际情况为专职辅导员专设一定比例的正高级专业技术岗位。参照校内管理岗位比例，依据国家有关规定，建立完善高校专职辅导员管理岗位（职员等级）晋升制度。对长期从事辅导员工作、表现优秀的，按照国家有关规定给予奖励。”

高校辅导员制度虽是当时特殊国情下政治环境要求的产物，但是它为巩固人心、维护社会稳定、推动社会事业的发展夯实了基础，历经 60 余载始终焕发着蓬勃的生命力。纵观我国高校辅导员制度的发展历程，在 20 世纪五六十年代采取的是清华大学创立的“双肩挑”管理组织模式，将高校辅导员定位成同时具备较高政治素质与专业水平的管理干部。自 20 世纪 80 年代开始，各大高校设立了思想政治教育专业，辅导员人才的培养模式呈现出了专业化、科学化的特征。如今，高校辅导员制度不断科学发展，以职业化、专业化、专家化为发展目标，高校辅导员管理工作迈入了制度化轨道。

第二节　高校辅导员工作的意义

高校辅导员肩负着为党和国家培养德、智、体、美全面发展的高素质人才的重担，其任务艰巨且价值重大。最新的《普通高等学校辅导员队伍建设规定》（中华人民共和国教育部令第 43 号）明确指出：“辅导员是开展大学生思想政治教育的骨干力量，是高等学校学生日常思想政治教育和管理工作的组织者、实施者、指导者。辅导员应当努力成为学生成长成才的人生导师和健康生活的知心朋友。”

一、高校辅导员具有教师和管理人员的双重身份

高校辅导员具有教师和管理人员的双重身份，这个工作价值可以追溯到 20 世纪 50 年代国家开始设立政治辅导员之时。1953 年，为适应当时国家建设和人才发展需要，时任清华大学校长的蒋南翔向高教部、人事部请示设立学生政治辅导员。蒋南翔把这种政治辅导员模式形象地称为“双肩挑”，即“一个肩膀挑政治，一个肩膀挑业务”。可以看出，那个时候的辅导员就具有双重身份。在 2017 年最新修订的《普通高等学校辅导员队伍建设规定》（中华人民共和国教育部令第 43 号）中，关于辅导员的双重身份是这样规定的：“高等学校要坚持把立德树人作为中心环节，把辅导员队伍建设作为教师队伍和管理队伍建设的重要内容。”“专职辅导员是指在院（系）专职从事大学生日常思想政治教育工作的人员，包括院（系）党委（党总支）副书记、学工组长、团委（团总支）书记

等专职工作人员，具有教师和管理人员双重身份。高等学校应参照专任教师聘任的待遇和保障，与专职辅导员建立人事聘用关系。”“高等学校应当制定辅导员管理岗位聘任办法，根据辅导员的任职年限及实际工作表现，确定相应级别的管理岗位等级。”“辅导员培训应当纳入高等学校师资队伍和干部队伍培训整体规划。”这些都从制度上确定了辅导员的双重身份。

高校辅导员不仅具有教师和管理人员的双重身份，在实际工作中，他们的言行举止等对大学生的学习和生活起到重大影响作用。通过与学生交流等，高校辅导员潜移默化地影响和教育学生，引导学生树立正确的世界观、人生观、价值观，培养学生优秀的思想道德品质。

二、高校辅导员是开展大学生思想政治教育的骨干力量

随着社会的进步，大学生在国家建设中的作用愈发凸显，其道德素质和文化水平被寄予厚望。但由于社会转型和大学生扩招等因素的影响，大学生素质参差不齐。思想政治教育是辅导员工作的重中之重，包括日常学生的思想教育、参与和配合思想政治理论课的教育教学，在基层党团组织建设、班集体建设和学生干部队伍建设中发挥着主导作用。

辅导员虽然有别于任课教师，但是与任课教师一样，都是为了使学生圆满完成大学学业，顺利进入社会，成为在社会中真正有用的人才。辅导员主要致力于学生思想理念、意识形态的培养，使学生树立正确的世界观、人生观、价值观，认同并贯彻中国共产党领导下的主流思想，具有强烈的爱国意识和民族情感，并拥有积极向上的生活态度。在培养优秀个体的基础上做好党建、团建工作，为共产党培育优秀的共产党员，加强党团建设，并充分发挥优秀者的带动作用，做好班级管理。

作为开展大学生思想政治教育的骨干力量，辅导员的责任尤其重大。首先，辅导员应自身做好表率，“其身正，不令而行”。这就需要辅导员在日常工作中严于律己、恪尽职守、认真负责；在思想上实事求是、端正态度、严格遵纪守法。其次，要有针对性、多样化地开展工作，采用灵活多样的方式开展思想政治教育工作，坚持以理服人，增强思想政治教育的说服力和有效性。

三、高校辅导员是高校学生日常学习和生活的管理者和服务者

高校辅导员还是大学生日常学习和生活的管理者和服务者。当前，大部分大学生是“00 后”，他们大多从小“养尊处优”，自理能力不强，独立性较差，缺乏一定的人际交往能力和社会适应能力，这就需要辅导员更多地在学习和生活方面给予帮助和关心。

高校培养人才不应只注重培养学生的智力方面，更应重视培养学生独立学习、独立生活、自主创新的能力，要培养全面发展的学生，确保其能够适应不断变革的时代，满足社会的需要。这样才能让大学生们获取更多、更好的生存和发展的机会，不至于大学一毕业就茫然无措。这就要求高校辅导员要当好大学生学习和日常生活的管理者和服务者。

辅导员要及时了解学生的学习状态，并据此给予必要的引导和帮助：帮助学生培养积极的学习态度，养成良好的学习习惯，树立明确的学习目标，掌握良好的学习方法，督促学生完成本专业学习；引导学生积极参加各类创新创业竞赛、社会实践及志愿服务活动，提升创新能力和综合素养；发挥好沟通和桥梁作用，搭建学生和学生之间的关系桥梁、任课教师和学生之间的沟通渠道、学校和家庭之间的联系桥梁；重视学生日常事务的规范化管理。

四、高校辅导员是学生的人生导师和健康成长的知心朋友

大学生呈现的是多元化的心理特征。一方面，他们的心理和生理正不断走向成熟，有更多的自主性，对于学习、生活和人生逐渐有了自己的思考，趋于理性。但另一方面，他们的心理仍然不够成熟和稳定，容易被外界干扰和影响。他们的心理状况可能受到不同程度的人际交往、学习生活、消费行为、内在攀比等压力的影响，产生焦虑、恐惧、强迫、不自信等心理问题，这些都不利于学生的健康发展。

辅导员在和学生的交往过程中，对学生了解比较全面，且大部分辅导员年龄与学生相仿，没有交流沟通障碍，并在日常工作中积累了丰富的经验，具备一定的心理健康专业知识。此时，辅导员应积极扮演学生心理辅导师这一角色，在与学生长时间的相处中，破除传统角色，做学生的知心朋友，与学生建立真挚的友情，倾听学生，开导学生，引导其健康发展。

数据显示，大学生毕业人数逐年递增，企业对大学生的要求越来越高，大学生就业形势不容乐观。因此，在实际工作中，辅导员就要积极肩负起指导学生职业规划和就业的重责，充当大学生职业规划和就业的指导者。一方面，做好职业规划教育，对大学生职业规划的引导从学生入校就开始着手，贯穿大学四年，通过就业指导课、职业规划大赛等活动让学生了解当前的就业形势，做好面对严峻形势的准备。通过各种创新创业大赛、社会实践活动等培养学生的实际工作能力，增加接触社会的机会，加强学生自身素质，让学生逐步成为适应社会需要的人才。引导大学生将自身状况和社会现实相结合，个人兴趣与社会需求相结合，制定具体有效的职业生涯规划，树立正确的就业观和择业观。另一方面，辅导员要积极开展各种就业服务工作，为大学生就业提供职业决策面试指导等就业服务，做好就业动态、就业信息等内容的传达工作。

思考题

1．论述高校辅导员制度的发展历程。

2．你认为高校辅导员工作的意义有哪些？

3．你认为高校辅导员是学生的人生导师和健康成长的知心朋友应该体现在哪些方面？

第二章
思想政治工作

辅导员是开展大学生思想政治教育的骨干力量。“思想政治工作”是辅导员的主业，即核心职能。思想政治工作对于党和国家、民族、社会、大学生乃至辅导员自身等具有什么价值和意义？思想政治工作的目标是什么？如何围绕其目标开展思想政治工作？如何提高其工作针对性和实效性？思想政治工作有哪些教育内容？又有哪些行之有效的方法？辅导员作为思想政治工作者，必须厘清弄懂这些基本问题。

第一节　思想政治工作的意义

在建设中国特色社会主义的伟大事业中，思想政治工作有着重要的地位、作用和意义。思想政治工作是社会上层建筑的有机组成部分，是社会上层建筑中意识形态的核心组成部分，是社会结构建设的关键过程、关键要素。它的存在和发展不仅对社会意识形态的其他部分构成重要影响，同时对经济基础也有着重要的反作用。中国共产党很早就意识到思想政治工作存在的意义和重要性。中国共产党在革命时期就明确提出政治工作是我们军队的生命线这一著名论断；在社会主义建设时期，则提出政治工作是一切经济工作的生命线；在社会主义改革时期，持续丰富和发展思想政治工作作为“生命线”的论断，明确指出“党的思想政治工作是经济工作和其他一切工作的生命线，是团结全党和全国各族人民实现党和国家各项任务的中心环节，是我们党和社会主义国家的重要政治优势”①。将思想政治工作理解为“生命线”的科学论断，是对思想政治工作地位、作用和意义的肯定。就辅导员的思想政治工作而言，它对大学生的成长成才、辅导员工作的顺利开展、校园的团结稳定及社会的和谐发展等都有着积极意义。

一、思想政治工作对大学生成长成才的意义

思想政治工作对大学生所具有的意义在于：辅导员通过思想政治工作引导、帮助、促进大学生的社会化，并在促进大学生的全面发展方面起积极影响作用。

（一）思想政治工作对大学生的生存具有重要价值

每个人都生活在物质世界中，也生活在精神世界及意义世界中，是物质生存和精神

① 江泽民. 在中央思想政治工作会议上的讲话［N］. 人民日报，2000-06-29（1）.

生存的统一。人的物质需要的满足要通过社会的方式才能达成，思想政治工作给大学生传递良好的政治观念、思想理论和道德观念，引导大学生遵循社会客观规律，服从社会生存规则，从而获得其生存所需的物质资料。同时，思想政治工作通过不断提升大学生的思想境界、道德水平，超越生物本性和物质欲望，引导学生构建属于"人"的意义世界，从而达到物质生存和精神生存的统一，使得大学生能以"人"的方式生存于社会世界，满足"人"的生存需要。

（二）思想政治工作对大学生的发展需要具有重要价值

思想政治工作不仅引导大学生以社会的方式满足其生存需要，而且还引导他们按照社会的方式发展。

第一，思想政治工作引导大学生坚持正确的政治方向。辅导员通过引导大学生学习中国特色社会主义理论体系，特别是习近平新时代中国特色社会主义思想，通过开展中国梦主题教育活动等向大学生传达正确的政治观念和思想，提高大学生的思想政治素质和道德素质，促使大学生沿着正确的政治方向发展；在中国共产党的领导下，不断坚定道路自信、理论自信、制度自信和文化自信，自觉抵制各类不良社会思潮的影响，避免在多样化的价值取向中迷失方向，阻碍自己的健康发展。

第二，思想政治工作引导大学生遵守道德规范。在当前社会条件下，辅导员需要通过各种方式引导大学生学习、践行社会主义核心价值观，养成良好的个人品德、家庭美德、职业道德和社会公德；引导大学生遵守一定的社会规范，约束自己的行为使其与社会和谐相处，创造良好的社会环境，从而促进大学生的自由发展。

第三，思想政治工作激发大学生的精神动力。辅导员通过运用物质激励、榜样激励、情感激励和奖惩激励等各种外部刺激形式，充分调动大学生的积极性、主动性和创造性，从而为实现个体的价值和社会发展提供强大的精神动力。在促进社会发展、实现社会价值的同时实现自我价值，促进自我发展。

第四，思想政治工作塑造大学生的人格。塑造个体人格，就是通过理论教育和实践活动相结合的方式，帮助大学生形成崇高丰富的精神境界、健康良好的心理品质，从而培养大学生的政治自觉性和正确的道德观，提升和丰富其精神世界，发展其需求层次和选择满足需要的正确方式，形成坚定的信念和崇高的理想，促使个性得到更好的发展。

（三）思想政治工作对大学生的享用需要具有重要价值

思想政治工作的个体享用功能，指的是思想政治工作能使大学生个体实现某种需要和愿望，从中获得满足、快乐和幸福，继而获得精神上的享受。人和动物的区别在于人具有精神享受的需要和能力。思想政治工作的教育功能，包括提高大学生的思想政治觉悟和道德品质。当个体的思想觉悟和道德水平达到一定境界后，个体有利于国家、社会和他人的道德行为就能给其带来精神上的享受和愉悦。道德不再是获得利益的手段，相反，它已经成为人的目的。个体的愉悦不仅仅来自于基于道德手段而获得的物质利益，而恰恰在于道德行为本身所带来的精神享受。另外，个体的思想觉悟和道德水平提高后，就会具有享受社会已有精神财富的能力，就能体会到其他人无法体会到的精神愉悦。思想政治工作通过提高大学生的思想觉悟和道德水平，从而使其拥有一颗发现精神财富、体验一切美好和善良的心。

二、思想政治工作作为辅导员岗位职能的意义

辅导员是开展大学生思想政治教育的骨干力量。“思想政治工作”是辅导员的核心职能，是辅导员区别于普通任课教师、行政管理人员和服务人员的关键职能。同时，对于从事辅导员工作的个人来说，思想政治工作为其提供丰富的锻炼机会，是辅导员个体进步发展的助推器。

（一）思想政治工作是辅导员岗位存在的根本依据

我国建立高校辅导员制度的初衷，就是“为了加强对于学生的思想政治教育”，明确指出“辅导员是深入学生群众进行政治思想工作的基本力量”。[①] 2004 年，中共中央、国务院颁布的《中共中央　国务院关于进一步加强和改进大学生思想政治教育的意见》（中发〔2004〕16 号）指出“辅导员、班主任是大学生思想政治教育的骨干力量”。2006 年，教育部颁布的《普通高等学校辅导员队伍建设规定》（中华人民共和国教育部令第 24 号）也明确规定“辅导员是开展大学生思想政治教育的骨干力量”。2017 年，教育部新颁布的《普通高等学校辅导员队伍建设规定》（中华人民共和国教育部令第 43 号）依然明确规定“辅导员是开展大学生思想政治教育的骨干力量，是高等学校学生日常思想政治教育和管理工作的组织者、实施者、指导者”，“辅导员的主要工作职责”的第一项就是“思想理论教育和价值引领”。辅导员的工作内容可以概括为教育、管理和服务。如果将“思想政治工作”这一关键职能从辅导员的工作中去除，辅导员与普通任课教师、行政管理人员或服务人员之间的区别性职业特性将不复存在。据此，辅导员岗位的存在价值就将失去，辅导员岗位也就失去存在的必要。虽然普通任课教师特别是哲学社会科学教师、行政管理人员和服务人员都共同肩负思想政治工作的职责和职能，但思想政治工作是辅导员的主业，即其核心职能。因此，是否以“思想政治工作”为核心职能是辅导员岗位区别于普通任课教师、普通行政管理人员和服务人员的职业特性，是辅导员岗位的价值所在。

另外，辅导员所承担的思想政治工作主要是日常的思想政治工作。“日常思想政治教育相比于思想政治理论课程教育的‘主渠道’，它是德育工作的‘主阵地’，相比于学校整个育人系统，它是培养学生成长成才的第二课堂。‘主渠道’教育以思想、政治、道德教育的理论体系为依据，‘主阵地’以学生实际思想、学习、生活活动为载体；前者重在联系实际的理论教育成效，后者重在理论指导下的践行要求。‘主渠道’与‘主阵地’相互依存，互为补充。”[②] 因此，可以说，辅导员日常思想政治教育工作的“主阵地”和“第二课堂”地位，对提高思想政治工作的实效性具有不可或缺、不可替代的作用。

同时，目前辅导员职业发展之所以存在问题乃至困境，源于部分人的认知偏差。一

---

① 张再兴，等. 高校辅导员队伍建设理论与实践［M］. 北京：人民出版社，2010：81.

② 张再兴，等. 高校辅导员队伍建设理论与实践［M］. 北京：人民出版社，2010：85.

些人甚至包括少数辅导员认为“辅导员工作技术含量过低，职业认同感低，社会认可度低”①，视辅导员工作为一种全员均能胜任的、谁都可以干的工作，或者将这一工作视为可有可无的。导致这种认知偏差的原因很复杂，但非常重要的原因之一在于：众多辅导员在实际工作过程中将过多的精力投放于管理和服务职能方面，忽视“思想政治工作”这个核心职能，主动将自己降格为陪学生玩耍嬉闹的“孩子王”。因此，辅导员需要在思想政治工作的对象、内容、方法、实效性等方面下功夫，提高辅导员工作的职业化、专业化乃至专家化水平，即提升其职业水平和技术含量。简而言之，增强辅导员工作的职业认可度，必须巩固、强化“思想政治工作”这个核心。

（二）思想政治工作是辅导员个人进步发展的助推器

思想政治工作是做人的工作，是一项对人的能力和素质要求很高，同时又能促进人的素质、能力提升的工作。思想政治工作既能促进大学生的成长成才，又能促进辅导员自身的进步和发展，是辅导员进步发展的助推器。

首先，思想政治工作为辅导员锤炼政治素养提供条件和机会。辅导员是高校思想政治教育的骨干力量，面对大学生开展日常思想政治工作，对党的政治主张、思想理论和路线方针政策有着更为深入的学习和理解，因而具有更强的政治敏感性和政治辨别力，具有更高的政治素质和坚定的理想信念。其次，思想政治工作为辅导员继续学习提供条件和机会。思想政治工作不仅要求辅导员拥有扎实的马克思主义理论知识，同时还要学习借鉴政治学、教育学、伦理学、心理学、社会学等相关学科的知识，还要求辅导员具备较强的思想理论教育、价值引领能力和组织管理能力，以及扎实的文字表达能力、口头表达能力、研究调查能力等。简而言之，思想政治工作要求辅导员必须成为综合素质较高、能力较强的复合型人才。最后，思想政治工作为辅导员严格的品格修炼提供条件和机会。为确保思想政治工作取得良好效果，辅导员不仅要靠言教，更要重视身教。据此，辅导员应通过思想政治工作的锤炼，重视个人思想、理论、政治、道德等素质，增强廉洁自律意识，塑造清正廉洁、作风正派、为人正直的个人形象，为自身的未来发展奠定坚实基础。

三、思想政治工作的集体意义

思想政治工作往往都是以一定的集体为单位开展的，因此，对于开展思想政治工作的集体也有着积极的作用和影响。辅导员开展的思想政治工作一般都是在学校、学院、班级、学生社团中开展的，因此它对这些集体的健康发展都构成重大的影响。

（一）凝聚集体思想，增强集体动力

辅导员通过思想政治工作，向大学生传播集体主义思想，引导大学生增强集体意识和集体荣誉感，激发、增强集体的凝聚力。首先是引导大学生正确认识集体与个人的辩证关系，特别是引导大学生认识到集体在个人成长成才过程中的积极作用，认识到集体

---

① 陈正芬. 我国高校辅导员制度研究［D］. 重庆：西南大学，2013：73.

对个人约束的积极意义，从而引导大学生认识集体存在的价值。其次是增强集体荣誉感，辅导员以多种方式引导大学生增强集体荣誉感和自豪感，使其以成为学校、学院、班级、社团的一员而感到骄傲，并愿意为集体贡献力量，特别是在集体出现困难时，愿意挺身而出、承担责任，与集体共渡难关。最后是坚定集体主义信念。辅导员通过思想政治工作，鼓励成员为集体的目标共同努力，齐心协力共同应对集体面临的困难，并愿意为集体的目标牺牲自己的个人利益。

（二）统一集体行动，保障目标实现

辅导员通过思想政治工作引导大学生认识到集体目标与个体目标的辩证统一关系，特别是集体目标的实现对实现个体目标的价值和意义，从而主动将集体目标内化为个人目标，并愿意为之付出努力和行动，以此统一自己的行动与其他人的行动及集体的行动，朝着共同的目标前进。同时，辅导员通过思想政治工作，构建和谐融洽的集体氛围，引导集体成员关爱彼此，倾听他人诉求，关注他人情感，为实现集体行动奠定良好的情感基础。

（三）协调成员关系，创设和谐环境

大学也是一个矛盾统一体。学生之间、师生之间、学生与组织之间都可能存在各种矛盾。辅导员通过多种途径及时发现矛盾、化解矛盾，以此解决冲突，促进和谐。首先，辅导员通过了解每个成员的利益诉求来发现矛盾，避免矛盾扩大化、长久化。其次，辅导员通过建立良好的沟通机制和渠道，诸如谈心谈话、组织生活会、意见调查平台等方式来减少和消除矛盾。最后，辅导员通过传授心理调节的方式和方法，引导学生自我调节，自我纠错，形成良好的集体环境。

（四）建设集体文化，提升集体形象

辅导员通过思想政治工作，引导学生对其所在集体的内在精神逐步增强认识，并将其内化为自己的思想认识，促使集体形成统一的价值观念。另外，辅导员通过思想政治工作，引导学生认识并认同集体的制度、规章、准则、条例的意义，强调集体文化外在形式的重要性，消除学生对制度约束的不良感受。同时，持续用集体文化符号进行强化，比如校徽、校歌、班级吉祥物等，逐步形成集体的文化，从而提高集体形象。

四、思想政治工作的政治意义

思想政治工作的政治意义，指的是通过思想政治工作，起到促进政治稳定、政治发展的积极作用，主要通过以下三个方面促进政治的稳定与发展。

（一）思想政治工作通过传播主流意识形态调节社会精神的生产

大学是思想的聚集地和交锋地。辅导员是思想政治教育的骨干力量，开展思想政治工作是辅导员的核心工作和主业。辅导员通过传播占主导地位的马克思主义意识形态，限制、抵制非主流意识形态和不良社会思潮对大学生的影响，从而牢牢把握意识形态的主动权，实现对精神生产的导向、调节和控制。

（二）思想政治工作通过传播主导政治意识，调节社会政治关系再生产

政治关系是指建立在经济基础上的，从事一定政治活动的人们之间内在的、本质的关系。政治关系再生产是通过受教育者的政治社会化，实现政治认同来实现的。辅导员通过多种方式和途径对大学生进行共产主义、社会主义、爱国主义、集体主义、社会主义价值观、中国梦等教育。引导广大学生认识到党的领导和社会主义制度的优势，坚信并拥护党的领导和社会主义是适合我国国情的制度安排，坚定四个自信；愿意跟随中国共产党，为实现中华民族伟大复兴的中国梦而奋斗；愿意为坚持和捍卫党的领导和中国特色社会主义道路、制度、理论和文化而贡献自己的力量。

（三）思想政治工作通过沟通信息维护校园和社会的稳定

辅导员通过思想政治工作，向大学生传播马克思主义意识形态和党的价值主张、思想理论和路线方针政策，使之形成稳定和一致性的价值观，从而形成社会内聚力，为政治稳定奠定深层次基础。同时，辅导员工作的基层性特点使辅导员在思想政治工作过程中可以随时倾听并反馈大学生的意见和建议，并使之成为上级组织、领导决策的依据，这有利于维护校园和社会的稳定。

第二节　思想政治工作的目标

思想政治工作是人类自觉、有意识的活动。思想政治工作是有着明确的目标并积极作为的行为。思想政治工作总是在一定的目标的指引下开展的。

一、思想政治工作目标的内涵

何为目标?《现代汉语词典》中对目标的解释有两个：①射击、攻击或寻求的对象；②想要达到的境地或标准。[①] 思想政治工作的目标，是指一定社会在一定时限内对思想政治工作所要造就的社会个体在思想政治品德素质及相应的行为方面所期望达到的结果。在进行思想政治工作之前，人们对于把受教育者培养成具有何种素质的人，在观念上所具有的某种预期的结果或者理想的形象，是思想政治工作者对受教育对象在思想政治品德素质方面的质量和规格的总体设想或规定。新时期思想政治工作的基本目标是培养有理想、有道德、有文化、有纪律的社会主义新人。思想政治工作目标就是对思想政治工作活动结果的具体要求，对思想政治工作的对象的质和量的具体规定，它最终落实在培养受教育者思想道德品质和行动上。

思想政治工作的目标虽然看起来是人们对受教育对象的期待和规定，具有主观性，但是，这种期待和规定性不是随心所欲确定的，而是根据客观情况确定的，它的内容是

---

① 中国社会科学院语言研究所词典编辑室．现代汉语词典［M］．7 版．北京：商务印书馆，2016：928.

客观的。思想政治工作目标的确定受到多种因素的影响和制约。

首先，根据党和国家的奋斗目标来确定。思想政治工作具有鲜明的阶级性。因此思想政治工作目标的确定是一定为统治阶级服务的。在我国，阶级性主要体现在思想政治工作的目标内容一定要与党和国家的奋斗目标相一致。中国共产党是执政党，是社会主义事业的领导核心。《中国共产党章程》规定“党的最高理想和最终目标是实现共产主义”。而作为一个社会主义国家，“在新世纪新时代，经济和社会发展的战略目标是，到建党一百年时，全面建成小康社会；到新中国成立一百年时，全面建成社会主义现代化强国”。因此，思想政治工作目标的确定必须与党和国家的目标相一致，使得思想政治工作保持正确的政治方向。与此相适应，就辅导员而言，当前思想政治工作的目标是把大学生培养成有理想、有道德、有文化、有纪律的社会主义新人。这样的大学生才是与党和国家的奋斗目标相一致，符合党和国家需要的人才。

其次，根据社会组织的具体情况来确定。思想政治工作总是在某个具体的社会组织中进行，抽象的思想政治工作是不存在的。因此，要根据开展思想政治工作的社会组织的性质、特点、条件等来确定思想政治工作的目标。就辅导员的思想政治工作而言，辅导员需要根据不同学校的办学性质、学科特点、办学层次、办学规模、文化传统等多种因素来确定思想政治工作的目标。结合学校特点，将国家和社会层面的目标具体化。

再次，根据教育对象自身发展需要和心理发展水平来确定。思想政治工作的目标最后要体现在教育对象思想政治品德素质的变化上。因此，思想政治工作的目标必须与教育对象自身的需要和心理发展水平相适应。目标体现了思想政治工作的应然性，它必须建立在教育对象思想政治道德品质的实际水平及心理发展水平的基础之上，使“应然”与“实然”之间保持合适的张力。就辅导员的思想政治工作而言，如果目标过于脱离学生的现实具体情况及其发展实际，大学生通过自己的努力无法达到，就会望而生畏，产生畏难情绪，教育效果将大打折扣；如果目标太低，就会错失良机，从而压抑大学生思想政治道德品质的发展和提高，造成育人时间成本的攀升，乃至给其个人及社会留下不必要的发展难题。

最后，根据马克思主义基本原理来确定。思想政治工作的阶级性不仅体现在为某一个阶级服务，还体现在与阶级相一致的意识形态方面。思想政治工作目标的确定都是在一定的教育思想，特别是哲学思想的指导下进行的。就辅导员的思想政治工作而言，思想政治工作目标的确定必须坚持马克思主义的指导，坚持马克思主义的立场、观点和理论来确定思想政治工作目标。

二、确定思想政治教育目标的意义

思想政治工作目标的确立，对于思想政治工作的开展具有重大意义，具体体现在以下四个方面。

第一，确定思想政治教育目标是开展思想政治工作活动的先决条件。人的活动都是有目的、有意识的活动，在活动前就已经有了明确的意图和目的。就辅导员的思想政治工作而言，辅导员只有先有了目标，然后才会围绕这个目标制订计划、设计活动、选择方法等。没有目标，辅导员的思想政治工作欠缺方向，其教育功能、价值体现等只能获得类似于随机运动的效果。同样，如果没有思想政治工作目标或者目标不清晰，辅导员容易陷入繁杂的事务性工作而忽略自己的核心工作——思想政治工作。

第二，确定思想政治教育目标为思想政治工作活动指明奋斗的方向。有了奋斗目标，就有了努力的方向和前进的道路，辅导员就可以将精力集中于思想政治工作，所有活动都围绕目标进行。活动开展的时间选择好不好，内容选择是否合适，方法选择是否恰当，等等，都可以引起辅导员的思考，从而对自己所开展的思想政治工作不断进行改进和创新，促进思想政治工作的开展和深入。

第三，确定思想政治教育目标为思想政治工作提供强大的动力。目标是思想政治工作开展的预期结果，可以让辅导员认识到其从事的工作的价值和意义，把注意力放在未来目标上，减少对未来不确定的担心，从而激发辅导员克服困难的勇气和斗志，为辅导员开展思想政治工作提供动力，让辅导员愿意为了实现目标克服困难。

第四，确定思想政治教育目标是检验思想政治工作活动效果的重要依据。思想政治工作目标是活动前对结果的预期，活动结束后，实际效果如何，是否达到了预期，都需要以思想政治工作目标为依据加以评判。如果没有目标，就无法对思想政治工作的结果做出评价，也无法判断思想政治工作的内容、方法、时间是否合适，无法为未来思想政治工作的改进提供依据。

三、思想政治工作目标的实现

辅导员的思想政治工作目标的实现，需要辅导员将思想政治工作的目标落实到具体行动上，坚持思想政治工作的方向，改革思想政治工作的方法，更新思想政治工作的具体内容。

1. 辅导员要坚定和强化思想政治工作目标的政治性

习近平总书记在全国高校思想政治工作会议上明确指出“高校思想政治工作关系高校培养什么样的人、如何培养人以及为谁培养人这个根本问题”。思想政治工作是一项政治性较强的工作。政治性是思想政治工作的质的规定性。思想政治工作目标的实现一定不能偏离政治方向，否则思想政治工作就会遭遇意识形态挫折，甚至走上邪路。因此，思想政治工作的目标一定要与党和国家的奋斗目标相一致，坚持思想政治工作“为人民服务，为中国共产党治国理政服务，为巩固和发展中国特色社会主义制度服务，为改革开放和社会主义现代化建设服务”①。在实现思想政治工作目标的过程中必须坚持以下三点。

第一，辅导员思想政治工作必须坚持马克思主义的指导。马克思主义是我们党的指导思想，必须坚持马克思主义在意识形态中的指导地位。在日常的思想政治工作中运用马克思主义的立场、原则和方法分析问题、解决问题，同时，对各种非马克思主义的社会思潮进行批判，用马克思主义武装学生的头脑。但是，需要注意的是，马克思主义是

① 张国祚. 深刻把握“四个服务”的科学内涵［EB/OL］.（2017－06－30）［2018－06－25］. http://theory.people.com.cn/n1/2017/0630/c40531－29373198.html.

开放的体系，辅导员需要引导学生学习运用毛泽东思想、中国特色社会主义理论体系，特别是习近平新时代中国特色社会主义思想。用当代马克思主义的最新理论成果武装大学生的头脑，确保思想政治工作目标的政治性。

第二，坚持理想信念教育的核心地位。习近平总书记在全国高校思想政治工作会议上强调要教育引导学生“不断树立为共产主义远大理想和中国特色社会主义共同理想而奋斗的信念和信心”；要“激励学生自觉把个人的理想追求融入国家和民族的事业中”，“把远大抱负落实到实际行动中”。辅导员要坚持用定期召开主题班（级）会、主题团日活动及其他社会实践活动等多种方式引导大学生树立正确的理想信念。

第三，确立道德建设的重要地位。辅导员要坚持把立德树人作为中心环节，将坚持不懈培育和弘扬社会主义核心价值观作为一项常抓不懈的工作，并将道德教育渗透到思想政治工作的方方面面。

2. 辅导员要坚持和深化思想政治工作目标的实践性

辅导员的思想政治工作不同于思想政治理论课，它更加注重实践性。辅导员要走进学生宿舍，走进学生课室，走进学生活动，走进学生网络，走进学生心里，在思想和情感上与学生走在一起，用真挚的情感和实际的行动落实思想政治工作目标。

第一，辅导员要运用理论的力量落实思想政治工作目标。大学生是科学文化素质、理论素养较高的一群人，因此，思想政治工作需要发挥真理的优势，向大学生传播真理。

第二，辅导员要将真理性与实践性相结合，使理论更具说服力、生命力和感召力，将解决思想问题与解决学生的实际问题结合起来。辅导员要随时倾听学生的心声，凡是学生反映强烈的问题都要严肃认真对待，能够解决的要立即解决，不能解决的要及时向学校相关部门反映情况，始终做学生利益的维护者。

第三，辅导员要坚持用人格魅力落实思想政治工作的目标。辅导员是与学生接触最多的一群人。学生是否相信辅导员所传播的思想政治道德内容，不仅会“听其言”，还会“观其行”。因此辅导员不仅要重“言教”，更要注重“身教”。“正人先正己”，用自己的人格魅力提高思想政治工作的可信度和可爱度，确保思想政治工作目标的落实。

3. 辅导员要坚持和完善思想政治工作目标的针对性

思想政治工作是做人的工作，而每个人都是独一无二的。因材施教是确保思想政治工作目标实现的必要方法。

第一，辅导员要注重学生的个体性差异。每个大学生的家庭、求学、生活等各类环境不同，从而导致大学生在性格、气质、爱好、动机、兴趣、能力等方面存在差异性。辅导员面对个性、禀赋、思想等存在差异的学生，不能不顾及学生的思想实际，一刀切、千篇一律地确定思想政治工作的目标，而应因人施教，根据每个学生的不同特点制定不同的思想政治工作目标，尽最大可能实现思想政治工作的目标。

第二，辅导员要注重学习阶段性差异。大学生从入学到毕业，每个阶段都存在不同的特点，思想政治工作要因时而变，采取不同的方式和内容，才能确保目标的实现。比如，对刚入学的新生而言，辅导员需要更多地走近学生，关爱学生，在日常的谈心谈话、班（级）会中渗透思想政治工作的内容；对于毕业班的学生，辅导员要利用更加思辨的方式引导大学生在个人价值、职业理想、职业道德等方面进行思考。只有注重大学生个体之间、群体之间的差异性，采取行之有效的方法，才能提高思想政治工作的实效性，确保思想政治工作目标的实现。

第三节　思想政治工作的任务

思想政治工作的目的或任务，是通过各个阶段、各项思想政治教育的任务来实现的。各项思想政治教育实现的是具体目标，只有不断实现具体目标，才能实现思想政治教育的根本目标或长远目标。上一节讲到的思想政治工作的主要目标，归根结底是要在促进人的自由全面发展过程中，完成个人与国家的双向协调发展。要达成这一目标，需要完成一系列的任务。辅导员的日常工作重心常被繁杂的事务所牵引，对工作任务的思考和强化，也是明确辅导员定位、达成工作目标的重要途径和方法。

一、政治理论教育

基于第二课堂的、形式多样的政治理论教育与教育对象的实际生活、学习和工作结合得更为紧密，其既不同于第一课堂，又是第一课堂的有力补充及支持，也是一种收效显著的政治理论教育形式。

《普通高等学校辅导员队伍建设规定》（中华人民共和国教育部令第 43 号）中规定的辅导员工作职责，其首要的一条即“思想理论教育和价值引领”。该文件指出，辅导员要“引导学生深入学习习近平总书记系列重要讲话精神和治国理政新理念新思想新战略，深入开展中国特色社会主义、中国梦宣传教育和社会主义核心价值观教育，帮助学生不断坚定中国特色社会主义道路自信、理论自信、制度自信、文化自信，牢固树立正确的世界观、人生观、价值观”。这一清晰要求为辅导员的政治理论教育明确了方向。具体到辅导员的工作实践中，除了要认真学习文件的要求，也要与时俱进地进行拓展和细微化。马克思主义基本原理、习近平新时代中国特色社会主义理论体系、党的理论知识等，都是政治理论教育的内容。中国共产党第十九次全国代表大会（简称“党的十九大”）的召开，既更新和系统化了理论教育的内容，同时，也为辅导员提供了更加系统的知识体系和行动指引。当代大学生是中国梦的参与者、建设者。高校辅导员是离大学生最近的人，要当好引路人、筑梦人，助力他们实现梦想。新时代高校辅导员在进行政治理论教育之前，更应该加强自身的理论素养，不断提高理论素养和专业能力，把党的十九大精神转化为围绕学生、关照学生、服务学生的实际本领。

首先，辅导员要强化对自身的理论教育。马克思主义经典著作、党史、新时代各种重要文件等都是学习的重要内容，必须不断强化自身的理论修养，才能更好地进行理论输出和政治理论教育。比如，党的二十大报告就是我们了解国情、政策和国家发展方向的最好的理论学习材料。党的二十大报告的每一个部分都可以单独提出来，作为班会的主题，也可以作为形势与政策课的主题和内容，还可以是网络思想政治教育的素材。各行各业都在学习党的二十大精神，那么，辅导员学习党的二十大精神主要学什么？每个人都可以解读并延伸出不同的内容，结合自己的工作实际，一定可以找到令自己顿悟的地方。比如，教育管理外国留学生，就一定会联想到“四个自信”和“人类命运共同体”等；比如做好爱国主义教育和港澳台侨学生的教育管理工作，就一定要明白“一国两制”的内涵和外延等；要开展网络思想政治教育，除了讲理论和讲道理，也必须理解为什么要讲好“中国故事”、怎么讲好“中国故事”等。精读报告本身固然十分重要，但带着“辅导员”的视角和挖掘的心态去读就更显重要了。比如“不忘初心”，我们应该带着什么样的初心做辅导员工作呢？比如“文化自信”，我们到底自信的是什么？中国文化博大精深，其精髓是什么？党的奋斗历程中形成的那些精神、中国近代史和当代形成的优秀文化是不是也要去学习？又比如“道路自信、制度自信、理论自信”，我们每个人都知道，耳熟能详，但是能够在比较鉴别中系统说出它们的先进性和科学性么？还有“一带一路”“人类命运共同体”“供给侧改革”等，每一个概念和提法都是需要我们深入挖掘的，而对这些内容的学习会让我们更有力量、自信与底气。这些问题会促使我们不断地学习，去阅读经典的文献著作，去观察和实践。

其次，以马克思主义为行动指引，以党的理论武装和充实头脑。理论掌握得再好，无法以其指导实践和行为，也不能达到言传身教的目的。作为高校辅导员，要当好青年学生的引路人、筑梦人，我们应该牢记自己的担当和使命，必须在思想上、政治上、行动上始终同党中央保持高度一致，必须牢牢把握辅导员工作之于党和国家事业发展、学生全面成长成才的重要意义；不断加强理论学习，提高“四个意识”，坚定“四个自信”；要善于站在学校层面、国家层面，甚至是中华民族的层面去思考问题。在日常工作中，我们常常会遇到这样或那样的问题，有时候会感慨问题怎么变得这么多、这么复杂、这么难解决。这时，就需要以党的二十大报告精神作为我们行动的指引，去把握新形势下的工作规律，大力推动改革与创新，探索新时代高校辅导员的工作之路，为立德树人大业贡献自己的智慧和力量。

由此引申，学习好理论知识，尤其是对重要文件的学习和融会贯通对辅导员的实际工作也有重要的影响，这也是不少人容易忽视的重要工作内容。比如，许多辅导员很多工作做得都挺好的，但是不能写好材料，不能起到好的宣传教育效果。怎么办？如果精读党的二十大报告原文，会发现报告语言精练、内涵丰富、振奋人心，而且语言很贴近生活，结构严谨，内容和形式高度统一。要想说得好，做得好是基础，一定要在有内容的基础之上才能把事情说好。要想写得好，就更要有思考了，要把做的东西有结构、有条理、有高度地提炼出来。从这个角度来说，党的二十大报告的语言、结构和形式与内容高度融合，是辅导员写好各种材料的绝佳蓝本。

二、意识形态建设工作

意识形态工作是辅导员思想政治工作的重要组成部分，在高校校园和大学生群体中开展意识形态工作对于巩固马克思主义意识形态的指导地位，巩固全民族的共同思想基础具有深远的意义。意识形态工作不是一个抽象概念，其本身也包含着许多工作内容，明确这些工作内容是辅导员弄清责任定位、理清思路的一堂必修课。有学者将辅导员的意识形态工作归纳为以下八项内容，是较为清晰的一种分类。

（1）开展社会主义核心价值观教育，引导大学生掌握马克思主义立场、观点、方法，树立正确的世界观、人生观和价值观。这是辅导员工作中的常规工作，尽管辅导员针对学生集中授课的情况较少，围绕该工作展开的校园文化活动却比较常见。比如，召开班会、举办征文比赛、进行社会考察与实践等，许多都涉及该项工作任务。

（2）开展理想信念教育，坚定广大学生的中国特色社会主义的“四个自信”。在第二课堂中与时俱进地进行理想信念教育，结合当前实际情况，让学生更进一步体会和了解中国特色社会主义道路的伟大实践，坚定理想信念，巩固“四个自信”。

（3）把握学生思想状况，针对学生关心的热点和焦点问题进行及时引导。在社会热点和焦点问题发生时，第一时间掌握学生的思想状态和现时表现，积极营造积极向上的思想氛围，对于发现的过激言行要第一时间处理并积极上报。

（4）把握政治方向和舆论导向，引导学生正确辨析各种社会思潮。把握正确的政治方向和舆论导向，需要坚持党性原则，对各种社会思潮具有敏锐的政治鉴别力，需要辅导员具备扎实的知识结构和理论素养。

（5）加强阵地管理，对学生讲座论坛等涉及意识形态的活动严格审批。采用内紧外松的原则，认真对待每一次讲座、论坛的审批，尤其注意对敏感人物和敏感话题的把握，对于不能单独做出判断的活动，一定要向上级请示与汇报。

（6）加强对学生涉及宗教问题的管理，抵御和防范宗教极端思想渗透。作为高校开展马克思主义教育的骨干队伍，辅导员一定要牢牢把握党性原则和法律规定的“教育与宗教相分离”的原则，学习宗教知识和政策，运用辩证唯物主义的方法和立场分析问题。

（7）加强对社团活动、社会实践等学生活动的审查，防范敌对势力的渗透。尤其在国际化进程加快的今天，不排除一些国际组织打着“公益”“创新”“研究”的旗号进行渗透活动，需要严格甄别。

（8）利用网络开展思想教育和引导。① 该项任务既是思想政治工作内容，同时也是方法，是辅导员在新形势下需要花力气去应对和研究的一项重要课题，这一点将放到下一章中集中讨论。

与这八项工作内容相对应的能力要求也不一样。意识是指辅导员对该项工作的价值与职责认同，也包含对意识形态工作的敏感度。知识与前文所述的政治理论有所重叠，但也有具体化和延伸，如对一些思潮、政策的掌握。意识和知识处在更为基础的地位，同时也是活动组织、深度辅导、宣传教育和监督管理等技能实施的前提条件。

要做好意识形态工作，知晓工作内容，培养工作意识，储备相关知识，提升技能都需要较长时间的积累。辅导员一方面要强化价值认同感，提升职业的自豪感和自信心；另一方面也要积极参加理论培训，增加阅读量，提升自身的思想理论素养和政治鉴别能力。在新的历史环境下，还应该把握时代特征，积极面对网络和新媒体带来的挑战，提

---

① 吕素香. 高校辅导员意识形态工作能力研究：基于北京 12 所高校的实证调查［J］. 马克思主义与现实，2017（6）：162 – 168.

升信息化时代对学生的思想引领能力。

三、形势与政策教育

形势与政策教育是国际国内形势变化的要求，对于提高大学生思想政治素质，实现人才培养目标和大学生成长成才具有重要意义。大学生处在世界观、人生观和价值观形成的关键时期，一方面灵敏勤思，另一方面思辨能力尚缺乏，科学的思辨能力还处在培养完善阶段，容易受到各种思潮的影响和侵蚀。加强形势与政策教育，对国内外形势与政策及重大事件进行理论阐述，帮助其正确分析党和国家面临的国内国际形势及现实中存在的问题，针对大学生的思想实际进行指导，增强大学生明辨是非的能力，这对提高学生的思想政治素质必不可少。

形势与政策教育包含了“形势与政策”课和第二课堂中的形势与政策教育。2018 年 4 月 12 日，教育部印发了《教育部关于加强新时代高校“形势与政策”课建设的若干意见》（教社科〔2018〕1 号），按照“短、实、新”的思路，重点从“谁开课、怎么开、教什么、用什么教、谁来教、怎么教、怎么评、怎么管”八个方面对新时代高校“形势与政策”课程建设提出明确要求，动员各高校力图将“形势与政策”课打造成推动党的理论创新最新成果第一时间进课堂的示范课。

大多数高校有专门、专业的“形势与政策”课教学团队，但不可否认的是，该课程目前存在的师资力量不集中、课程设置不统一、培训力度有欠缺、授课内容存在滞后性等问题都不容忽视。在该课程的逐步规范完善中，辅导员需要发挥主观能动性，积极思考，充分准备，迎接挑战。辅导员既应在掌握相关知识和授课技能的前提下参与“形势与政策”课的教学，又需要在日常工作当中贯穿形势与政策教育。无论是第一课堂还是第二课堂的教育，辅导员都应该有意识地增加对经济学、政治学、国际关系学、心理学、历史学等方面的知识积累，把握国际国内形势的最新变化。

首先，增加知识储备。辅导员的专业背景千差万别，不少人没有思想政治教育学和相关学科的背景，这是劣势，同时也应该正确看待这种劣势。形势与政策的教育内容每个时间段都在发生变化，无论来自什么学科背景，都需要增加知识储备。比如，“一带一路”倡议提出的背景、理念和近年来取得的成果和得到的启示，对人民币国际化的进程的了解，美元的霸权地位确立、“剪羊毛”的手段及中国的应对措施，中东问题的深层原因，中国的地缘政治和背景，中国海权的历史背景和发展方向，供给侧改革的时代意义，中国“打虎”“拍蝇”“猎狐”行动和世界清廉指数，“文化自信”的本质及中国文化面临的机遇与挑战等，都需要辅导员潜心钻研，加强学习。

其次，在实际工作中能够提升专业素养和政治素质。加强自身的专业理论学习，尤其注重加强对党的理论的学习，要做到与时俱进，时刻关心国家大事，关注国际局势，用科学社会主义理论体系武装自己的头脑。在实际教学和第二课堂活动组织中，要认真准备，排除“畏难”和“敷衍”情绪，积极参与培训与集体备课，提高业务技能，提升理论修养和水平。

四、引领价值观念

价值，就是人们在实践活动中，通过主客体之间的相互作用、客体的存在和属性对于主体需要的适应与满足所表现出的效益、效用和意义。价值观念是人们对客观事物的认识、对自身的认识，在本质上是一种实践观念，比如求学价值观念、求偶价值观念、幸福价值观念、权利价值观念等，它与价值观是具体与一般的关系。辅导员在开展思想政治工作中，需要对大学生的价值观念进行引领，通过各种不同的渠道和形式，用科学的理论武装人，引领大学生树立正确的世界观、人生观和价值观，共同促进社会主义建设，实现中华民族的伟大复兴。

辅导员在思想政治工作中的价值观念引领，应该以培育和践行社会主义核心价值观为中心任务，以富强、民主、文明、和谐作为国家层面的价值目标，以自由、平等、公正、法治作为社会层面的价值取向，以爱国、敬业、诚信、友善为个人层面的价值准则。

面对世界范围思想文化交流交融交锋形势下价值观念较量的新态势，面对改革开放和发展社会主义市场经济条件下思想意识多元多样多变的新特点，积极培育和践行社会主义核心价值观，对于巩固马克思主义在意识形态领域的指导地位、巩固全党全国人民团结奋斗的共同思想基础，对于促进大学生的全面发展、引领社会全面进步，对于集聚全面建成小康社会、实现中华民族伟大复兴中国梦的强大正能量，具有重要现实意义和深远历史意义。

从适应国内国际大局深刻变化看，我国正处在大发展大变革大调整时期，在前所未有的改革、发展和开放进程中，各种价值观念和社会思潮纷繁复杂。国际敌对势力正在加紧对我实施西化、分化战略图谋，思想文化领域是他们长期渗透的重点领域。因此，迫切需要我们积极培育和践行社会主义核心价值观，扩大主流价值观念的影响力，提高国家文化软实力。

从推进国家治理体系和治理能力现代化要求看，培育和弘扬核心价值观，有效整合社会意识，是国家治理体系和治理能力的重要方面。全面深化改革，完善和发展中国特色社会主义制度，推进国家治理体系和治理能力现代化，必须解决好价值体系问题，加快构建充分反映中国特色、民族特性、时代特征的价值体系，在全社会大力培育和弘扬社会主义核心价值观，提高整合社会思想文化和价值观念的能力，掌握价值观念领域的主动权、主导权、话语权，引导人们坚定不移地走中国道路。

从提升民族和人民的精神境界看，核心价值观是精神支柱，是行动向导，对丰富人们的精神世界、建设民族精神家园，具有基础性、决定性作用。一个人、一个民族能不能把握好自己，很大程度上取决于核心价值观的引领。发展起来的当代中国，更加向往美好的精神生活，更加需要强大的价值支撑。要振奋起人们的精气神、增强全民族的精神纽带，必须积极培育和践行社会主义核心价值观，铸就自立于世界民族之林的中国精神。

从实现民族复兴中国梦的宏伟目标看，核心价值观是一个国家的重要稳定器，构建具有强大凝聚力感召力的核心价值观，关系社会和谐稳定，关系国家长治久安。实现中华民族伟大复兴的中国梦，必须有广泛的价值共识和共同的价值追求。这就要求我们持续加强社会主义核心价值体系和核心价值观建设，巩固全党全国各族人民团结奋斗的共同思想基础，凝聚起实现中华民族伟大复兴的中国力量。

辅导员在引领价值观念的过程中，应该坚持主渠道教育，立足于完整准确地理解马克思主义的理论体系，指导学生从中学习它的立场、观点和方法，要充分吸收马克思主义最新成果，推动习近平新时代中国特色社会主义思想理论体系进驻大学生头脑，不断进行理论创新和实践创新；要善于坚持理论与实际相结合的原则，运用马克思主义的立场、观点和方法观察、分析和处理问题，指导大学生的实践。

第四节　思想政治工作的方法

在上一节已厘定思想政治工作任务“是什么”的基础上，本节力图将“如何准备”“怎么做”等问题厘析好。

一、思想政治工作方法的原则

由于高校辅导员的工作对象是具体的大学生群体或个人，在工作过程中，总是会出现各种各样的问题，多数情况下，一些问题需要用到多种方法处理。因此，灵活多变和具体问题具体分析一定要贯穿在辅导员的工作过程中。在思想政治教育学科和高校思想政治教育的实践发展过程中，有一些方法经过长期的时间检验被证明是正确的。这些方法把握住了思想政治工作的一般规律，在新的历史条件下仍然具有现实价值，成为高校辅导员工作的通用工作方法。

1. 情感沟通与理性引导相结合

在实践过程中，不难发现一些辅导员和学生的关系“好”，而有一些辅导员和学生之间难以建立起相互信任、依赖和支持的关系，有时候甚至产生回避和敌对的关系，导致不同的辅导员针对同一群体的工作效果区别明显。这显示出辅导员之间的能力、素质和知识结构的差异，更多时候则显示出思想政治教育主客体之间的情感距离。

在提到“情感沟通”时，不少人会片面地认为个人情感之间的维护主要靠“私交”，事实果真如此吗？“情感”是一个非常微妙的词，无论多么理性的人，在处理不同人的事情时基本都会被情感影响甚至左右。比如日常生活中，有些学生在第一天搬入宿舍时能够迅速地发现哪些人是“喜欢”的，哪些人是“不喜欢”的，这种判断可以在很短的时间内做出，其背后的原因也是多种多样的，统称为“情感判断”。再如，两名大学生走在街上，遇到一些推销人员，说得非常入心入脑，其中一位大学生非常心动，且准备掏钱买了，这时另一名大学生不用给出任何佐证，只要拍拍这位同学，悄悄说一句：“不要买，骗人的。”这时想要购买的学生基本都会立刻打住。为什么在没有任何科学依据的情况下会做出这样的反应？主要还是因为情感判断，相较于路人给出的种种佐证，大多数人更愿意相信身边有情感的人。

即使面对一些复杂的情况，情感判断仍然起着比较重要的作用。比如人们在购房的过程中，总是会将地段、采光、结构、户型、环境、楼层等因素综合起来考虑，甚至会列出一个表，给每一项打分，决定最后取得分高的那一套。但现实情况往往并不绝对，在得分较为相近的两套房中，人们有可能选择得分较低的，因为可能更加喜欢自己尤其看重的那个权重，这个时候“情感判断”就起了至关重要的作用。

做人的思想政治工作也是一样，从工作对象的角度而言，辅导员是一个关心和帮助他们的教师还是一个“传声筒”有着本质的区别。情感判断的本质是一种关系判断，因此，在辅导员的工作中，对自己的定位显得非常重要。初入职场的辅导员在角色适应的过程中很容易走入误区。第一种，未能摆正“师者”位置。由于刚进入职场的辅导员，无法摆脱学生时代的印记，仍然将学生时代的思维延续到工作中，尽管容易和学生打成一片，但对于政策、方向、原则上的把握会有所欠缺，有时候甚至对上级的工作理念和做法采取不认同的态度。第二种，刻意突出自己的“教师”身份。害怕自己不像教师，担心自己不能在学生中树立很好的威信，而刻意摆出教师的“架子”和面孔。前者容易造成理性思维和理论思维的缺失，在某种情况下甚至容易以自身的情绪影响思想政治工作的效果；后者则容易与学生拉开距离，导致信息获取渠道堵塞，甚至在关键时刻容易引起事故。

总体来说，高校辅导员和学生之间的关系并不是单纯的师生关系或朋友关系，很多时候体现出一种亦师亦友的关系。这需要高校辅导员通过活动、事务、课堂等一系列手段与学生频繁接触，了解、把握、解决学生中的动态、疑惑和问题。在繁杂的日常工作中，内心深处需要非常明确党、国家和学校的大政方针，以及辅导员的工作内容和职责。此外，为了更顺畅地工作，需要拿捏和把握与学生之间的情感，并建立起良好的情感关系。

理性思考是辅导员的基本素质，需要一定的政治敏锐度、鉴别力，具备一定的业务能力，培养理论思维并掌握方法论的能力。比如学生在入学之初出现了厌学的情绪。辅导员一方面要倾听他们内心的真实想法，了解学生的痛苦；另一方面也要分析问题的成因，并在掌握政策的前提下及时给出合理的建议。不能只是单纯地理解和同情学生的处境，包庇并纵容种种不当的做法，也不能简单粗暴地表达单方面的个人观点和情绪。

建立起情感纽带有许多种办法，归根结底，教育的主客体需要形成心灵上的认可。辅导员能够设身处地为学生的成长成才着想，能够引导并倾听学生的痛苦、困惑，这是两者建立关系的前提。在处理学生事务的时候辅导员能够明白学生的诉求，能够想办法去帮助解决他们的困难，自然而然地就会得到学生的认同。

做到情感沟通和理性引导的完美结合需要在实践中不断思考和总结，需要辅导员扩充自己的知识储备，加强对方针政策、规章制度的熟悉度，修炼控制情绪的能力，同时也需要积极向有经验的同事取经，及时矫正自己的失当言论和行为。

2. 解决思想问题和解决实际问题相结合

前文用了相当多的笔墨阐述情感沟通的重要性，许多新入职场的辅导员可能若有所思但仍不知所往。客观地讲，在处理与学生的关系的过程中并不需要太多的刻意而为。

由于辅导员的角色设定和工作内容本身就与大学生有一种天然而紧密的联系，学生们的生活与学习、困难与困惑、喜悦与烦恼很容易被辅导员所感知，因此只要能在日常生活中真正做到为了学生的成长成才服务，那么“在服务中引导”的局面就会自然而然地形成。

在做思想政治工作的时候不少人会就思想论思想，然而问题的根结往往都藏在具象化的现实生活中。社会存在决定社会意识，这是马克思主义的原理，也是思想政治工作的利器。马克思主义认为物质利益是人类生存与发展的根本条件，正是掌握了这一原则，中国共产党人才能成为中国人民利益的忠实代表。我国进入社会主义建设的新时代，社会主要矛盾发生了变化，但是代表、维护和满足人民群众的利益需求的方向并没有发生根本性的改变。在这个时代背景下，做好大学生的思想政治工作只有关心他们的实际生活，从解决实际问题入手，才能收到解决思想问题的实效。

解决思想问题和实际问题相结合，就是要正视而不是回避或忽视大学生在学习、生活中遇到的具体问题和面临的实际困难。大学生关心自己的利益，希望通过自己的勤奋努力获得某些个人发展的更好条件，这是无可厚非的，也是需要得到支持和保护的。如果学生意见大、反映强烈的现实生活问题长期得不到合理解决，势必影响学生对学生工作、学校甚至是党的看法，有可能酿成严重的后果。尤其是面对群体性的困难和问题时，更要严肃对待。不能简单粗暴地批评、指责和压制。一般而言，大学生群体具有一定的独立思考能力，大多数情况下都能理解学校的处境和困难，以群体为单位提出偏激要求的情况较为少见。因此，辅导员在工作的过程中一定要收集和反馈学生们意见较大的问题，即使不能在短时间内解决，学生们仍然会理解、接受和感激辅导员所做的努力。在面对个体时，辅导员若能够抓住问题的成因，满足学生的合理诉求，自然会受到学生的爱戴和欢迎。信任和情感关系一旦形成，有可能是终身的。

要将解决思想问题和实际问题相结合，需要注意以下几点：第一，正确判断和认识学生诉求的合理性与合法性。辅导员要贴近学生生活，正确认识学生所关心的热点问题和学习生活中的实际困难，要分清性质，善于引导和帮助学生从实际生活中、政策上、法律上寻找解决问题的办法。第二，要引导学生正确面对实际问题，正确认识自己的根本利益和长远利益、个人利益和集体利益，调动学生内在的积极性，培养全面思考问题的能力和团结互助的精神。第三，选择恰当的时机开展教育活动。就如写微信公众号推文“蹭热点”一样，开展活动也可以抓住热点问题组织相关的主题教育活动，学生在这些针对性强、参与热情高的活动中往往投入度较高，容易收到较好的教育效果。

在培养感情和解决实际问题的过程中，辅导员都需要专注、投入与真诚。如果只有口头承诺但没有实际行动，有行动但是“出工不出力”，或者完全是被动式地满腹牢骚地工作都会被他人感知，就会出现学生“不领情”或者“吃力不讨好”的尴尬局面。

3. 疏与导相结合

理解“疏”和“导”这两个字的意思并没有太大难度，难的是两者关系的处理。从辅导员的日常工作角度出发，就是要求辅导员能够在学生中营造广开言路、畅所欲言和集思广益的氛围，同时对于不正确的意见和思想观点，通过民主讨论、说服教育、批评与自我批评的方法，将其引导到积极、正面、健康的方向上来。所谓疏导，就是先疏后导，疏与导相结合。

人们的行为由思想动机支配，只有在了解动机的基础上，才能把握和预测人的思想和行为的发展特点与趋势，进而因势利导，有针对性地开展思想政治教育工作。在信任关系建立起来之前，一些看似“不合乎常规”的思想和行为带有很大的隐蔽性。如果没有思想疏通，工作对象的思想全貌难以展现出来，此时做再多的工作，都有可能是徒劳的，甚至起反作用。同样的，如果只是引导教育对象说出真实想法，但不去做正确的引导，任由教育对象的观点和思想自由发展，并且相互影响，就有可能导致教育对象个人或群体的发展失去正确方向，甚至是扭曲、错误的思想泛滥，令教育目标无法实现。

在辅导员的工作中，疏与导必须有机结合起来。要达成这一目标，以下三点尤其值得注意：

第一，要发扬民主，畅通言路，创造畅所欲言的气氛。辅导员在日常工作中具有一定的权力和权威性，要利用好这种权威性集思广益。即使自己的观点和想法具有相对的科学性与合理性，仍然要注意倾听学生的意见和想法。不能搞一言堂，更不能对学生的意见和想法视而不见，否则将无法及时掌握信息，无法把握教育对象的思想活动和特点。

第二，要坚持正面引导和说服教育为主。“弘扬主旋律”“正面教育”“正确舆论引导人”“榜样示范”“实践锻炼”等都是正面引导的方式，也是中国共产党和现代思想政治教育学中约定俗成的方法。在教育的过程中，一方面要坚持用马克思主义的立场、观点和方法，进行必要的灌输和正面引导；另一方面，也要正视学生在认识上存在的偏差，诚恳地指出问题，激发他们的自信心，调动他们的积极性，促进思想的转化和提升。

第三，要用表率引领人。思想政治工作是人对人的工作，辅导员的一言一行对受教育者都有着潜移默化的作用，产生一定的影响。俗话说：“上梁不正下梁歪，中梁不正倒下来。”其中的道理十分清楚。有的思想政治工作者在公众场合表示对自己所宣讲的东西“并不认同”，只是“没办法，是上面要求的，也是自己谋生的手段”，这对思想政治工作造成了极其恶劣的影响，不仅不能正确引导学生，同时也让自己生活在极其痛苦和虚伪的状态中。因此，辅导员对于党的理论知识一定要真学、真懂、真信、真用，而且一定要有良好的情操和较高的道德水准。假如一名思想政治工作者教育大家要名利皆可抛，事业心中留，自己却处处争名夺利，争待遇，争享受；假如一名思想政治工作者要求别人要清正廉洁、大公无私，自己却贪污受贿、中饱私囊等，他怎么有资格做别人的思想政治工作呢？所以，任何一名思想政治工作者都要以身作则，率先垂范，言行一致，不仅要用自己的言行去影响群众，同时要依靠自己的表率作用和良好的人格去带动群众。增强政治意识、大局意识、责任意识、服务意识、团结意识、廉洁意识，凡是要求群众做到的，自己首先做到，以良好的形象影响人、引导人，只有这样才能增强思想政治工作的说服力和感召力。同时也要注意不断地树立典型，用典型来引导、带动、激发思想政治工作者的积极性和创造力，才能使大家学有榜样，赶有目标，超有对手，帮有对象，在工作、学习和生活中更直接、更紧密、更便于向其他人学习，有效地激发大家的工作自觉性、积极性、主动性，形成奋发向上的良好风气，从而达到以点带面、整体推进的效果。

4. 理论与实际相结合

许多人都会有这样一种感悟：上学期间对马克思主义中的理论框架和知识能够有所了解，但是大多数时候并不能真正体会其中的意思。尤其是在面对考试压力时，对记忆和背诵相关知识点有抵触和畏难情绪。当积累了一定的社会阅历和人生感悟后，再来读这些理论尤其是马克思主义的经典著作时，会常常出现共鸣与顿悟。这是思想政治工作者必须直面的问题，理论如果只是白纸黑字，不能与实际生活相结合显然不能发挥其应有的积极作用。

理论与实际相结合是党的思想政治教育的优良传统，在各个不同的历史时期，将先进理论与当下的革命、生产、生活结合起来才能发挥重要的作用，保证革命和建设事业走向成功。大多数情况下，没有理论的指引，行动是会非常盲目而无序的。理论与实际相结合，反映了理论与实际的正确关系，反映了改造主观世界与改造客观世界的关系，揭示了理论教育与实际教育互为条件不可分割的关系。

辅导员的思想政治工作也和革命年代的思想工作有相通之处。没有革命的理论，就不可能有革命的运动；同样地，没有科学理论的指导，也不可能有持续的进步行为。辅导员并不是一个单纯的“消防员”，也绝不是处理学生事务的“杂务工”，更多时候是需要引领学生的思想，辅助他们成长成才，为党和国家的事业培养优秀人才的。因此，每一位辅导员都需要用科学的理论武装自己的头脑，从人生观、价值观和方法论的角度提升自己，这样才能端正自己的工作态度，才能拥有较好的敏锐感和鉴别力，才能在实际工作中划好底线，从容应对。与此同时，需要注重从实际出发，实事求是，针对学生的思想实际，结合工作任务、时代背景和现实国情开展思想政治工作。

坚持理论与实际相结合对辅导员的工作提出了一系列的要求，主要有以下几点：

第一，工作中既要注重理论教育，也要注重实践教育，强调行为养成，促进知行合一。理论再精彩，如果只是一味空谈，很容易让人昏昏欲睡。大学生在接受了至少 12 年的教育后进入高等学府的殿堂，很多理论知识都能够背诵了，如果不能讲出深度和趣味性，就很容易让学生失去兴趣，甚至心生反感。在理论教育不够深入和生动的情况下，学生们往往给出这样的反应：“老师，你说的我都懂。”“这些大家都知道。”在这种情况下，辅导员自身的理论修养就显得尤为重要。通过主题班会、系列活动等形式向大学生进行马克思主义基本理论的教育，引导和帮助他们树立科学的世界观、人生观和价值观非常重要。与此同时，理论又应用于指导社会实践活动，只有在实践中才能充分展示出价值和魅力。通过组织社会实践活动，让学生加深对理论知识的感悟和认知，巩固和强化理论教育的成果。

第二，理论教育法与实践教育法有机结合，灵活运用。理论教育要结合实际进行，要有实践环节相配合；实践教育要有明确的教育目的，要以理论为指导。在进行思想政治工作的过程中，非常忌讳只是为了“完成某一项任务”而进行，比如带学生参观某教育基地，学生们看过之后既没有教师的讲解和引导，也没有讨论学习，很容易形成“老师带我们出去玩”“活动走流程”的不良印象。系统的理论教育和具体的实践教育如何结合，需要考虑教育内容的特点与性质，考虑教育对象的实际思想状态，贴近生活，贴近大学生。

第三，具体的教育内容和教育方法要贴近实际，贴近大学生的学习生活。辅导员在工作的过程中，活动方法和组织形式必须贴近大学生所关心的实际生活和成长成才进行，除此之外别无他法。只要细心观察就会发现，那些讲课讲得好的教师，除了在科技手段运用、课堂组织、逻辑思维和语言肢体等方面有差异之外，更多地来自于讲授过程中能够举出更为形象和吸引人的例子，“讲理论”和“讲故事”的能力缺一不可，这些故事一般都是讲授者们观察、积累下来的，与学生的日常生活或他们关注的热点息息相关。

5. 教育与自我教育相结合

首先明确这里“教育”与“自我教育”的含义。“教育”就是教育者通过某种方式方法，把一定的政治观念、思想体系和道德观念转化为受教育者的内在素质和行为活动，其中的主客体关系非常明确。“自我教育”的意思并不是让辅导员去教育或提升自己，而是辅导员在开展思想政治工作的过程中，促使大学生自己教育自己，自觉接受积极的影响，完善自我建构活动，此时的教育主客体都是大学生群体或个人。

教育与自我教育相结合要求在思想政治工作过程中，既要发挥辅导员的主导作用，又要注意发挥大学生的主观能动性，将被动式的教育与主动式的教育结合起来。此时，尽管辅导员是教育活动的实施者，但是在教育的过程中，思想政治工作的效果最终还是要通过大学生自身的思想矛盾运动来得到实现。简而言之，教育与自我教育相结合就是内外因相结合的一种原则方法。中国共产党在长期的实践过程中非常注重对群众的教育，同时也从没有忽略过培养人民群众自身的学习、内省和思想矛盾运动习惯。

可能有人会质疑，“教育”本身是有组织、有计划、有主客体的活动，但“自我教育”的可控性太低，监督和反馈的效果可能并不会很明显。比如，主题班会，辅导员滔滔不绝，学生们可能会听得津津有味，但是过后却忘得一干二净，自我教育从何谈起呢？这就向作为思想政治工作者的辅导员提出了比较高的要求：一方面，要注意在教育活动实施的过程中增加“互动”“留白”“讨论”和“总结”等，另一方面也要求辅导员在日常教育中培养学生们思考的习惯；同时，还要借助制度、互助和分享的活动形式和手段来促进学生们不断地进行朋辈引导和自我教育。

“教是为了不教”，学生是否展开自我教育是衡量教育是否取得实效的一个标志，也是思想政治工作的归宿。辅导员在与大学生接触的过程中，要引导大学生通过自主学习，自觉地参与自我思想改造和自我提升，不断提升思想政治觉悟和道德修养。正如“班风”“学风”的建设一样，要充分发挥朋辈监督的作用，树立良好的风气，使大学生受到正能量的感染。

二、思想政治工作的具体方法

从中国高校设置辅导员岗位之日至今，辅导员的工作性质、内容、任务已经有了一定的成熟度，与之相对应的规章制度和工作守则也渐趋完善，按照既定的程序完成每一样工作基本都会收到相应的效果。与此同时，在掌握思想政治工作原则方法的基础上，仍然需要包括辅导员在内的思想政治工作者们根据实际情况采用不同的方法。针对一些特定的人和专项工作，同时运用多种方法的情况也不少见。

1．说理式教育

这是辅导员日常工作中最常用的思想政治教育工作方法之一，俗称“谈心谈话法”，通常表现为口头和文字两种形式，前者如讲演、报告、讨论、谈话等，后者主要表现为信件、电子邮件、信息、博文、公众号推文等形式（关于利用文字和网络开展说理式教育将在后文详细展开）。说理式教育灵活机动，针对性强，解决问题及时，收效快，是辅导员应该掌握的基本方法之一。在历年的“辅导员职业技能大赛”中，“谈心谈话”被列为一个重要的比赛环节，重要程度可见一斑。

尤其需要提醒的是，谈心谈话不一定在学生出现什么问题后才开始，在一般的工作或闲暇时间都可以开展。谈心谈话活动开展和介入得越早，打下的基础越好，往后的思想政治教育工作就越容易展开。事实上，无论是做思想教育工作，还是处理突发事件，都是需要将工作做在前面。危机处理中的“无急可应，有急能应”原则就是最好的写照。

一般来说，与学生的个别谈话基本都可以分为背景了解、谈话开始、谈话切题和结束四个阶段。许多人因为对谈心谈话对象的背景不了解或者知之甚少而心生怯意，这完全可以通过事先准备来弥补。辅导员能将自己所带学生的名字和长相对上号，了解每一个学生的背景、兴趣爱好、学习情况等是最基本的要求，因此在日常工作中要做大量的熟悉工作。在了解学生背景的基础上，开始说一些学生关心的话题和感兴趣的事情，建设共同话题，从而进一步产生情感沟通和思想交流。一旦建立起较好的情感氛围，就需要在谈心谈话的过程中，围绕谈话的主题进行叙述，逐步向思想深度发展，形成情感共鸣的高潮。在谈话的结尾阶段，需要观察学生的情绪和神色，分析谈话对象可能出现的心理矛盾冲突，耐心地听取对方的态度和意见，从而有的放矢地提出合理的要求和希望。

谈话的地点可以灵活多样，并不囿于办公室，可以在散步过程中、课后或者用餐这些相对放松的时间进行，消除自己和学生的紧张情绪。谈话的情绪要随机调整，辅导员的情绪有时候直接影响到学生的情绪和谈话的效果。因此，一定要善于以冷静的头脑、稳定的情绪为自己创造一个良好的心境，这样能通过自己的语言、动作、表情感染到学生。

与此同时，尽量克服“无所不在的乐观主义偏见”，善于倾听学生的意见和看法，甚至把自己从谈话中抽离出来，冷静客观地分析学生的思想和情感，虚心学习和接受更为科学和合理的思想和做法。这不但不会损害自身的“师者”形象，反而能增加学生的信任感和亲近度，对于辅导员与学生之间的相互认可和情感交流大有裨益。

要注意的是，同样的道理在不同的时间内说出，让不同的人来说，或者用不同的方式来说所达到的效果是不尽相同的。因此，针对不同的人和事，知识储备、时机把握和方式选择是至关重要的，掌握至游刃有余的程度需要一定时间的积累。针对一些相对敏感的话题时，则非常需要辅导员加强对政策法规的学习和理解，否则很容易造成失职的情况。

2．形象化教育

思想政治工作中所谓的形象化教育，就是利用一些特定的教育载体，如活动、文学、艺术、娱乐等实施思想政治教育的方法。它把思想政治教育的内容寓于文化娱乐活动之中，易于为人们所接受，起着潜移默化的作用，往往能收到说服教育难以达到的效果。

形象化教育的方法有两种表现形式，即“显性”与“隐性”。显性教育比较好理解，就是利用活动、多媒体、实物等具象化的中介更好地将教育内容形象、生动地展现出来。这种教育方法在第一课堂和第二课堂中都在逐步普及和深入，比如在弘扬革命精神时，采用井冈山实地教学或电影教学等。这种方式能够在很短的时间内抓住受教育者的视线和注意力，形成良好的情感共鸣。而隐性教育则相对隐蔽，例如小学生的生字词学习需要通过一定的课文载体来呈现，尽管学习目标可能只是认识生字词，但实际上课文中包含的思想内容可以潜移默化地培养学生的内在品格。

显性教育对于素材的选择、制作、技术、创意提出了更高的要求，而隐性教育对载体的选择、时机的把握、精神内核的提炼、讨论和自学的方式等有更高的要求。美国式的价值观在全世界大范围输出，好莱坞电影功不可没，尽管这些电影中可能并没有非常明确地展示其“教育”和“引导”的目的，但受众往往无形中就接受了其中的一些观念和精神内涵，这一点非常值得学习与借鉴。

以文艺作品为例，思想教育功能是遵循马克思所说的“具体—抽象—具体”的思维模式来实现的，但是，正如恩格斯所说：“倾向应当从场面和情节中自然而然地流露出来，而不应当特别把它指点出来，同时我认为作家不必要把他所描写的社会冲突的历史的未来的解决办法硬塞给读者。”① 所以，好的思想政治教育载体，关于政治或者教育的观点、见解，不需要刻意地在作品中显露，尤其是在小说、戏剧、电影这样的文艺体裁中，太浓的说教意味往往令读者生厌，这也是我国现代思想政治工作中努力并正在突破的一个瓶颈。具体到辅导员的工作实际也是一样，显性教育和隐性教育必须有机地结合，不能一味地说理，也不能一味地“放羊”，给教育客体造成不良的刻板印象。

3. *榜样引领*

这里的朋辈辅导不能简单地理解为朋辈心理辅导，除去心理辅导以外，还包含了学业辅导、职业发展辅导、生活辅导、思想辅导等。实施辅导的朋辈既可以是同班、同级的学生，也可以是高年级甚至是低年级的学生。事实上，一些高校已经将“朋辈辅导”常规化和制度化了。多数以高年级的学生向低年级的学生传授学习、实习、考证的经验为主，能够潜移默化地促进学生的思想转变，并外化为行动。

前面不止一次提到，在做思想政治工作时，对于同一件事，不同的人、不同的时机所做的工作效果是不同的。有时候，辅导员说的话很入心入脑，也不能忽视一些时候学生群体中其他人的话语对受教育者的影响，这就是朋辈辅导存在的重要基础。

当代大学生群体富有朝气，健康向上，大多都希望能够发掘自我潜能，促进成长成才。辅导员所带的学生较多，事务较杂，工作的细致程度需要加强，因此，开掘学生身边的资源，培养得力的学生骨干是必不可少的补充方式。一些高校在培养学生骨干队伍的过程中常常走入一个误区：重视团学组织的力量，忽视班集体和班委的建设，在班委的培训和培养中，没有完全发挥集体的作用，大多数事情都由班长和团支书包办。这一方面占用了班长和团支书的大量时间，另一方面也剥夺了其他班委成员锻炼和服务的机

---

① 马克思，恩格斯．马克思恩格斯全集：第36卷［M］．北京：人民出版社，1975：385.

会。因此，在班委的选拔和培训过程中，一定要做好协调和分工。经过一段时间的学习锻炼之后，班委的成员也会对相应的学生工作知识有所了解，可以为辅导员提供更多的辅助。如学生心理委员作为学校心理健康宣传和危机防御网络的重要组成部分，在促进学生心理健康、提升学生心理素质、发掘学生潜能方面发挥着不可替代的作用。推进同伴教育，实现有指导的朋辈互助活动，是推进高校心理健康教育发展的重要举措。行为学研究表明，如果信息的传递者和接受者经历相似并且关注的事情相同、面临共同的问题，接受者就更容易接受信息，从而导致相关态度、信念甚至行为的改变。同伴教育的方式被广泛应用于生殖健康、艾滋病的宣传教育和吸毒、自杀、酗酒、性别歧视等社会问题的引导和解决。高校学生群体中同伴间的巨大影响，在心理健康教育网络和危机干预网络中同伴的力量也是非常有效的资源，因此，应有计划、分专题地进行朋辈辅导，以期达到同伴之间积极影响的效果。

在进行朋辈辅导员的制度和活动设计时，要有专题性和专项性，每场活动并不苛求场面的盛大与壮观，相反地，数量较少的听众更能获得深度信息，产生的效果会更好。在活动制度的设计方面，需要提供经费支持，长期坚持，做好统计，长此以往，会有助于互帮互助和自我教育的良好氛围的形成。

4. 制度建设

除了各类政策法规、文件规定的规章制度之外，辅导员在建设学院、系和班集体的过程中完全可以结合所带学生的特点和需要建设一些特色制度。制度建设不仅是集体建设水平高低的体现，更是所带的学生群体向更高水平发展的有力保障。

前面在谈及原则方法时，也提到制度建设不仅有利于强化符合特定学生群体的集体行为，消除不良习惯，更能逐步促进学生从他律走向自律，渐渐形成学生的自我教育、管理、服务与提高。对于所带的集体而言，制度体现出了集体的组织性和纪律性，也体现出一种精神风貌，同时也便于辅导员对自己的工作形成监督和量化考核。

制度建设往往具有相当的主动性，上级领导和管理部门一般不会将该项作为硬性工作要求和考核指标，因此往往会在日常工作中忽略该工作方法和内容。事实上，制定相应的规章制度，一方面能够帮助辅导员自己提高管理服务的效率，另一方面也能在辅导员的理论思维锻炼上提供更多的思考空间。与此同时，制度的制定和执行本身就是一项具有开创性的工作，是对自我工作成绩和效果的“硬”积累。

由辅导员牵头组织制定与实施的制度大多具有很明显的针对性和创造性，如宿舍文明公约、班级公约、班干部会议制度、学生轮流讲解课题制度、帮扶制度、集体学习制度、宿舍互查制度、午餐谈心制度、班级建设意见定期收集制度、账目公开制度等。在制度的制定和实施过程中，辅导员一方面要根据学校各项规章制度的基本方向和要求来拟定，另一方面以学生思想、学习、能力、生活各方面的进步为着眼点，充分发扬民主，集思广益，集体决策。

制度建设不只是辅导员的事，也是主管部门和上级领导的任务，除了辅导员日常工作中的制度建设，更要在辅导员的队伍建设、考核体系、激励机制方面下功夫。有些辅导员错误地认为思想政治工作是软指标，有劲使不上，不如搞业务实在，搞一天业务，有一份成绩，只要业务上去了，“一俊可以遮百丑”，不必专门去抓思想政治工作。针对这种情况，在辅导员和学生工作团队中，要注重制度建设，研究和制定好体制机制，在新常态下创新适应思想政治工作的新内容和新方法，把思想引导与行为规范结合起来，推动新时期思想政治工作持续健康发展。主要办法有三点：首先，要有激励机制。辅导员的功劳不亚于业务人员的功劳，理应受到奖励，对有突出贡献的辅导员，还应发给荣誉证书和一定的物质奖励，鼓励辅导员安心工作，为做好思想政治工作而努力。其次，要建立健全体制机制。要把思想政治工作真正做好需要建立健全完善的体制和机制，不仅要有组织机构和管理制度，还要有贯彻落实的措施，将辅导员按职责定岗定员定责管理，形成制度化、标准化的常态机制，能够在思想政治工作中切实发挥实效。最后，要实行量化管理，强化思想政治工作。目前许多高校正在实行辅导员的考核和奖励办法，将辅导员的工作进行量化处理，并将其与绩效奖励挂钩。这是激励辅导员的一个重要手段，只是在学生考评、院系考评和学校主管部门考评的设置过程中，应更加科学化和规范化，不能把好事变成坏事，挫伤辅导员的工作积极性。

5. 专家介入

“请专业的人解决专业的问题”在有条件的学生工作团队中比较容易实现。比如，某学院有专职辅导员 3 ~ 5 名，则可尝试在专项工作的分工方面与个人兴趣和特长匹配，遇到自己所带的学生出现某一方面的特殊问题又无法给出专业性的指导意见时，便可以请在此领域更为擅长的队员进行帮助。不少高校将学生工作进行模块化切分，有着非常积极的作用和明显的效果，一方面能够让学工队伍和辅导员的工作更加细化，另一方面也能为辅导员的职业发展提供参考方向。作为辅导员，在承担的专项工作领域内专攻术业，进行科学研究和实践创新，不但能够将所从事的工作变得更加科学化和规范化，还能够获得职业的成就感。

“请专业的人解决专业的问题”有两个前提条件：第一，拥有团队支持；第二，能够清晰辨别所面临问题的性质。比如，在辅导员日常工作中，经常碰到一些人际交往特别“差”或者对学习完全没有兴趣的学生，辅导员投入了大量的时间和精力帮助他们调节宿舍关系，请其他学生对他们进行帮扶等，各种手段都用尽了，但并没有什么收效。学生的问题可能并不在于他的人际交往技能或者性格，也不在于他对专业的认知度，问题有可能出在学生的心理健康上。这个时候就需要辅导员有敏锐的观察力和相应的知识储备，如果自己一味从某一个方面用力，很有可能跑偏，不但不能帮助学生解决问题，而且会耽误问题的快速有效解决。

三、网络思想政治教育

新媒体时代，大学生信息处理的行为方式有所改变。随着信息传播权利变革的深化，教育对象的知情、表达和监督的意愿和权利得到强化，随之而来的是大学生们更进一步地改变着他们获取信息的渠道。在新媒体环境下，大学生的信息获取方式从传统的媒介渠道逐步转向新媒体，尽管传统的官方媒介仍然发挥着重要或主要作用，但是使用比例和依赖度逐步降低，移动端已经成为最常用和有效的资讯来源。以往被动和单次接收信息的行为模式逐渐转为主动、多次，甚至是主动扩散的行为模式。

在网络环境中，利用各种载体进行思想政治教育，“情感”是个重要前提。网络新闻、载体、作品要拉近与学生之间的距离，贴近学生的生活，反映他们的心声，这样才能够引起更大范围的共鸣。亚里士多德曾说过：“想用理论来改变在性格上形成的习惯，是不可能的，或者是很困难的。只要有了能使我们成为高尚人的全部条件，也就应该高兴了。我们就要受到德性的感染……而理论和教育，我想并不是所有的人都有同样的能力。须通过习惯来培养学生们的灵魂对高尚的爱好和对丑恶的憎恶，正如土地须先开垦然后播种一样。那些按照情感生活的人，是不会同意和听从理论劝告的。”① 按照情感生活的人并不是小众，大多数人在大多数时候都根据自己的喜好来对事物做出判断和选择。因此，毛泽东才说对待人民群众的缺点，不能利用暴露的手法，要用满腔的热情来说话，这样才能拉近与受教育者之间的距离，否则就站到了群众的对立面上，一旦距离拉开，即使观点再正确，要起到教育的作用也是很难的。这一点在介绍原则方法时已进行过一定的论述。

光有情感还是不够的，人的情感不一定都是积极正面的，有时候情感甚至很容易被人利用，成为煽动情绪的工具。社会上确实存在不少负面情绪，有些人对社会有着敌对情绪，有些人在社会中根本找不到情感归宿，有些人对社会的黑暗疾恶如仇，面对社会不公的时候自然而然地变成“愤青”。但是也有相当数量的人处于盲目的情绪发泄状态，对待问题没有加入理性的思考，盲目地起哄、仇恨，相当一部分青年盲从一些观点，不去调查研究，扮演着“伪愤青”的角色，对待这些群众，应该加以区分。其中最关键的还是要在拉近情感距离的基础上引导受教育者进行理性思考。现代思想政治教育学中提到的思想政治教育原则方法“疏与导相结合”“理论与实际相结合”及“解决思想问题与解决实际问题相结合”值得借鉴与贯彻。网络作品的一个重要特征就是能够引起人们在情感上的共鸣，在拉近情感的基础上，再进行说理和理性分析就容易得多了。关于“情感”与“理性”相结合的方法在上一节中已有提及，在此不再赘述。

关于话题制造，在自媒体环境下，每个人都能成为话题、新闻的发布者，所有的思想和情绪都能通过网络将其放大，这样一来，思想的多元化也会日趋明显。人们有时不去关注主流的信息发布渠道，打开电脑或者拿出手机有选择性地关注最新发生的大大小小的事情。在新媒体环境下，有一些非官方组织的微博或微信公众号，利用文学艺术传播正能量获得了大量的关注，南京航空航天大学思想政治教师徐川的微信公众号就是一个典型。他在公众号中开设了“节日谈”“你来问”“听我说”等栏目，贴近学生的现实生活，能够直面学生内心深处的疑惑，受到学生的欢迎与追捧。

几十年前，杜威曾提出过这样的疑问：“尽管灌输式的教学和被动吸收式的学习普遍受到人们的谴责，但是为什么它们在实践中仍旧那么根深蒂固？教育并不是一件‘告知’和‘被告知’的事情，而是一个主动的和建设性的过程，这个原理几乎在理论上无人不承认，而在实践中又无人不违反。”② 新媒体环境下思想政治教育制造话题的方式或许正好可以弥补这方面的不足，而话题的选择在生活中俯拾皆是，最重要的是，其中反

---

① 苗力田．亚里士多德全集：第八卷［M］．北京：中国人民大学出版社，1994：659.

② 杜威．民主主义与教育［M］．王承绪，译．北京：人民教育出版社，2001：46.

映出来的价值要合乎社会发展的规律和人们的心理发展规律。

网络思想教育也不可能成为思想政治教育的唯一方式和手段，它在思想政治教育的过程中需要结合其他的宣传和教育手段才能起到相互扶持、相互借力的效果。自媒体环境中尽管人们更多关注新闻事件，但从某种程度上说，原创作品与新闻事件相比有着更加独特的优势，它的创作题材更加多样，表现手法也更加灵活，因此在教育引导中主动权更加明显。思想政治教育想要在自媒体时代发挥积极的引导作用，成为话题的制造者是一个切实可行的途径，至于如何成为话题的制造者，还要靠辅导员们积极思索，总结前人经验，善于发现生活中的点点滴滴。

话题制造的最终目的是形成一种主流的网络环境，初期需要积极主动地营造网络舆情氛围，吸引更多的网络受众参与到网络讨论中，使之逐步形成主流舆情，然后根据网络思想政治教育的目的和要求，顺着环境的发展态势对受众进行疏通与引导。

关于做宣传与做内容，高校校园活动一般都做得轰轰烈烈，学工队伍也忙得焦头烂额，有些能取得很好的效果，但也不能否认许多活动的影响面并不大，实际效果也不尽如人意。后期的宣传和再影响有时成为一个“必须”的流程。从微信公众号的点击量就不难看出，学工方面的活动宣传点击率往往不如那些针对某一话题、事件进行的有观点、有温度的评述。

这就是“宣传”和“内容”之间不可忽视的差异。尽管其中存在着公众号的粉丝群体数量区别，但也不能否认内容本身所带来的差异。话题和内容如果涉及大多数人的共同情感体验，更容易获得大范围的转发和二次传播。作为宣传的活动内容和新闻稿件，受众面较窄，共同参与的体验较低，一般宣传范围和效果没有专注于做“内容”的稿件影响广泛。当然，这里并不是要求放弃活动宣传，而是希望思想政治教育工作者能够多从宣传和内容两个方面入手，多研究传播的规律和受众的心理特征，找到“内容”与“宣传”的最佳契合点。

网络思想政治教育内容必须以满足学生的精神文化需求和成长成才为出发点和着力点。开展网络思想政治工作必须找到学生们在哪里，了解他们需要些什么，了解学生常见的互联网需求、上网时长和时间段，努力做到学生们在哪里就把思想政治教育阵地建设在哪里，学生们需要什么就提供什么样的精神食粮。

“陌上花开”常常以学生的情感问题为主题，为学生答疑解惑；“南航徐川”一方面解决学生们思想上的疑惑，另一方面也发布一些中国传统文化的小知识；“辅导员娘亲”更加侧重于以优秀的学生现实中发生的有趣校园故事来吸引读者；“萌哥有话说”则越来越侧重于对辅导员队伍的提升和建设下笔墨。这些优秀的辅导员网络思想政治教育工作者能够敏锐地捕捉到新时代学生的特点，以生动有趣的方式展示自己的教育内容，引人深思，很有启发。

用网络的语言来说，情感相当于“温度”，内容则有点类似于“干货”。利用网络进行思想政治工作，还处在探索阶段，有以下几点需要注意：第一，做擅长的内容。每一个辅导员都有自己擅长的领域和爱好，作为网络思想工作者，一定要去做能够与自己的知识面和爱好结合起来的内容，这样才不会枯燥，也能做得持久。第二，要从日常工作中挖掘有用的内容。好内容不是空想出来的，也不是从天上砸下来的，需要辅导员将自己和学生接触的故事，或者真切的生活感悟转变成好的文章来源。第三，对自己做“专访”。自己的特质某种程度上也代表了社会的某一个群体，要充分发挥辅导员在一定范围内的“公众影响力”，可以对自己进行模拟专访，必然能引起一些学生和同行的共鸣。第四，寻找恰当的形式。将各种报告、白皮书、总结等通过图表的形式表现出来，更加直观，也更适合当代大学生的阅读习惯。

思考题

1. 思想政治工作对辅导员有什么积极意义？
2. 辅导员如何确保思想政治工作目标的实现？
3. 辅导员应培养与思想政治工作任务相匹配的哪些能力？
4. 辅导员的思想政治工作方法原则有哪些？
5. 新时代辅导员进行网络思想政治教育应培养哪些方面的能力？

第三章
心理健康维护

大学阶段是大学生从青少年期向成年期过渡的重要时期，随着生理、心理的发育和成熟，社会知识的丰富与思维方式的变化，特别是面对社会转型期的诸多矛盾，大学生在认识自己、了解他人、适应社会等方面，容易出现各种各样的心理行为问题，急需疏导和调节。《中共中央　国务院关于进一步加强和改进大学生思想政治教育的意见》《全面加强和改进新时代学生心理健康工作专项行动计划（2023—2025 年）》和《“健康中国 2030”规划纲要》明确提及，在新形势下落实立德树人根本任务，把心理健康教育工作作为大学生成才保障和全面发展的重要抓手，要求科学地规范和全面推进大学生心理健康教育工作。高校辅导员作为大学生思想政治教育的骨干力量，需要准确定位，明确职责，掌握如何及时地获取学生心理健康信息，有效地开展心理健康教育，预防和干预心理危机事件的发生。

第一节　大学生心理健康维护的意义

心理健康又称心理卫生，作为一门学科，是探索和研究人的心理健康的形成、发展、变化的规律及如何维护和增进心理健康的学问；作为一项实践活动，是维持心理健康，预防和减少行为问题或心理疾病的准则和方法；作为一种心理状态，是对自我感觉良好，最大限度地发挥人的潜能，与社会环境相处和谐的状态。

大学生正处于从青少年期向成年期转变的过程，这一发展特点决定了大学生活是个体逐渐走向成熟、走向独立的重要历程。大学时光虽然短暂，但对人的一生的发展和影响却具有决定性的作用。大学期间，每一个学生都将面临一系列的人生重大课题，如专业知识储备、智力潜能开发、个性品质优化、思想道德修养、就职择业准备、交友恋爱经历等。而这些人生课题的完成，又涉及自我评价、社会适应、人际交往、情绪管理、挫折应对、科学思维、团队合作、婚恋态度、潜能开发、求职择业等，与大学生的心理健康密不可分。

大学生现在承担的和将要承担的学习任务和社会责任较为繁重和复杂，且较为困难和艰苦，同时社会对大学生的期待更为殷切，要求更为全面和严格。青年人都不可避免地要面对充满矛盾的人生，每个人都注定会产生许多心理困扰。大学生不仅具有一般青年心理不成熟的特点，而且常常由于对自我定位不明晰、家庭与社会期望过大而产生巨大的心理压力，容易导致心理失衡。多发易发自我类、学习类、情绪类、人际类、行为类、成长类等六大类心理问题，出现自卑、自主性不足、厌学、注意力不集中、考试焦虑、情绪不稳定、恐惧、抑郁、亲子关系紧张、师生关系紧张、同伴关系紧张、撒谎、攻击性行为、耐挫性不足、社会适应不良、婚姻与性心理问题、升学与就业问题等，现实的表征会出现自我否定、自我拒绝、自我封闭，甚至产生轻生念头或行动。

心理健康是大学生加强思想道德修养及学习科学文化知识的前提，是大学期间正常学习、交往、生活、发展的基本保证，是学生个人全面、健康而均衡发展的保障，意义重大。辅导员作为学生成长成才的人生导师和健康生活的知心朋友，必须提高学生的心理素质、优化学生的个体人格、帮助学生解决成长过程中的各种困惑及问题，增强适应现代社会生活的能力，开发个体心理潜能，实现学生的情绪、意志、自我形象和性格的培养，进而引导学生认清客观形势，确立人生目标，认真刻苦开展学习和实践活动，使学生的身心充满希望和活力，时刻清醒地认定前进的目标，有执着的信念，善于利用环境中的有利因素，抓住机遇，对工作保持正确的思维方法，在挫折面前保持旺盛的斗志，能充分发挥自己的潜能，肩负民族振兴使命，直面自我人生挑战。

第二节　大学生心理健康维护的目标

根据《高等学校学生心理健康教育指导纲要（征求意见稿）》的要求，高等学校学生心理健康教育的总目标是：遵循思想政治教育和学生心理发展规律，引导学生努力践行正确的世界观、人生观、价值观，全面提高全体学生的心理素质；培养理性平和、乐观开朗、健康向上的阳光心态；提高社会适应能力、承受挫折能力和情绪调节能力，促进其心理素质与思想道德素质、科学文化素质和身体素质的协调发展。

具体工作目标是：加强心理健康教育与心理健康服务，做好心理辅导与心理咨询工作，提高心理调节能力，培养积极心理品质和健全人格；使学生明确心理健康的标准及意义，增强自我心理保健意识和心理危机预防意识；掌握并应用心理健康知识，培养自我认知能力、人际沟通能力、情绪调节能力；提高学习成才技能、环境适应技能、压力管理技能、问题解决技能、自我管理技能、人际交往技能和生涯规划技能；使学生学会学习和生活，在社会实践中提高自主自助和自我教育能力，增强调控情绪、承受挫折、适应环境、适应职业的能力。对有心理困扰或心理行为问题的学生，进行科学有效的心理辅导与咨询，及时给予必要的危机干预，切实提高其心理素质和心理健康水平。

心理健康教育的目的在于促进大学生心理素质的提高。心理健康教育是预防性目标与干预性目标相结合，当前目标与长远目标相结合，个体目标与群体目标相结合的学科。预防性目标是要对大学生的心理素质和心理健康进行有目的的培养和促进，使他们的心理素质不断优化，形成健康的心理，从而能适应社会，健康地成长和良好地发展；干预性目标则主要是针对少数在心理上出现问题的学生，是治疗性的和矫正性的。当前目标是针对大学生个体当前存在的问题，开展及时的心理辅导与治疗，以解除当事人即时的心理困扰；长远目标是针对大学生心理素质的提高和健康人格的塑造，使他们有机会重新认识自己、接纳自己，进而欣赏自己，克服成长障碍，并最终实现自我目标与自我价值。个体目标是指学生的心理健康意识、心理适应能力和自我调节能力的提高；群体目标是指学生之间、师生之间关系和谐，减少心理危机事件。

大学生心理健康要素包括以下几个方面：①主动交往和与人沟通的能力，学会与各类人交往和沟通，主动表达自己对各种事物的看法和意见，学会以合适的方式来表现自己，并被他人所认可。②了解自己，合理运用并充分发挥自己的潜能。善于发现和利用自己的长处，确立积极的人生态度。③对自己奋斗目标的合理定位。对成功的理解应该是多元化的，目标应指向努力使自己成为完整、平衡、有价值的人，能调整自己的抱负水平。④敢于承担责任和风险。既要有对成功的积极期望，具有追求成功的不竭动力，又要能够接受不满意的结局，从失败中学习，做自己的主人，对自己负责。⑤团队意识和合作精神。能积极参加社会团体的工作，在与他人分工合作、分享成果、互助互惠的过程中，体会团队精神的重要性，勇于承认他人的贡献，积极主动，充满热情，灵活自信。

辅导员要科学地开展心理健康教育，必须根据大学生身心发展规律和心理健康教育规律进行。坚持心理健康教育与思想政治教育相结合，既要帮助学生优化心理素质，又要帮助学生树立积极进取的人生态度；既要注重心理健康教育的时代性与实效性，学以致用“重心下移”，又要坚持解决心理行为问题与解决生活实际问题相结合。

第三节　大学生心理健康维护的任务

心理健康教育是指通过课程、讲座及其他各种宣传形式，面向高校旨在促进全体大学本科生和研究生树立心理健康意识，优化心理品质，增强心理调适能力，增强社会生活适应能力的专项教育。心理健康教育的主要任务是：根据学生的身心特点，学习、宣传普及心理健康知识，通过多种形式的心理健康活动和体验，帮助学生理解和掌握心理保健的方法、技能。树立心理健康意识，优化心理品质，开发心理潜能，增强心理调适能力和社会生活适应能力，预防和缓解心理行为问题；了解并掌握增进心理健康的方法和途径，帮助学生培养良好的心理品质和自尊、自爱、自律、自强的优良品格，培养创新精神和实践能力；帮助他们正确处理好学习成才、人际交往、环境适应、自我管理、交友恋爱、求职择业、人格发展和情绪调节等方面的困惑；要面向全体学生，做好心理辅导和心理咨询工作，为学生提供及时、有效、高质量的心理健康指导与服务；努力构建和完善学生心理行为问题高危人群预警机制，做到心理障碍和心理疾病及早发现、及时预防、有效干预；建立从学生骨干、辅导员、专兼职教师到院系、部门、学校的快速危机反应机制，建立和畅通从心理健康教育机构到医院、专业精神卫生机构的快速危机干预通道。

高校心理健康教育是一项思想性、科学性和技术性很强的工作，针对不同层次的教育对象和不同学制的学生，在心理健康教育的内容上应有所区别。

本科院校学生心理健康教育的主要内容，是帮助他们正确认识和处理好学习成才、交友择业、健康生活方式等方面的具体问题。培养学习兴趣，掌握学习策略，开发学习潜能，提高学习效率，积极应对学业压力，克服考试焦虑，为成才和创新精神与实践能力奠定基础；正确认识自己的人际关系状况，尊师爱友孝亲，培养人际沟通能力，促进人际间的积极情感反应和体验，正确对待和异性同伴的交往，认识友谊和爱情的界限，建立正确的恋爱观婚姻观，为建立家庭和为人父母做好准备；帮助学生进一步调节和管理自我情绪，提高克服困难、承受失败和应对挫折的能力，形成良好的情绪品质和意志品质；关注社会、服务社会，积极参与社会公共生活，自觉培养亲社会行为和志愿者行为，不断提高自己的社会适应能力；培养积极心理品质，优化人格特征，增强自我调节自我教育能力，培养自尊、自爱、自律、自强的优良品格，使他们成为人格健全的创新型和自我提升型人才；在充分了解自己兴趣、能力、性格、特长和社会需要的基础上，确立自己的职业志向和生涯规划，进行升学就业的选择和准备，培养担当意识、主人翁精神和社会责任感。

高职院校学生心理健康教育的主要内容，是帮助他们正确认识和处理成长、学习、情绪和职业生活中遇到的心理行为问题，促进自强意识、成才意识、创业意识和自我价值感的提升。让他们了解激发学习兴趣和动机的方法，理解终身学习概念的新内涵，培养自己的学习信心和兴趣，体验学习过程中的积极感受；让他们正确认识人际交往和社会适应障碍的成因，理解和谐人际关系、快乐生活的意义，热爱职业，劳动光荣，崇尚人际交往中的尊重、平等、谦让、友善和宽容，追求健康的生活方式，不断提升自己的生活质量；关注自己性生理和性心理发展的特点，从而能主动进行心理调适、情绪管理，做积极、乐观、善于面对现实的人；使他们了解自己的性格特征、行为方式和成长规律，积极接纳自我，学会欣赏自我，敢于接受职业的挑战，追求自己的人生价值；让他们享受成功体验，增强职业意识，培养职业兴趣，提高职业选择能力，做好职业心理准备；了解职业心理素质的重要性，正确对待求职就业与创业中可能出现的困难，勇于面对职业压力和职业倦怠，认同职业角色规范，不懈追求创业和创新。

高校心理健康教育组织按职权和管理层次可以分为学校设置心理健康教育与咨询中心、院系设置二级心理辅导站、班级和宿舍设置心理委员三个组织层级，其中辅导员的工作职能包括对接心理健康教育与咨询中心，承接二级心理辅导站，指导班级心理委员。根据《普通高等学校辅导员队伍建设规定》（中华人民共和国教育部令第 43 号）的要求，辅导员的工作职责包括协助心理健康教育机构开展心理健康教育，对学生心理问题进行初步排查和疏导，组织开展心理健康知识普及宣传活动，预防和干预心理危机事件，帮助高校学生养成良好的道德品质，经常性地开展谈心活动，引导学生养成良好的品格，增强学生克服困难、经受考验、承受挫折的能力，有针对性地帮助学生处理好学习成才、择业交友、健康生活等方面的具体问题，培育学生理性平和、乐观向上的健康心态。

辅导员的心理健康教育任务包括：承接二级心理辅导站任务，开展有关心理健康知识的宣传教育及个案一般心理问题的辅导，组织团体或班级开展心理健康活动，结合专业特点开展新生适应性教育和毕业生择业心理辅导；针对群体性的心理问题积极开展拓展训练；负责将有严重心理问题或疑似精神障碍的学生转介到学校心理健康教育与咨询中心；负责所属院系班级和宿舍心理委员的培训与管理；对班级心理委员进行筛选和选拔，建立有效的、健康的“朋辈咨询师”团队，指导班级心理委员，针对班级的具体问题主动开展相关的心理健康知识的普及宣传，帮助新生尽快适应大学环境，积极开展朋辈心理辅导，积极参与心理危机干预中的精神支持和安全监护工作。

辅导员的心理健康教育任务还包括以下内容：贯彻预防性为主的工作方针，深入学生学习活动中，了解学生心理问题倾向，适时地开展心理教育及宣传工作。组织心理健康教育普查工作，做好对存在问题学生的约谈和日常关注工作，做好日常学生简单心理问题的咨询工作，并能够主动关心可能存在隐患的问题，完成定期的学生心理健康状况汇报工作。要认识自身职责和能力范围，对自己不能解决的问题，必须及时转接，推介到学校心理咨询中心接受心理咨询，必要时建议学生到校外相关机构接受咨询与治疗，转介时要耐心做好学生的工作，不给他们增加心理负担。对有较严重心理障碍的学生予以重点关注，并根据心理状况及时加以疏导和干预。建立心理危机干预方案，一旦发现学生遇到重大突发事件或处于心理危机状态，及时向学生处、心理健康教育与咨询中心报告。必要时，配合相关部门或专家参与对学生的心理危机干预。在帮助学生的过程中，努力动员与争取家长的配合与支持，必要时对他们做耐心细致的工作，要以保护学生、促进学生发展为出发点，向家长提供学生资料、建议及分析学生情况，在应急和突发事件中及时进行危机干预，做好心理危机事件善后等心理健康服务工作。

第四节　大学生心理健康维护的方法

一、心理健康教育与宣传

心理健康教育与宣传是一项系统工程。辅导员要树立心理健康教育意识，将适合大学生特点的心理健康教育内容与班级工作、党团活动、校园文体活动、社会实践活动等有机结合。加强校园文化建设，营造积极、健康、高雅的环境氛围，陶冶学生高尚的情操；通过朋辈互助、心理情景剧等形式，增强学生相互关怀与支持的意识。大力开展有益于提高学生心理健康的第二课堂活动、音乐艺术鉴赏活动，要积极支持学生成立心理健康教育社团，通过举办生动活泼、丰富多彩的文体活动，强化学生的自觉参与意识，提高他们学习与运用心理健康知识的兴趣和能力。要充分利用校外教育资源，通过社会实践活动，加强与医疗机构、企事业单位、社会团体、公共文化机构、街道社区及青少年校外活动场所等的联系和合作，组织开展各种有益于大学生身心健康的文体娱乐活动和心理素质拓展活动，拓宽心理健康教育的途径。要切实做好家校联系工作，引导家长树立正确的教育观念，加强亲子沟通，以积极健康和谐的家庭环境影响孩子；同时要为有需要的家长提供促进孩子发展的指导意见，协助他们共同解决孩子在发展过程中的心理行为问题。

辅导员要占领互联网心理健康教育新阵地，牢牢把握网络心理健康教育的方向和主动权，充分开发利用网上教育资源，通过辅导员公众号、个人微博等新媒体平台多途径、多形式地正面宣传、普及心理健康知识；充分利用网络的各种聊天工具和信息平台，为学生提供即时的心理咨询及传达各项通知公告，为大学生寻求解决心理问题的途径提供指南；为学生表达与发泄消极情绪并获得及时的辅导和帮助提供平台；充分利用网络资源，收集有关大学生心理健康的信息，力求更广泛、更及时地了解和发现大学生的心理动态，提供网络信息资源共享。网络心理健康教育必须坚持心理科学原则，网站要以心理学、教育学和医学等科学理论为指导，实事求是，积极宣传公认科学的心理知识，避免因为不恰当的咨询而引发心理暗示；坚持及时反应原则，及时发现、分析和处理来自电子邮件、留言板、微信朋友圈上的各种预警信息，有针对性地做出正确反应；坚持保密原则。网络心理咨询部门要积极主动与个案咨询员、学生管理部门密切配合，及时沟通。严禁将求助者的任何资料信息放置在校园网、互联网或局域网上，采取有效的保密措施和严格规定的阅读修改权限。

二、心理测试与排查

（一）新生入学心理普查

我国高校对学生进行心理测试与排查，为学生建立心理档案。建档的资料来源是新生入学心理普查，通过采用心理测量工具对全体学生的心理健康状况进行测试，采用统计软件进行统计和分析，从而获得学生总体健康水平信息，筛查出心理指标偏常的学生进行再测试或一对一约谈，记录其心理动态并对心理偏常个体进行单独建档记录。

高校辅导员进行摸底建档的对象为全体学生，记录学生的一般与特殊心理特征。辅导员应协助心理健康中心工作，以新生入学测试为蓝本，做好宣传和动员工作，使学生充分认识到心理健康测评工作的重要性，加强对心理测试的认同，降低倦怠和抵触情绪，减少虚报、谎报情况，保障测试结果的可信度和有效程度。组织学生积极参加心理测评工作，保证全体目标群体均有序参加测试。测试前后尽量不要对学生进行过多干预，保证测试结果反映出学生在日常生活中的心理状态。为每位学生建立心理档案，可将学生区分为一般问题学生和偏常学生、高危群体。对于偏常学生可进行特别关注，通过定期约谈、观察言行、人际调查和家校联系等方法，重点更新、完善偏常学生的心理档案。每月向学校提交学生心理问题报表，及早发现心理行为问题学生，汇报所带班级学生的整体心理动向及行为心理发生偏常学生的名单。

当前常用的心理健康工具量表包括：①症状自评量表（Symptom Checklist 90，SCL－90）；②艾森克个性量表（Eysenck's Personality Questionaire，EPQ）；③明尼苏达多项个性量表（Minnesota Multiphasic Personality Inventory，MMPI）；④卡特尔 16 种个性因素测验（Catell 16 Personality Factor Test，卡特尔 16PF）。SCL－90 是当前使用最为广泛的精神障碍和心理疾病门诊检查量表，广东省高校普遍采纳此量表作为学生心理测试的工具。SCL－90 可协助施测者从 10 个方面来了解被测对象的心理健康程度。该量表共有 90 个项目，包含较广泛的精神病症状学内容，从感觉、情感、思维、意识、行为直至生活习惯、人际关系、饮食睡眠等均有涉及，并采用10个因子分别反映10个方面的心理症状情况，适用对象为16岁以上的人群。辅导员应具备一定专业知识，准确判读大学生心理健康筛查量表的报告结果，以便对学生进行重点帮扶。下面以使用SCL－90为例。

SCL－90的结果一般以因子分呈现，当个体在某一因子的得分大于2时，即认为其该项超出正常均分，表示个体在该方面可能偏常。10个因子分别是：

（1）躯体化。躯体化主要反映身体不适感，包括心血管、胃肠道、呼吸和其他系统的不适，以及头痛、背痛、肌肉酸痛和焦虑等躯体不适表现。该分量表的得分在12～60分之间。得分在36分以上，表明个体在身体上有较明显的不适感，并常伴有头痛、肌肉酸痛等症状。得分在24分以下，躯体症状表现不明显。总的来说，得分越高，躯体的不适感越强；得分越低，症状体验越不明显。

（2）强迫症状。强迫症状主要指那些明知没有必要，但又无法摆脱的无意义的思想、冲动和行为，还有一些比较一般的认知障碍行为征象也会在这一因子中反映出来。该分量表的得分在10～50分之间。得分在30分以上，强迫症状较明显。得分在20分以下，强迫症状不明显。总的来说，得分越高，表明个体越无法摆脱一些无意义的行为、思想和冲动，并可能表现出一些认知障碍的行为征兆；得分越低，表明个体在此种症状上表现越不明显，没有出现强迫行为。

（3）人际关系敏感。人际关系敏感主要是指某些人际的不自在与自卑感，特别是与其他人相比较时更加突出。在人际交往中的自卑感、心神不安、明显的不自在，以及人际交流中的不良自我暗示、消极的期待等是这方面症状的典型表现。该分量表的得分在9～45分之间。得分在27分以上，表明个体人际关系较为敏感，人际交往中自卑感较强，并伴有行为症状（如坐立不安、退缩等）。得分在18分以下，表明个体在人际关系上较为正常。总的来说，得分越高，个体在人际交往中出现的问题就越多，自卑、自我中心越突出，并且已表现出消极的期待；得分越低，个体在人际关系上越能应付自如，人际交流自信、胸有成竹，并抱有积极的期待。

（4）抑郁。抑郁苦闷的情感与心境为代表性症状，还以生活兴趣的减退、动力缺乏、活力丧失等为特征。还表现出失望、悲观及与抑郁相联系的认知和躯体方面的感受，另外还包括有关死亡的思想和自杀观念。该分量表的得分在13～65分之间。得分在39分以上，表明个体的抑郁程度较强，生活缺乏足够的兴趣，缺乏运动活力，极端情况下，可能会有死亡的思想和自杀的观念。得分在26分以下，表明个体抑郁程度较弱，生活态度乐观积极，充满活力，心境愉快。总的来说，得分越高，抑郁程度越明显；得分越低，抑郁程度越不明显。

（5）焦虑。焦虑一般指那些烦躁、坐立不安、神经过敏、紧张及由此产生的躯体征象，如震颤等。该分量表的得分在10～50分之间。得分在30分以上，表明个体较易焦虑，易表现出烦躁、不安和神经过敏，极端时可能导致惊恐发作。得分在20分以下，表明个体不易焦虑，多表现出安定的状态。总的来说，得分越高，焦虑表现越明显；得分越低，越不会导致焦虑。

（6）敌对。主要从三方面来反映敌对的表现：思想、感情及行为。其项目包括厌烦的感觉，摔物，争论直到不可控制的脾气暴发等各方面。该分量表的得分在6～30分之间。得分在 18 分以上，表明个体易表现出敌对的思想、情感和行为。得分在 12 分以下，表明个体大多表现出友好的思想、情感和行为。总的来说，得分越高，个体越容易敌对，好争论，脾气难以控制；得分越低，个体的脾气越温和，待人友好，不喜欢争论，无破坏行为。

（7）恐怖。恐惧的对象包括出门旅行、空旷场地、人群或公共场所和交通工具等，此外，还有社交恐惧。该分量表的得分在 7 ~ 35 分之间。得分在 21 分以上，表明个体恐怖症状较为明显，常表现出社交、广场和人群恐惧。得分在 14 分以下，表明个体的恐怖症状不明显。总的来说，得分越高，个体越容易对一些场所和物体发生恐惧，并伴有明显的躯体症状；得分越低，个体越不易产生恐怖心理，越能正常地与人交往和活动。

（8）偏执。偏执主要指投射性思维、敌对、猜疑、妄想、被动体验和夸大等。该分量表的得分在 6 ~ 30 分之间。得分在 18 分以上，表明个体的偏执症状明显，较易猜疑和敌对。得分在 12 分以下，表明个体的偏执症状不明显。总的来说，得分越高，个体越易偏执，表现出投射性的思维和妄想；得分越低，个体思维越不易走极端。

（9）精神病性。精神病性反映各式各样的急性症状和行为，即限定不严的精神病性过程的症状表现。该分量表的得分在 10 ~ 50 分之间。得分在 30 分以上，表明个体的精神病性症状较为明显。得分在 20 分以下，表明个体的精神病性症状不明显。总的来说，得分越高，越多地表现出精神病性症状和行为；得分越低，就越少表现出这些症状和行为。

（10）其他项目。其他项目（睡眠、饮食等）作为附加项目或其他，作为第 10 个因子来处理，以便使各因子分之和等于总分。

对比常模，我们可以认为 SCL – 90 总分不少于 200 分，或总均分不少于 3 分，或因子分不少于 3 分的学生为 A 类学生，需要进行特别关注。

（二）其他心理信息捕获方法

（1）团队建设，渗透摸查。团队是指组建心理信息捕获特殊团队，主要宗旨是加强学生危机信息的捕获与反馈。小组的基本成员由自荐和各班选举推出，要求沟通能力强，并热心为同学服务。根据工作体会，危机事件发生的很大一部分原因是学生的问题行为得不到及时发现与疏导而引起的。团队主要任务是捕获学生危机信息，及时向辅导员或心理咨询中心反馈。小组成员定期召开小组会议，一方面，讨论各班的工作情况进展；另一方面，各组员也相互交流，增强联系，以便更好地开展工作。小组实行定期汇报制度。正常情况下，每个班的小组成员都要在每个月的固定日期向组长递交一份辅导员能够及时地了解到各班反馈的信息。若有特殊情况，及时报告。同时把观察学生问题行为纳入班干部工作职责中，班长要定期向辅导员汇报本班同学情况。定期召开学生代表座谈会，每次随机抽取不同的学生参加，广泛听取学生提供的信息。把关注学生问题行为纳入学生助理工作范畴中，明确学生助理相关方面的职责。通过学生助理这一良好平台，展开信息的捕获反馈工作。

（2）重视来访，妥善约谈。来访是学生主动向辅导员提供信息的方式，这是捕获学生心理危机信息并及时给予疏导最直接最有效的一种途径，辅导员要给予高度重视，并且要很好地把握和利用。特别是性格内向、不善言谈的学生，他们往往是经过激烈的思想斗争后，鼓起很大的勇气才迈出主动一步的，所以，辅导员不管当时有多忙，都要暂时放下手中的工作，妥善接待学生的来访，而且要创造一种轻松的谈话环境，耐心地聆听学生的表述，从中获取最直接的信息。笔者在实际工作中体会到，能主动去寻求帮助的学生只是很少的一部分，大部分学生是不会主动寻求帮助的。因此，辅导员能直接发现的危机信息是很有限的，大部分学生要靠约谈。辅导员约谈学生时要做好以下准备：掌握面谈的有关技术知识，这意味着你必须知道可行的面谈反应的范围及其对学生的可能影响；要明确约谈目的，不宜随便约谈；了解面谈的有关伦理规则。

三、谈心谈话与心理访谈

（一）谈心谈话

谈心谈话是辅导员与一个或多个来访学生或问题学生的相互作用，其目的是帮助有问题的对象，这些问题可能与思维障碍、情感痛苦或行为问题有关。谈话者（或辅导员）应运用相关理论知识来帮助来访者改善其功能。改变行动、实现“助人自助”是谈心谈话的最终目的。通过谈心谈话，拨开学生的心理迷茫，发掘他们身上的积极性和力量，促使学生去做一些改变，如情绪的改变、认知的调整或发展出一些新的行为等，最终能以具体的行动来解决问题。谈心谈话有如下功能。

一是关怀与支持。专注地倾听当事学生的叙述，便是辅导员对当事学生最大的支持与关怀。当事学生在生活中遇到挫折、抑郁、迷茫时，可能不太容易找到一个可以倾诉、愿意倾听的对象。辅导员在倾听过程中，要理解学生，尊重学生，接纳学生，甚至诱导学生抒发情绪，同时诚恳耐心地与学生讨论其内在的想法，从学生的立场与角度去看待和分析事情。这样的咨询交流过程体现出关怀与支持的功能。

二是了解与协助。辅导员在谈心谈话过程中，协助受咨询学生了解自己、探索自己也是咨询的主要功能之一。辅导员常需要在谈心过程中澄清学生忽略或不客观的一些观点。如受咨询学生可能会把自己的猜测当成事实来看待，遇到异性多看自己几眼，就以为别人别有用心或爱上自己；遭受异性拒绝，就认为生活没有意义；等等。这种内在的自我评价扭曲，辅导员需要澄清或协助学生更深入地了解自我，拨开迷雾，看清事实，找到方向。

三是改变与行动。改变行动、实现“助人自助”是谈心谈话的最终目的。所以，在谈话过程中，引导学生了解现状，促使其采取实际行动去改变不良现状，是心理健康咨询的重要功能。有了目标不去行动，或想找到一个最有效最完美的行动方法，这是造成问题无法解决的主要原因。要引导学生明白，要改变现状，最终还是要靠自己的行动。

谈心谈话的形式有如下几种。根据学生的要求和特点，一般可以分为单独谈话、团体谈话等。单独谈话指辅导员与学生一对一的谈话与交流；团体谈话由两个以上个人组成，他们聚集在一起的目的是完成某些指定的相互影响的活动项目。在谈话形式上可以分为面谈、网络谈话等。面谈就是辅导员与学生面对面的交流，这是辅导员最常用的谈心谈话途径。网络谈话即是利用网络，特设“微信聊天”“悄悄话信箱”“心灵信箱”

“健康Q群”，使用电话、短信、微信等途径与学生进行谈话。研究表明，44.40%的学生把网络心理咨询放在了首选地位，“热线电话”以31.03%的比例排在第二位，可见学生比较喜欢选择匿名的方式参与心理咨询。如果我们硬性要求他们“面对面”的话，这些学生可能还是拒绝心理咨询的。在网络环境下，善于积极开展谈心谈话是做好思想政治教育的必要手段。

谈心谈话的技巧。良好的印象是辅导员赢得学生好感甚至信任的基本前提。印象的形成主要与仪表、服装、言行举止、风度等有关，因此，辅导员平时衣着要大方得体，言行一致，知识面广，有教师风范。此外，辅导员在平时的“奖、助、贷、勤、减免”等工作中，要做到公平、公开、公正，在学生中树立良好的威信。

尊重学生是赢得学生好感、获得学生信任的重要因素。记住学生的名字，特别在谈话时，要礼貌地称呼学生姓名。在谈话时，手机调在振动状态。如果要接电话，要向学生示意：“对不起，我要接个电话，可以吗?”

真实诚恳表现在辅导员真心实意地帮助学生，能坦率地向学生说明能给予的和不能给予的帮助。真实诚恳意味着辅导员言行一致，不要给学生不能实现的承诺，这是获得学生信任的关键。对学生的一些提问，辅导员要及时、耐心地向学生解释，态度要诚恳、真实，以取得学生的理解与配合。

（二）心理访谈

心理访谈是辅导员站在与学生平等的地位上，与存在心理问题的学生平等交流、自由沟通，从以人为本的视角出发，理解学生情绪情感的变化，提供支持，用科学的方法加以心理引导，实现培育人和塑造人的目标。心理访谈的原则有以下三个。

（1）坚持价值中立原则。对来访者及与其心理问题相关的矛盾双方不同的个人风格、价值观、个人信仰，不应予以倾向性的批评，而无论这些观念是否与社会的主流价值观念相冲突，都就上述问题与来访者进行平等的讨论。

（2）坚持至善的原则。心理访谈应以来访者为中心，一切为了来访者的心理健康的发展；在给予来访者精神支持的同时，亦不能伤害与来访者有矛盾的其他人；不代替来访者做价值选择。

（3）坚持行为有度的原则。不应代替来访者做出任何行动的决定，或使来访者形成心理依赖，不准与来访者发展师生关系以外的其他非正当交往关系。

心理访谈的技巧。倾听是心理访谈的基础。在这个阶段，主要是让来访学生讲出他们的故事。通过分析来访学生所叙述的内容，就有可能帮助来访学生从新的角度重新认识和改写他们的故事。倾听的技巧——3V+B：①目光接触（visual/eye contact）。如果你准备与人谈话，就看着他们，但要注意目光接触的停顿。②声音性质（vocal quality）。你的语调和讲话速度会清楚地显示出你对他人的感觉。③语言跟踪（verbal tracking）。来访者来找你时总是带着他们所关注的话题，不要改变题目；跟随他们的故事，鼓励充实而详尽的叙述，但要注意选择性，要会把握问题的关键，避免纠缠细节。④关注真实的肢体语言（body language）。正面面对来访者并稍向前倾，脸上富于表情，与来访学生目光接触，并且运用放松鼓励性肢体语言，如点点头，并且做出同感的表情，让来访者知道你对他们很有兴趣，可以使其比较自由地交谈。有研究表明，在两个人之间面对面的沟通中，55%以上的信息交流是通过肢体语言实现的。目光与面部表情、运动与身体姿势、彼此之间的空间距离等在不断地传送信息，且更具有广泛性和连续性。

沉默是给来访者有思考和调适的机会。尤其是来访者有焦虑或勾起伤心事时，若能以温暖的态度保持一段时间的沉默，学生会感到辅导员很能体会他的心情，认真听他的想法，自己的愿意得到了尊重。例如："如果你不想说话，你可以不说，我理解你的心情。"沉默在交流过程中是十分重要的，尤其是面对悲伤流泪的来访学生，最好的支持也许只是和他一起沉默不语。

询问是提供了指导会谈的系统框架，能帮助会谈者顺利进行的一种访谈方式。询问可以开辟新的谈论话题，帮助明确并澄清问题，也帮助来访学生进行自我探索。询问可分开放式和封闭式两种形式：①开放式询问就是不限制对方的反应，鼓励对方做出广泛的不受限制的回答，从而提供最大限量的信息。例如："今天你想谈些什么？""你今天来见我是为了什么呢？""你下一步打算怎么做呢？"②封闭式询问是将对方反应局限于特别的信息范畴中，可以通过简短的问答或用"是"或"不是"来回答，如"和宿舍同学相处好吗"。在谈话过程中，运用开放式询问还是封闭式询问，应具体情况具体分析。一般来说，了解学生情况时，运用开放式询问，而在核实或澄清学生的反应时，应运用封闭式询问。

四、心理危机识别与干预

心理危机是由心理冲突引起的一种内部心理状态或生理反应，是指当事人遭遇超过其承受能力的紧张刺激而陷于极度焦虑、抑郁、失去控制、不能自拔的状态。校园中的心理危机事件失察往往会导致恶性突发事件，需要即刻的干预。心理危机干预就是采取紧急应对措施帮助处于心理危机的当事人立即解除危及自身生命安全或公共安全的情境和事件，使其精神症状和异常行为得到缓解和控制，并通过持续的心理辅导工作促进当事人的心理功能恢复到危机前的水平或化危机为转机，进一步促进其应对挫折和适应社会能力的提高。处于危机状态的个人会显示出短时间的思维、情绪、行为和社会功能方面的干扰，它需要即刻的干预。危机干预是一个转折点，通过对新问题的解决，采纳适当的改变及潜能的发掘，个人会得到进一步的发展，而不良的应付方式也会使人因防卫机制的削弱而退缩。大学生危机干预的最低目标应是保护当事人，预防各种意外，降低事件的恶性影响，避免事件传染和扩散，因此心理危机干预常动用学校各种资源，寻求各方支持。

（一）心理危机的识别

大学生由于自身的局限性及心理与生理发展的不平衡，当他们面临来自个人、家庭、学校、社会的压力和生活事件时，容易引发不良心态，从而产生一些负性情绪。引发大学生不良的生活事件集中表现在与学生相关的学业、社会环境、人际交往、未来与前途4个方面。大学生因不良心态产生的最常见的负性情绪是忧郁、焦虑、愤怒、无聊、空虚、痛苦等，这些负性情绪持续一段时间，就可能诱发心理危机，如不及时疏导，不仅对其身心造成危害，甚至会导致心理障碍或心理疾病。

大学生产生心理危机的主要原因是：①学习成绩连续下降；②学习、生活、行为反常且延续时间长达2～6周；③突发性的应激事件或长期的压力情境造成巨大压力；④亲人、恋爱、成绩、奖励等重要需要的疏远、丧失；⑤家庭经济条件差造成的较大心理压力；⑥不能及时疏泄心理压力而造成的极度压抑；⑦现实与理想冲突而产生的巨大落差；⑧对教学、管理的极度不满。

大学生产生心理危机的主要表现形式有：①肌肉紧张，头痛，心口疼；②睡眠紊乱，无食欲，消化不良；③极度的焦虑；④反应力减慢，不能集中注意力思考、推理、判断问题；⑤抑郁，情绪低落，淡漠；⑥逃避现实，强迫观念，强迫行为；⑦社会退缩，放弃以前的兴趣；⑧愤怒、自责和羞耻。

需要重点关注的对象主要有：①遭遇突发事件或出现心理或行为异常的学生，如家庭发生重大变故、危机，受到自然或社会意外刺激的学生。②患有严重心理疾病，如患有抑郁症、恐怖症、强迫症、癔症、焦虑症、精神分裂症或有家族史的学生。③既往有自杀未遂史或家庭有自杀者的学生。④身体患有严重疾病且久治不愈、家境贫困、经济负担重且深感自卑的学生。⑤个人情感受挫、人际关系失调或出现心理行为异常的学生。⑥学习压力过大出现学习困难、严重环境适应不良导致行为异常的学生。⑦由于身边同学出现个体危机状况而受影响，产生恐慌、担心、焦虑、困扰的学生。

对于大学生的心理危机既要进行积极干预，更要进行准确的评定。一个人情绪紊乱，不一定就处于危机中，如果评定错误，不仅干预失败，还可能对其造成终生的破坏性影响。危机评定应结合有关个人既往解决问题能力和应付应激的历史，结合社会文化综合因素，参考以下标准评定：①一般情况。意识状态、仪表、接触情况、问答是否切题、日常饮食、睡眠、生活自理能力有无办法改变等。②是否存在幻觉妄想。其幻觉妄想内容是否具有自伤或伤人倾向；有无情绪低落、思维迟缓、意志活动减退，有无自我评价过低，甚至自责自罪；有无对前途的悲观失望，是否存在自杀观念、自杀行为（有上述情况者需询问有无具体实施计划、具体性计划的可行性、有无社会支持系统等）；有无焦虑情绪；有无情绪过分高涨、爱管闲事、易激惹等表现；语速、语量有无增多或减少；表情是否协调；有无情感淡漠；有无懒散、孤僻表现；有无怪异冲动行为；记忆力、注意力有无改变；是否具有自知力。③躯体情况。体重有无明显变化；有无其他不适；既往有无其他躯体疾病。④睡眠状况。有无入睡困难、睡眠浅、早醒等。⑤症状持续时间。症状为发作性抑郁还是持续性抑郁；持续时间长短情况等。⑥社会功能评估。工作能力、学习、生活、人际交往等有无变化。⑦评估社会支持系统。家庭情况、朋友关系、师生关系、恋爱婚姻状况等。

（二）心理危机干预

1. 心理危机干预的分级

第一级危机干预也称为心理性急救。主要是对危机的情境做出反应，帮助人们稳定下来去处理即刻的需求，协助他们应对当时的情境并给予支持。第二级危机干预也称危机治疗。在当事人稳定之后，提供治疗性咨询服务，侧重于应对危机的情境和处理遗留下来的心理上的症状。当辅导员感到没有把握达到二级干预目标或当事人要求转介时，要及时转介到心理咨询中心或医院就诊。

2. 心理危机干预步骤

心理危机干预的处理总原则是：责任到人、快速反应、信息通畅、现场到位、互相配合、统一指挥、处理得法、做好善后。心理危机干预步骤如下：

（1）启动危机干预预警系统。危机干预预警系统包括学生群体（宿舍、班级）—辅导员、班主任、院（系）学生工作小组—心理健康教育与咨询中心、学生处、研究生院管理处（校医院）—校级主管领导。由校级主管领导联络心理健康教育工作领导小组相关部门成员。各系统应按有关规定，在事件发生时及时报告，迟报、漏报的，追究责任。如班级发现处于心理危机的个体，要及时上报心理健康教育与咨询中心，并加以及时处理。任何个人不得私下单独处理危机事件。

（2）危机评估。危机严重程度的评估包括是否出现自杀行为，是否已失原有社会角色、能力；临床表现的评估包括情绪、认知、行为和躯体症状；家庭和社区评估包括同学、朋友、舍友等状况的评估。

（3）确定干预目标。干预的目标要针对求助者即刻的具体问题、求助者的功能水平和心理需要制定，同时还要考虑有关社会文化背景、社会生活习俗、家庭环境等因素。一旦出现心理危机事件，心理危机干预应统一在学校心理健康教育委员会的领导下进行，并依据专家组评估结果，由学校主管领导协调相关部门和人员组织实施。

（4）干预实施。使用各种干预技术，按既定实施目标进行干预，帮助求助者掌握面临危机所需要的技巧。干预所需时间取决于求助者面临的危机的性质、求助者自身的能力及干预目标的难易程度等。对于处于应激心理危机的当事人，所在班级应及时组建不少于三人的精神支持小组。根据不同的危机状况，尽快实施安全看护措施；及时阻断和消除对当事人的不良刺激，限制可能带来自伤或伤人工具的方便获得；对于可能遭受当事人攻击的对象应采取保护或回避措施；对于有明显自杀倾向的学生，应及时通知家长或法定监护人立即来校，在向家长做好安全责任移交之前，学校应对当事人做全天候的安全监护。对工作中所涉及的各种信息要严格保密。因心理危机引发自伤、自杀等突发事件时，任何发现者必须迅速报告班级辅导员和学校主管部门，尽快实施生命救护，协助有关部门实施对事故现场的保护、调查取证、事后安置及家属抚慰等措施。

（5）终止干预。当求助者情绪症状缓解、认知能力改善、自我保护意识加强时，可以考虑及时结束干预，并处理终止干预的有关问题。如进一步强化习得的应对技能，处理求助者对干预者的依赖，等等。心理危机事件处理过程中，学校应及时做好相关资料的收集与证据保留工作。危机事件结束后，学校应及时召开结案总结会议，分析危机事件发生的原因，总结经验教训；将危机个案的所有材料，包括当事人的书信、日记、照片、遗书、咨询记录、谈话记录、重要的电话录音、医院就诊记录、学校处理意见等收集存档，妥善保管，并及时撰写总结材料上报给教育厅主管部门，接受事件后的专项调查研究。

（6）妥善预后。整理干预过程的记录资料，做好相关总结、分析、汇报、归档等工作，并对身边受影响的学生进行关注与及时的情感疏导。心理危机事件中或危机事件后，学校应注意舆论的正确引导，指派专门的新闻发言人，撰写统一的新闻通稿，经领导审定后，才能对外发布；任何个人不得发表与事实不符的言论和私自发表代表学校立场的评论。

（7）跟踪回访。危机与机遇同在，干预非“一次性”的。帮助当事人渡过危机并得到成长是一个长期的过程。学生因精神障碍康复后要求复学的，应向学校提供精神专科医院或学校指定的医院开具的康复证明，并与其家长签订相关责任协议后才能复学。学生复学后，当事人所在班级应尽量帮助当事人建立良好的社会支持系统，班级辅导员应经常关心其身心健康、人际关系和学习情况，心理咨询中心应为这些学生建立专门的健康管理档案，定期约见，观察其康复情况，并与家长保持必要的信息联系，必要时要督促其坚持规范的药物治疗、心理咨询和必要的医院复诊。

3．心理危机干预的基本策略

心理危机干预的主要目标之一是让当事者学会对付困难和挫折的一般性方法，这不仅有利于渡过当前危机，而且也有利于以后的适应。危机干预的基本策略有以下几种：①精神支持。主动倾听并热情关注，给予心理支持。②提供疏泄机会，鼓励当事者将自己的内心情感表达出来。给当事人提供疏泄的机会，有助于其释放过度积聚的心理负能量，疏导那些可能会造成自我毁灭的情感。③解释危机的发展过程。使当事者理解目前的境遇，理解他人的情感，树立自信。④给予希望。引导当事人保持乐观的态度和心境，培养兴趣，鼓励当事者积极参与有关的社交活动。⑤注意社会支持系统的使用。鼓励当事人多与家人、亲友、同学接触和联系，减少孤独和心理隔离。⑥劝告、直接建议和限制等。按照实际情况提出劝告和建议，限制不利情况的发生，指导当事人对自己生活中的危机进行控制。

4．心理危机干预的技巧

①建立良好的沟通和合作关系。消除内外部的“噪声”（或干扰），以免影响双方诚恳沟通和表达的能力。②避免双重、矛盾的信息交流。如工作人员口头上对当事者表示关切和理解，但在态度和举止上并不给予专心的注意和体贴。避免给予过多的保证，尤其要避免那种“夸海口”，因为一个人的能力是有限的。避免应用专业性或技术性的难懂的语言，多用通俗易懂的语言交谈。③具备必要的自信。利用可能的机会改善当事人的自我内省、自我感知。

支持技术主要是给予精神支持，而不是支持当事人的错误观点或行为。这类技术的应用旨在尽可能地解决目前的危机，使当事人的情绪得以稳定，可以应用暗示、保证、疏泄、环境改变、服用镇静药物等方法，如果有必要，可以考虑短期的住院治疗。有关指导、解释、说服应集中在放弃自杀的观念上，而不是对自杀原因的反复评价和解释。同时，在干预过程中必须注意，不应带有教育的目的，教育虽说是干预者的任务，但应是危机结束后和康复过程中的工作重点。

总之，大学生的成长意味着不断地打破自身的平衡状态，寻找新的自我秩序和平衡。只要生活中仍有挑战和学习机会的存在，他们就会经历发展过程中必然要经历的心理危机。如果面对危机，能够正确应付，就可以从而获得转机，得到发展。大学生的心理危机都具有他们生活在其中的社会生活背景和时代特点，不是孤立的无源之水、无本之木，社会的变革、家庭的变故、个人的发展都能引发心理危机。以上只是在理论上探讨大学生心理危机和一般的干预策略，但实际情况是相当复杂的。在真正面对学生出现的各种问题时，应区别对待，这样才能切实、有效地促进大学生的心理健康，才能为建构和谐心理、构建和谐社会做出应有的贡献。

案例分析

用心　用情　用力，守护学生安全线①

2020年10月下旬某天，辅导员王甲（化名）接到学生李乙（化名）的电话，反馈包括自己在内的本班五位同学都产生了呕吐、腹泻症状，并伴有发热，怀疑是吃坏了东西所导致。辅导员在电话中仔细询问了五位同学近两天内的饮食起居等情况，立刻意识到事件的严重性及潜在危机，挂断电话后，辅导员第一时间向上级领导及校园医务人员反馈此事，同时立即陪同五位学生前往离校园最近的三甲医院。在去医院途中，每个人严格遵守疫情防控规定，戴好口罩，勤消毒，间隔1米以上距离。在医院经过数小时的检查、化验后，核酸检测结果五人均为阴性，医生诊断结果为急性胃肠炎。从医院看完病后，辅导员将五位同学护送回学校。由于流行性胃肠道疾病具有一定传染性，辅导员按照学校要求安排五位同学在校内招待所隔离，同时对五位同学及其家长进行心理安抚。随后，辅导员对所有学生进行全面排查，了解其他同学是否有类似情况。

【启示】

该案例既是一起由流行性胃肠道疾病引起的校园危机事件，也是一起心理健康危机事件，如不妥善处理，可能造成群体性心理健康问题。该事件最终得以顺利处理，有效地保障了学生的生命健康、心理健康及校园的安全稳定，得益于辅导员们敏锐的洞察力及训练有素的工作能力，更是辅导员们爱生敬业，甘于付出的真实写照。作为辅导员，作为学生教育、管理、服务的工作者，应严防死守、防微杜渐，保障校园安全稳定，一旦发生公共卫生事件和心理健康危机事件，应及时果断采取相关流程，启动工作预案。

一是对学生身心健康状况进行动态监控，及时发现并反馈问题。在日常管理中，深入布线到学生群体中，形成学生身心健康状况动态监控系统，精准掌握学生的基本情况和学生的身心状况，对因病缺课的学生，在询问其健康状况并做好相应记录，病例数超过正常数值时，及时报告校医及上级领导。

二是教育引导学生，重视心理健康。情系学生，及时传达学校相关精神，把学校的关怀告知每一位学生。时刻关注学生的身体情况，提醒自我安全卫生防护，坚持健康的生活习惯。教育引导学生坚持良好的作息习惯，保持生活的稳定性，塑造平和理性的身心，追求积极向上的精神状态。同时，向学生普及相关的法律法规，让学生学习相关法律：任何单位和个人违反规定，导致传染病传播、流行，给他人人身、财产造成损害的应当依法承担刑事责任。引导教育学生，做到不欺瞒、不隐瞒。教育引导学生理性关注，

① 本案例由广东省外语艺术职业学院林琼提供。

主动传播权威声音，不制作和转发不实信息，做到不信谣，不造谣，不传遥，不恐慌，不跟风。

三是发挥学生骨干作用，开展网格化、信息化管理。全面动员学生党员、学生干部，发挥先锋模范作用，强化信念，增强信心，自觉当好表率。对学生骨干进行身心健康宣传与教育引导，使其更加清楚地了解流行病症状和心理健康预警症状，带头配合辅导员，听从指挥，主动关心同学思想动态及心理状况，合理安排生活，做好学习规划，协助辅导员开展网格化管理。采用“人盯人”的制度，用好网络和新媒体平台，多渠道多维度信息收集，客观全面了解每一名学生的健康状况。

四是与家长、专业教师联系，争取工作的最大支持。通过电话、微信、QQ 等聊天工具，与重点学生家长沟通，反馈学生在校情况，指导家长科学辨识信息的准确性，最大限度争取学生家长的理解和认同，聚合工作合力。及时汇报领导，借助学院力量，加大专业教师的工作参与力度，汇聚力量做好思想引导和心理健康教育工作。

思考题

1. 为何要重视大学生心理健康教育工作？有何重要意义？
2. 维护大学生心理健康的目标和任务是什么？
3. 维护大学生心理健康有哪些方法？

第四章
基层组织建设

第一节　建设基层组织的意义

《普通高等学校学生管理规定》（中华人民共和国教育部令第 41 号）第四章第四十条规定："学校应当建立和完善学生参与管理的组织形式，支持和保障学生依法、依章程参与学校管理。"这里并未明确说明具体组织形式，然而《普通高等学校辅导员队伍建设规定》（中华人民共和国教育部令第 43 号）第二章第五条规定辅导员的九项主要工作职责之一是："党团和班级建设。开展学生骨干的遴选、培养、激励工作，开展学生入党积极分子培养教育工作，开展学生党员发展和教育管理服务工作，指导学生党支部和班团组织建设。"可见党团和班级组织建设工作是高校辅导员工作的重要内容，是开展大学生思想政治教育和学生管理的主要抓手。

一、建设班级组织的意义

（一）什么是班级组织

在教育学的理念中，班级组织既是学校开展教学活动的基层组织单位，又是学生生活及开展活动的集体单位，也是学校教育管理工作的基本单位。[①]《中共中央　国务院关于进一步加强和改进大学生思想政治教育的意见》（中发〔2004〕16 号）指出："班级是大学生的基本组织形式，是大学生自我教育、自我管理、自我服务的主要组织载体。"这强调的是班级组织的集体性和功能性。同时，该文件还提出，要着力加强班级集体建设，组织开展丰富多彩的主题班会等活动，发挥团结学生、组织学生、教育学生的职能。可以说，大学班级组织是高等学校组织教学和学生管理的基本组织形式，是高校学生参与管理、融入集体、接受教育的主要载体，也是高校加强思想政治教育工作，实现思想理论教育和价值引领的重要途径。

① 引用自《中国共产党章程》第五章第三十二条，中国共产党第十九次全国代表大会部分修改，2017 年 10 月 24 日通过。

（二）建设班级组织的意义

从高校学生教学组织和管理的传统方式上说，大学班级组织与学生从儿时上学起就接受并习惯的中小学班级组织在个体发展性与个体间互动性等方面都有着密切的联系，它们是不同学习阶段的基本学习单位，是一种集体学习的组织模式。在这个集体中每个个体都朝着个体发展的目标开展学习，个体间存在着竞争与合作、模仿与借鉴等交流互动活动。正是因为这样，大学班级组织就天然地得到了学生的接纳和认可，这种接纳和认可也为高校学生以学习任务为主线组建教学行政班级提供了重要参考。可见，大学班级组织以学生的学业发展为基本点，成为高等学校组织教学和学生管理的基本组织形式。

从高校学生特点的变化和大学班级组织的特殊性上来看，大学班级与中小学班级存在较大区别。大学生的个性发展要求不断多样化，自主性不断增强，自由活动空间不断扩展，交友意识、集体观念与个人价值观的冲突和磨合等现象逐渐凸显，这些都说明大学生活不只停留在完成课程学习任务的基本线上，而是拓展到生活、社交、情感、价值观形成等方方面面。这些区别使大学班级组织作为大学生涯中最稳定、最基本的集体组织形式，在学生参与学校管理，形成集体意识，实现个体发展等方面发挥着重要的载体作用。①

二、建设团组织的意义

（一）团组织的性质

《中国共产主义青年团章程》总则中明确规定，中国共产主义青年团是中国共产党领导的先进青年的群众组织，是广大青年在实践中学习中国特色社会主义和共产主义的学校，是中国共产党的助手和后备军。党的领导是共青团组织性质的根本点，中国共产主义青年团是在中国共产党领导下发展壮大的，坚决拥护党的纲领，团结全国各族青年。中国共产主义青年团中央委员会受中国共产党中央委员会领导，团的地方组织和基层组织受同级党的委员会领导，同时受团的上级组织领导。②

《中国共产主义青年团普通高等学校基层组织工作条例（试行）》中明确提出，普通高校共青团是在各类普通高校中建立的团组织，在全团具有基础性、战略性、源头性的地位和作用。普通高校建立的团组织根据团员人数和工作需要，经上级团的委员会批准，不同层级可分别设立团的基层委员会、总支部委员会、支部委员会。团的基层组织是团的工作和活动的基本单位。

（二）建设高校团组织的意义

青年是共青团的工作对象。马克思主义青年观在分析研究青年时指出："青年是革命事业的未来和希望，是一支最积极最有生气的社会力量，处在成长期的青年需要特殊的

---

① 引用自《中国共产党普通高等学校基层组织工作条例》，2010 年 8 月 13 日发布。

② 引用自《中国共产主义青年团章程》，中国共产主义青年团第十七次全国代表大会部分修改，2013 年 6 月 20 日通过。

教育和保护，是各种阶级势力争夺的对象。”[①] 中国共产主义青年团在团结青年、组织青年、教育青年方面发挥着至关重要的作用。

加强高校团组织建设，是团结、组织、教育青年拥护党的领导，巩固社会主义制度的根本需要。广大青年是党的事业的后备军，是中国特色社会主义事业的建设者和接班人。共青团组织以党的纲领为行动指南，培养有理想、有本领、有担当的青年，通过关心青年的工作学习和生活，维护青年的利益和权益，不断巩固和扩大党执政的青年群众基础，不断增强青年对中国特色社会主义制度和党的领导的认同和拥护，使广大青年听党话，跟党走，这是确保党的事业后继有人并朝着正确方向发展和前进的根本因素。[②]

加强高校团组织建设，是引领广大青年奋斗成才，在实现中华民族伟大复兴中国梦的事业中实现青春梦的重要途径。共青团组织通过广泛开展马克思主义理论教育和共产主义理想信念教育，帮助青年树立正确的世界观、人生观和价值观，这是广大青年成才的根本；共青团组织通过引导青年学习现代科学文化知识，使青年在科技创新和社会实践中增长才干、掌握本领，在实现中国梦的伟大实践中激扬青春梦，这是广大青年成才的具体要求；共青团组织通过开展爱国主义、集体主义、社会主义思想教育和国情教育，引导青年将个人的成长成才同国家的前途和命运结合在一起，这是帮助青年认识到国家和个人两者是统一的关系，并懂得将个人行动融入人民的事业中去的有效方法。

2013 年 5 月 4 日，习近平总书记在同各界优秀青年代表座谈时指出：“我们党自成立之日起，就始终代表广大青年、赢得广大青年、依靠广大青年。”习近平总书记多次提出对青年的期望和对教育引导青年的要求，这为共青团组织建设明确了方向，指出了任务，提出了要求。共青团组织应当深入学习贯彻落实习近平总书记关于青少年和共青团工作的重要指示精神，立足保持和增强政治性、先进性、群众性，团结和带领广大青年学生按照党的要求努力成长为中国特色社会主义事业的合格建设者和可靠接班人。

三、建设基层党组织的意义

（一）基层党组织概念

党的组织是指党根据自己的纲领和章程，按照民主集中制原则，由全体党员组织起来的统一的有机体，是党的首脑（中央）和党的各级组织及广大党员群众的统一体。党的组织由中央组织、地方组织和基层组织三部分构成，是一个完整的组织体系。

党的基层组织包括党的基层委员会、总支部委员会和支部委员会，它是根据工作需要和党员人数，经上级党组织批准而建立起来的。《中国共产党章程》规定，企业、农村、机关、学校、科研院所、街道、人民解放军连队和其他基层单位，凡是有正式党员三人以上的，都应当成立党的基层组织。

---

① 吕宜明．共青团工作辞典［M］．济南：明天出版社，1985：253.

② 引用自《共青团中央　教育部关于印发〈高校共青团改革实施方案〉的通知》（中青联发〔2016〕18 号）。

（二）建设基层党组织的意义

党的二十大报告明确提出加强基层组织建设，高校基层党组织是党在高校基层组织的政治核心和战斗堡垒，是党在高校全部工作和战斗力的基础，它直接承担着为党和国家培养合格建设者和可靠接班人的历史任务。从长远来看，做好基层党组织建设，关系到社会主义现代化建设和发展的意义重大。只有进一步加强基层党组织的建设，才能迎接新的复杂形势提出的挑战。

加强基层党组织的建设，是增强党的执政能力，加强党的建设的需要。党的基层组织是党在社会基础中的战斗堡垒，是党联系群众的组织保证，是党的全部工作的落脚点。高校基层党组织作为党的基层组织的重要组成部分，是高校整个组织体系的基石，是高校基层单位的战斗堡垒，不仅担负着联系师生、宣传师生、组织师生、团结师生的责任，同时，担负着把党和国家的路线方针政策和学校各项决定落到实处的重要职责，而且承担着为党和国家培养合格的建设者和可靠接班人的崇高使命，是党的执政能力建设的落脚点。

加强基层党组织的建设，是培养高素质人才，推进社会主义现代化建设的需要。高校发展水平与质量，不仅影响整个教育事业的发展，而且关系到国民经济整体水平和国家综合实力的提高，关系到社会主义现代化建设的全局和未来。高校基层党组织对“党和国家的方针及学校各项决定的贯彻执行”有保证监督的责任，其工作效果对办好中国特色社会主义大学，培养党和国家所需要的合格人才，确保中国特色社会主义事业发达兴旺有着重大深远的意义。

加强基层党组织的建设，是构建社会主义和谐社会的需要。中国共产党是中国特色社会主义事业的领导核心，我们党对国家和社会的领导是分层次的统一领导，通过党的中央组织、地方组织和基层组织体现出来。基层党组织是党组织最基本的组成部分，具有十分重要的地位。党的宗旨要靠基层党组织和广大党员去践行，党的路线、政策、方针和所有具体任务最终都要通过基层党组织、党员带领群众去完成，党的奋斗目标最终要靠基层党组织和广大党员带领群众去实现。

加强基层党组织的建设，是深化高校改革，实现又好又快发展的需求。高校基层党组织处在教学、科研、管理和服务前沿，直接面向党员和本单位师生开展工作。在推动高校深化改革的过程中，引导教育广大党员和教职工解放思想、转变观念，积极支持并投身改革，化解矛盾，自觉维护大局，进一步增强本单位教学的活力，积极探索符合现代国情的办学体制和办学模式，组建一支素质精良的队伍，实现本单位和学校又好又快发展。

加强基层党组织的建设，是建设和谐校园的需要。基层是和谐校园的构建重心，基层党组织处于学校工作的最前沿，有着群众性、广泛性、直接性的特点，基层党组织的作用发挥直接关系到和谐校园的建设进程和社会的稳定和谐。除此之外，可以延伸党组织服务功能，通过基层党组织和师生的联系，营造积极向上的校园文化，形成互相帮助的学习和生活环境，有助于党的各项方针、政策落实到高校基层，使师生受益，推动和谐校园的建设。

四、建设公益组织的意义

公益活动一般多指不以营利为目的，自愿进行的为社会和国家公共利益的发展贡献精力、时间、金钱的组织或个人行为。这些行为基本涵盖以下几个方面：①扶弱济贫，救助灾区，救助有困难的群体；②进行教育、卫生、文化、体育等基础公共事业建设；③社会公共设施建设；④环境保护建设及其他能够促进社会和谐发展的公共福利。

本书所指公益组织活动，是指大学生公益组织活动，是指大学生以志愿者身份所参加的各项社会服务事业的活动的总和。公益组织活动的主体是大学生群体，也就是以大学生为主导参与的公益活动的总称。

（一）公益组织是学生提升自我和实现自身价值的有效途径

大学生参与公益活动，团队成员努力使自己融入到整个公益团队组织中，这对锻炼他们的交往能力与融入社会组织的能力起到很大的作用。此外，团队成员在服务社会、回报社会的同时，也深切感受到自己的努力给他人带来的温暖，感受到价值的实现，获得了认同、肯定等正向心理感觉，有助于树立正确的世界观、人生观与价值观，形成积极、健康的心理状态，更好地适应外界环境，顺利完成学业。

（二）公益活动是对高校德育工作进行的有益补充

首先，公益活动是德育中贯彻理论联系实际和知行统一原则的最佳实践活动，学生通过公益活动进一步加深对所学知识的理解并检验知识的正确性，提高分析和解决实际问题的能力。其次，公益活动能克服社会上一些不良行为对学校思想政治教育所产生的负效应。如学生在校内接受为人民服务等教育，在社会上却目睹不少自私自利等丑恶现象。这种对立，必然使学生感到迷惑不解，如不及时采取强有力的措施，德育工作就难以达到目的。开展公益活动能帮助学生明辨是非，坚定不移地用所学知识来指导自己的言行。

（三）公益活动是促进社会和谐的有效模式

公益活动中学生志愿者以满足社会和群众的需要为己任，以实际行动倡导了一种“奉献、友爱、互助、进步”的精神，改善了社会的不良风气，促使人们和谐相处。此外，公益活动可在一定程度上弥补市场机制和政府机制中存在的不足。比如，公益型学生社团通过开展“三下乡”活动，能切实解决一些国家尚无能力顾及的“三农”问题，为新农村建设及和谐社会的构建添砖加瓦。他们的奉献和付出填补了目前社会服务和社会保障体系中存在的不足，从而在保全个体利益的同时使国家的整体利益最大化。

（四）加强公益组织建设具有思想政治教育功能

大学生通过丰富多彩的活动，可以寓思想政治教育于活动之中。越来越多的大学生通过社团组织的平台，接受共青团在思想上的引领，并积极参与社会实践。这样就更容易明辨是非，坚定理想信念，进而理解国家制定的宏观政策，并成为其支持者。在开展公益活动时，以爱心拉近与陌生人之间的距离，在一定程度上了解社会，促进社会稳定，转变社会风气。将大学生公益活动作为思想政治教育的有效载体，丰富了大学生思想政治教育的形式，在明确的公益社团发展目标下，在潜移默化的公益活动中，努力把自身打造成政治立场坚定、综合素质高、全面发展的有用人才。

第二节　基层组织建设任务

一、班级组织建设任务

现阶段，我国高校的教学组织形式还是以行政班级组织为主，任何学生都归属于某个行政班级，他们的生活、学习、交友交流，主要都是在班级中进行，所以高校班级组织是大学生开展学习和生活的重要载体。为充分发挥班级在大学生学业和成才过程中的关键作用，建设班级组织应着重于学风建设、班风建设、组织建设、文化建设和思想建设等方面。

学风建设是班级组织建设的第一要素。习近平总书记在2018年两会期间参加广东代表团审议时指出“发展是第一要务，人才是第一资源，创新是第一动力”，其中发展要靠人才，创新要靠人才。要“培养造就一大批具有国际水平的战略科技人才、科技领军人才、青年科技人才”，广大在校学生必须如饥似渴地学习、坚持不懈地学习，既要掌握先进的科学技术知识，又要触类旁通，举一反三；既要遵循学习的规律，又要懂得学习没有一劳永逸。这样的学习态度和学习方法需要在大学的求学过程中充分认识和掌握。所以大学班级的学风建设，不再是单纯为了学习成绩，而是帮助学生养成终身学习的习惯和学会学习的方法。

班风建设是建设班级组织的必要元素。班风是指一个班级的集体风范，反映了班级成员的整体精神风貌。班风积极向上，班级成员就奋力进取，精神昂扬；班风友好和谐，班级成员之间就能互帮互助，良性互动。具有良好班风的班级往往体现出强大的凝聚力，有助于培养学生的集体主义精神和大局意识。学风和班风建设往往相提并论，是因为两者相互作用，相互制约，相互影响。在好班风的影响下，班级成员对学业问题往往具有端正的认识，会促进良好学风的养成；好的学风也是班级荣誉感的基本元素，是形成好班风的重要条件。所以，大学班级的班风建设应围绕和服务于一个班级的学风建设，同时兼顾班级成员其他方面的班级集体生活，使整个班级形成积极向上的精神风貌。

组织建设是建设班级组织的基本保障。与其说大学班级的管理是通过活动来提升凝聚力，塑造良好班风学风，不如说是活动过程中的内在机制影响了一个班级的建设。大学班级组织建设不仅包括规范班级委员选举和换届，培养班级管理核心，更重要的是完善班级管理的民主机制、形成成员之间的良性互动等，这些往往是班级建设中容易被忽略的问题。

文化建设是建设班级组织的无形力量。班级文化建设可以取得春风化雨、润物无声的效果。文化建设需要提炼并明确班级建设目标，探索文化建设的物质、制度和精神形式，形成文化建设的体系。

思想建设是建设班级组织的根本要求。高校班级组织是一种最稳定的组织形式，依托这一组织形式可以开展与学生学业和生活密切相关的爱国主义教育、中华民族伟大复兴中国梦的教育、社会主义核心价值观教育、思想道德建设教育、行为养成教育等各类思想教育活动，从而提升大学生的思想政治素养和道德素养。

二、团组织建设任务

高校共青团组织由校级、院级团组织和团的支部委员会、院系级以外的团总支组成。《中国共产主义青年团普通高等学校基层组织工作条例（试行）》对校院团组织和团的支部与总支的基本职责分别做了说明和规定。

校级和院系级团组织的基本职责是：学习党的理论，学习习近平新时代中国特色社会主义思想，宣传和执行党的路线、方针、政策，学习团的政策和重要会议精神，执行同级党组织的决定、指示等；加强思想政治引领和价值引领，引导青年学生树立和践行社会主义核心价值观，开展“四进四信”等活动，实施“青年马克思主义者培养工程”，改进创新思想引领方式，引导团员牢固树立政治意识、大局意识、核心意识、看齐意识；定期组织召开团员大会或团的代表大会，充分发挥团组织在校园治理中的重要作用；建立健全党领导下的“一心双环”团学组织格局，以校级团委为枢纽和中心，以学生会组织为学生自我教育、自我管理、自我服务、自我监督的主要学生组织，以学生社团及相关学生组织为外围延伸手臂；指导和支持下级团组织开展工作，建立督导考核制度；加强学生会、研究生会的指导管理，支持学生会、研究生会依法依章程开展工作；加强对学生社团的管理、引导、服务和联系；落实从严治团要求，制度化、常态化开展“学习总书记讲话，做合格共青团员”教育实践，加强发展团员和团员管理工作，推动落实以“三会两制一课”为主要内容的组织生活制度，督促做好基础团务和团员档案管理工作；开展推荐优秀团员做入党积极分子人选工作；推动团员成为注册志愿者；开展评选表彰工作；服务学生成长发展，促进学生就业创业，做好困难学生帮助，反映学生诉求，维护学生合法权益；普遍推行“第二课堂成绩单”制度；开展团干部教育培训，加强对团干部和团员学生骨干的培养；开展团干部直接联系学生工作，推进团干部改进作风；加强网上共青团建设，开展网络舆论引导工作，做好“青年之声”“智慧团建”相关工作；协助做好维护校园稳定工作。

团的支部委员会、院系以外的团总支的基本职责是：学习党的理论，学习习近平新时代中国特色社会主义思想，宣传和执行党的路线、方针、政策，学习团的政策和重要会议精神，执行同级党组织的决定、指示等；加强思想政治引领和价值引领，引导青年学生树立和践行社会主义核心价值观，开展学习交流、仪式教育、主题团日等教育活动；做好发展团员和团员管理工作，严格落实“三会两制一课”，做好团费收缴等基础团务工作；开展推荐优秀团员做入党积极分子人选工作，推动团员参与志愿服务活动；围绕学生在就业创业、创新创造实践、身体心理情感、志愿公益和社会参与等方面的需求开展活动，促进学生成长发展；了解学生思想、学习、生活状况，反映学生诉求，维护学生权益，帮助团员学生解决实际困难；协助做好维护校园稳定工作；会同班委会研究决定设计本班学习、生活、建设等需要学生自主决定的重要事项。

三、基层党组织建设任务

党的基层组织是党在社会基层组织中的战斗堡垒，是党的全部工作和战斗力的基础。它的基本任务是：宣传和执行党的路线、方针、政策，宣传和执行党中央、上级组织和本组织的决议，充分发挥党员的先锋模范作用，积极创先争优，团结、组织党内外的干部和群众，努力完成本单位所担负的任务；组织党员认真学习马克思列宁主义、毛泽东思想、邓小平理论、“三个代表”重要思想、科学发展观、习近平新时代中国特色社会主义思想，推进“两学一做”学习教育常态化制度化，学习党的路线、方针、政策和决议，学习党的基本知识，学习科学、文化、法律和业务知识；对党员进行教育、管理、监督和服务，提高党员素质，坚定理想信念，增强党性，严格党的组织生活，开展批评和自我批评，维护和执行党的纪律，监督党员切实履行义务，保障党员的权利不受侵犯；加强和改进流动党员管理；密切联系群众，经常了解群众对党员、党的工作的批评和意见，维护群众的正当权利和利益，做好群众的思想政治工作；充分发挥党员和群众的积极性、创造性，发现、培养和推荐他们中间的优秀人才，鼓励和支持他们在改革开放和社会主义现代化建设中贡献自己的聪明才智；对要求入党的积极分子进行教育和培养，做好经常性的发展党员工作，重视在生产、工作第一线和青年中发展党员；监督党员干部和其他任何工作人员严格遵守国家法律法规，严格遵守国家的财政经济法规和人事制度，不得侵占国家、集体和群众的利益；教育党员和群众自觉抵制不良倾向，坚决同各种违纪违法行为做斗争。

四、建设公益组织的任务

（一）公益组织需要团队合作

公益组织的大学生志愿者，要有明确的目的和团队意识。除了完成学校社会实践任务外，更重要的是对公益活动有全面的认知，要遵守团队约定，完成公益组织任务。

（二）培养大学生志愿精神和公益服务的理念

公益组织里的每位志愿者要对志愿精神和公益服务理念有较一致的认同，这样才能使团队和谐共存，使公益活动正常开展。

（三）大学生在参与公益组织活动中，逐渐树立创新品牌意识

大学生公益组织如雨后春笋般涌现出来，但各团队之间频繁出现竞相模仿的情况，这容易易造成活动单一、雷同。以备受人们关注的“留守儿童”为例，目前就有很多关注“留守儿童”的公益组织机构。如北京市西部阳光农村发展基金会在2011年启动的“陪伴成长·驻校社工”项目，通过引入专业社工，开展各类校内外活动，协调学生与父母、同学、教师的关系，对有需要的孩子进行个体辅导，来帮助农村寄宿制孩子的成长。如广州市海珠区蓝信封留守儿童关爱中心的“蓝信封”项目、美新路公益基金的“大朋友”项目则是通过志愿者与留守儿童长期书信交流，来帮助孩子打开心扉健康成长。如新公民计划成立于2007年8月，致力于改善进城务工人员子女成长环境，他们发

起了玩转城市项目，带领流动儿童走进城市，了解城市资源，帮助流动儿童在城市更好地生活。

公益活动的开展要有创新意识，打造品牌活动，体现大学生群体的档次及层次。这样，公益组织才具有吸引力、凝聚力和生命力。

（四）公益组织需要培养大学生的社会责任意识

公益组织带领大学生走出校园、走进社会，通过实践了解社会，以实际行动践行社会主义核心价值观。如公益支教活动，大学生利用暑假前往边远山区，给留守儿童送去知识的同时，从山区人们生活的现状来反思自身，更加珍惜美好的学习时光，努力提高科学文化水平，为幸福、和谐、美好的社会做出自己应有的贡献。

第三节　基层组织建设方法

一、班级组织建设方法

（一）班级组织的目标

班级目标管理是班级组织建设的有效方法。目标可以是班级文化和班级精神的分解动作，可以分时间阶段进行，也可以分不同种类进行。同时，班级目标也可能是班级同学共同完成的一件事情，比如先进班级的评选和展示活动等。

（二）班级管理的效率

解决共性问题往往可以提高班级建设和管理效率。班级组织建设既应该关注个别学生的问题，也应该关注学生的整体状态，更要善于发现学生所处不同阶段的整体的求学困惑。班级学生存在的整体问题通常具有共性的特征，也是问题本质的显现。通过对班级学生存在的整体问题本质的探索与解答，有利于提升班级的凝聚力和管理水平，有利于促进班级建设的发展和管理效率的提升。

（三）班级的领导核心

班干部是班级工作的重要力量，也是在班级层面实现青年学生自我管理、自我教育、自我服务、自我监督的核心力量。班干部的选拔和培养、职位设置与合理分工需要辅导员予以足够重视，要根据实际情况进行制度建设和价值引领。

（四）班级建设的资源

班级建设需要充分利用校内外资源，给学生创造认识自己、交流学习、开阔视野的机会。资源的类型多种多样，通常包括人的资源，如专业课教师、校内外专家导师、各年龄段校友，甚至是任何不同于这一班级的人群都是可以交流思想、相互学习的对象；还包括物质文化资源，如各类博物馆图书馆、富有教育意义的历史遗址、企事业单位、专业学会和政府机构，甚至是祖国的大好河山等。[①]

（五）班级发展的特色

班级一旦形成积极向上的精神风貌，辅导员应当积极发掘其内涵并使之持续发展，从而形成独特的班级发展特色，不断增强班级成员的认同感和自豪感。

二、团组织建设方法

加强高校共青团组织建设，不论是院系团组织还是基层团组织，均可以从体制机制改革、健全基层组织制度、着眼思想政治引领和价值引领、推进共青团互联网建设、加强共青团干部培养等方面着手，切实做到凝聚青年，服务大局。

（一）促进体制机制改革创新

体制机制改革创新的目的是引导共青团组织紧密联系服务引领青年，通过走访调研、下沉基层、青年评议制度、恳谈会、通报会等方式，使广大青年更多地参与到共青团工作的设计、决策、实施、评议全过程，参与对共青团工作的监督，随时发现共青团工作在执行过程中的组织问题和作风问题。对于组织问题和作风问题，共青团组织应做到随时发现，随时改正，彻底纠偏。

（二）健全基层组织制度

针对基层组织淡化组织制度、忽视思想引导工作等情况，共青团组织应坚持制定实施高校共青团基层组织工作制度文件，规范基层组织工作的开展，同时深入开展提升基层组织活力的工程，在巩固班级团支部建设的基础上，推进其他类型建团的创新机制，积极建立交流沟通平台和机制，加强联系服务引导。

（三）着眼思想政治引领和价值引领，构建分层分类一体化思想引领工作体系

思想引领是共青团工作的重中之重，提升思想引领的实效性是高校共青团组织建设的重要目标。从思想引领的内容上说，既要围绕学习宣传贯彻习近平新时代中国特色社会主义思想、中华民族伟大复兴中国梦宣传教育、培育和践行社会主义核心价值观等主要内容，又要研究青年学生思想成长规律和思想教育引导的客观规律，研究人是如何学习的、价值观是如何被影响的等问题，分不同群体、不同阶段、不同类型、不同精神需求，有针对性地开展思想引导工作。

（四）推进共青团互联网建设

网上共青团是使共青团工作贴近学生、服务青年的最便捷方式。高校共青团各级组织和团干部应在媒体传播的内容和渠道上同时发力，积极主动地提升新媒体运用能力和水平。从内容上说，应加强网络文化内容供给，研发和推广具有正能量，同时也受广大青年喜爱的内容产品；从渠道上讲，可以充分利用 QQ、微信、微博及其他社交网站等各类媒体平台的运营优势，集合各级团组织的宣传力量，形成多维度、立体化的媒体矩阵，

① 教育部思想政治工作司．思想政治教育原理与方法［M］．北京：高等教育出版社，2010：174.

服务于青年学生的成长需求。

（五）加强共青团干部培养

加强作风建设，持续深入开展团干部的成长教育，引导团干部坚持走群众路线；完善共青团干部的培养培训制度，为教师团干搭建平台，提供支撑；对学生骨干建立健全选拔、培养、淘汰等组织机制；把严格要求和关心培养结合起来。[①]

三、基层党组织建设方法

本书所指基层党组织，主要是大学生基层党组织。中国高等教育进入跨越式发展阶段，大学生党员队伍不断壮大，大学生基层党组织建设在高校党建工作中占有重要地位。因此，对大学生基层党组织建设要不断完善和优化方法，提升大学生基层党组织建设的实效性。

（一）加强大学生基层党组织领导班子建设，发挥党员专任教师的作用

当前，大学生基层党组织班子建设比较薄弱，教师所占比例少。一般情况下，辅导员担任学生支部书记。如果党支部较多，那么就由学生担任支部书记。一个支部几乎没有一个专任教师，这样往往存在很多问题。因此，应该发挥党员专任教师的作用，让教师党员深入学生基层党组织，带领学生党员开展各项党建工作。

（二）调整大学生基层党组织的规模，组建新模式的基层党组织

目前，高校大学生基层党组织面临组织规模较庞大的问题，因此有必要调整大学生基层党组织规模，将一个支部人数控制在30人左右。这样既有利于开展党务工作，又能充分发挥每位学生党员的先锋模范作用。

（三）重视大学生党员的早期培养、发展工作，加强入党后的教育与培养

高校党建应重视大学生党员的发展工作，在新生入学教育时就应该及时宣传党的相关政策。在培养过程中，注重大学生各方面能力的培养，让其尽快成长。在发展后，更应该注重大学生党员的思想政治教育，增强其思想觉悟，提高其党性，使其真正成为社会主义事业合格接班人。

（四）增强大学生基层党组织的活力，创新党员教育内容与方式

大学生是一个充满活力的群体，基层党组织工作应该抓住这一特点，创新工作理念和思路，改进教育的内容与方式，创立特殊品牌党建活动，让党的方针政策真正落到实处，不断提升思想政治教育的实效性。

（五）加强高校大学生基层党组织建设，重视制定合理的激励机制

大学生基层党组织建设是高校育人环境建设的重要组成部分。因此，加强高校大学生基层党组织建设具有十分重要的战略意义。当前高校大学生基层党组织建设中的确存

---

① 引用自《共青团中央　教育部关于印发〈高校共青团改革实施方案〉的通知》（中青联发〔2016〕18号）。

在很多问题，在思想上要对大学生基层党组织建设给予高度重视。同时，合理的激励机制应该以目标管理为手段，建立必要的以奖为主、奖惩结合的制度，对稳定高校政治辅导员队伍，充分发挥高校政治辅导员在大学生基层党组织建设中的核心作用具有非常重要的意义。

四、建设公益组织的方法

（一）强化宣传引导，形成思想共识

政府层面，要进一步统一对发展公益性社会组织的思想认识，把加强公益性社会组织建设作为创新社会治理的重要抓手。社会层面，要通过电台、电视、报纸等主流媒体和微博、微信等新型网络媒体，及时宣传介绍公益善行和国内外社会公益动态信息，大力弘扬组织规范、社会实效好、发挥作用大的公益性社会组织和个人的先进事迹，传播普及公益理念，培育公众平等、互助、博爱、共享的社会公益意识，从而进一步增强公益性社会组织的社会认知程度，营造有利于组织发展的舆论氛围。

（二）加大扶持力度，创造优良环境

一是降低登记准入门槛。深化完善社会组织直接登记制度。二是拓展资金来源渠道。探索建立公益性社会组织发展基金会或发展专项基金，引导慈善资金、社会捐赠资金等有效流入公益性社会组织。三是建立健全政府向社会组织转移职能和购买公共服务制度，探索公共服务市场化、多元化、社会化供给新机制，支持公益性社会组织参与社会治理和服务。四是探索孵化基地建设。探索建立公益性社会组织孵化基地，通过社会组织培育、信息政策咨询、优秀成果展示、社会组织评价、公益资源整合、公益理念宣传、公益项目创投等工作，给予公益性社会组织场地、资金、技术、项目等方面的服务和支持。

（三）注重建章立制，提升监管水平

一是完善监管体系。进一步理顺各种监管关系，民政部门重点承担与准入登记有关的法律责任，行业主管部门依法承担相应的行业监管责任，其他部门在职责范围内承担相应的监管责任。二是强化外部监督。开展公益性社会组织规范化建设评估工作，积极引进第三方评估机构，探索形成政府主导、第三方评估机构具体实施的评估机制。充分发挥政府主管部门、人大、政协和媒体的监督作用，形成倒逼机制，推动公益性社会组织快速发展。三是健全激励机制。建立健全表彰奖励制度，通过评选、表彰、典型宣传等，让优秀组织和个人享有较高的荣誉和社会地位，褒扬和激励更多民众参与社会公益事业，壮大公益服务队伍。

（四）加强自身建设，优化运作能力

一是提升人才队伍素质。完善公益性社会组织专业人才引进和用人制度，探索建立薪酬指导标准、年金制度和岗位培训制度，强化现有人才的培养与素质提升，促进队伍的职业化、专业化和年轻化。二是加强自我管理服务。建立健全以章程为核心，权责明确、协调运转、有效制衡的法人治理机制，完善理事会的决策程序，发挥监事的监督作用，提高管理层和办事机构的运作水平。提高资产运作和财务管理水平，提高效率，降

低风险。加强自律机制和诚信机制建设，增强公开透明度，提高社会公信力。三是搭建交流合作平台。建立公益性社会组织管理工作联席会议制度，加强工作联系和信息沟通，促进公益性社会组织放大组织职能，拓宽业务范围，实现多元化发展。

无论是驻校社工的陪伴，还是书信搭建的联系；无论是探索城市的引导，还是职业技能的培训；无论是艺术活动的参与，还是阅读过程的交流，教育公益组织的工作都已经从单一的物质帮扶，发展为各具特色的成长陪伴活动。从能用钱解决的问题，到用钱不能解决的问题，人的作用越来越重要。

教育，究其根本，是通过陪伴和引导来帮助人的发展。教育公益组织则需要用敏锐的洞察力去发现孩子不同的内心需求，不断地创新项目活动，陪伴和引导孩子成长，回归教育本质。

思考题

1. 随着高等学校教学改革的发展，按学科大类招生、书院制等模式大量出现，班级组织建设如何适应新形势?
2. 在“互联网 +”的时代背景下，如何发挥共青团组织的思想引领作用?
3. 谈谈如何创新学生党支部工作模式来实现基层党组织的工作任务。
4. 思考大学公益活动项目如何持续、健康发展。

第五章
创造优良学风

《普通高等学校辅导员队伍建设规定》（中华人民共和国教育部令第43号）明确指出，高校辅导员的工作职责之一就是要做好学风建设。高校学风建设是一项系统工程，辅导员是推进学风建设的具体实施者，是这项系统工程中最一线的子系统，是做好学风建设工作重要的力量。在推进学风建设的过程中，辅导员需要以俯视的视角来研究学风建设，做好学生学习特点和规律的把握，以协同思维来推进学校的教育主体协同、制度协同、环境协同和方法协同，为学风建设取得实效贡献智慧和力量。

第一节　创造优良学风的意义

何谓学风？仅从字面意思来看，便十分易于理解：学即学习，风则指风气、风貌，合起来就是学习风气。“学风”，最早源于《礼记·中庸》，自它诞生起就蕴含着“知行合一”之意。

教育部2011年12月2日颁布的《教育部关于切实加强和改进高等学校学风建设的实施意见》指出：“学风是大学精神的集中体现，是教书育人的本质要求，是高等学校的立校之本、发展之魂。优良学风是提高教育教学质量的根本保证。”高校学风既是一种无形的精神力量，也是学生学习、教师教学及科研、管理干部的学习认知在求学、治学与管理中外露的行为方式习惯与精神面貌。所以，学风既是一种学习氛围，同时又是一种群体行为，不但能使学生受到潜移默化的熏陶和感染，还能内化为一种向上的精神动力。在优良学风的环境里，每个学生都会受到积极影响，学生的思想品德、价值观念、行为方式、意志情感等都会发生变化，并反过来对自己的心理健康、成长成才和职业生涯发展产生深远影响。

一、优良学风的构成要素

学风归根结底是学生对待学习的态度，以及在学习过程中的行为表现。它由以下六个不同层次的基本要素构成。

（1）学习目标。做事情有了目标，就意味着有了明确的奋斗方向。大学生学习，首先应该有一个明确的目标，知道自己需要什么，应该往什么方向努力，需要引发动机，动机推动行为，这是优良学风的建设基础。

（2）学习态度。学习态度主要体现于学生对学习重要性的认同、对学习目标的追求、对学习知识的兴趣和情感的程度，它决定了学生在学习过程中的积极性、主动性及学习效果。学生在学习的过程中能够有浓厚的学习兴趣，从而使自己在追求学习目标的过程中能够更加坚定自我，这是优良学风的前提条件。

（3）学习纪律。纪律是一切规范的前提，良好的学风氛围在某方面也是规范秩序的体现，它强调的是学生学习行为的始终一贯性。严明公正的学习纪律，有利于促进学生们自觉地保持学习秩序和维护学习纪律，这是优良学风的形成保障。

（4）学习方法。好的方法是成功的一半，它的形成需要一个漫长的过程，但也可以通过一定的教育手段获得。形成科学的学习方法有助于学生更容易收获学习成果，产生积极的成就感，并形成对学风的趋同意识，这是优良学风的关键因素。

（5）学习兴趣。兴趣是对事物带有积极情绪色彩的认识活动倾向，它让学生发自内心对某一事物寄予情感，基于这种本能的情感色彩，吸引学生更多的注意力关注自己学习的事物，从而在心理上产生对知识探索与渴求的依赖，真正形成良好学风。

（6）学习成果。这是衡量学生学习收益多少的标准，也是判断学风好坏的终极标准，与人才培养质量相连，是衡量人才质量优劣的重要标志，对学风的纠正和重塑起着反馈和调控作用。

二、优良学风建设的重要意义

学风是一所大学的灵魂，高校的学风代表着一个学校的治学精神、治学态度和治学原则，是学生在学习、生活中养成和表现出来的共同典型的思想行为倾向，是学生的学习动机、兴趣爱好、学习方式和态度及价值观念的综合体现。高校的学风直接关系到培养出来的学生的素质，关系到学校的人才培养目标，无论对高校还是学生自身，学风建设的重要性和必要性都是不言而喻的。优良学风建设对于高校发展和人才培养具有重要的理论和现实意义。

（一）优良学风是促使学生成长成才的主要动力

从学风的内涵来看，学风是学生学习和成长的重要精神动力。近年来，随着高校扩大招生、就业制度改革及社会不良风气对教育的影响，部分大学生不同程度地出现政治信仰迷茫、理想信念模糊、价值取向扭曲、学习兴趣降低、学习动力缺乏等问题。同时，还存在对学习不求甚解，没什么追求，满足于及格的状态，而将更多精力投入网络游戏、谈情说爱、逛街购物等方面，导致学业亮起红牌的情况。因此，从学生成才角度出发，高校辅导员作为开展大学生思想政治教育工作的执行者，有义务帮助学生树立正确的学习观，引导学生刻苦学习，积极上进，坚持把立德树人作为工作的宗旨，努力引导好、服务好学生。加强学风建设，有利于提高大学生思想政治教育工作的针对性，让学生在获取科学文化知识的同时，养成勤奋求实、刻苦钻研的学习态度，塑造良好的思想品德，形成正确的“三观”，对培养和造就又红又专、德才兼备、全面发展的中国特色社会主义合格建设者和可靠接班人具有十分重要的意义。

（二）优良学风是实现高校内涵式发展的必由之路

学风建设是高等学校改革和发展的主旋律，是一项内涵丰富的系统工程。党的二十大报告明确指出："教育是国之大计、党之大计。培养什么人、怎样培养人、为谁培养人是教育的根本问题。""要坚持教育优先发展、科技自立自强、人才引领驱动，加快建设教育强国、科技强国、人才强国，坚持为党育人、为国育才，全面提高人才自主培养质量，着力造就拔尖创新人才，聚天下英才而用之。"学风是高等院校精神风貌的展现，学风的好坏直接影响着学校的发展，优良学风可以促进学校有秩序开展教学活动，优化教风，帮助学校各个方面实现自主管理，影响着教育过程及成果的各个方面。另外，高校内涵式发展需要良好的校风，加强学风建设有利于良好校风的形成。高校可以充分利用学风与校风二者的导向、团结、规范等隐性作用，实现内涵式发展。

第二节　创造优良学风的任务

学风是高校精神的重要组成部分，是人才培养的基础，对学校和社会的发展有着长远的影响。学风是一所高校在治学与学生的学习过程中知、情、意、行的综合表现。在不同的高校中，学风由于学校定位、发展历史、教学风格及特点不同而展现出其独具的特色和丰富的内涵，在一定的环境中通过内部的全体成员及外部的相关人员的行动及意志，经过一定时间的发展，形成一种稳固的传统和风格。1999 年高校扩大招生这一举措揭示了我国必将走入高等教育大众化阶段。我国在 2002 年已经进入高等教育大众化阶段。邬大光曾指出，高等教育大众化是一个量化的"概念"。高等教育大众化是高等教育精英化和普及化的过渡阶段，在一定程度上可以视为高等教育开始面向社会普通大众开放，也可以视为作为社会大众的更广泛的个体有机会享有高等教育资源。目前，在高等教育大众化的背景下，学风建设在思想认识、体制机制、教师、学生等各个层面，都出现了一些亟待解决的薄弱环节和突出问题。

在这样的情形下，将优良学风建设作为一项长期而迫切的任务抓紧抓实抓好显得尤为重要，要以"立德树人"的根本宗旨作为引领，以全员、全过程、全方位的"三全"育人理念为指导，做好优良学风的创建任务。

一、完善管理制度

规章制度是学生管理工作正常开展的基础与保障，要落实学生管理制度，以教育部颁布的《普通高等学校学生管理规定》（中华人民共和国教育部令第 41 号）等文件作为依据，修订和完善各项学生管理制度及奖励激励制度。在学校内，学生的管理工作是一个整体性强、全过程化的工作，必须由校内的多个部门、院系积极协调和配合。近年来，众多高校采取了与学校管理相适应的制度，如干部听课制度、课堂考勤制度、教师联系学生制度、学院联系家长制度、教学督导员听课制度、相关部门检查制度、辅导员查课和听课制度、教学信息员听课制度等，都取得了不错的成效。各个高校要加大宣传力度，组织学生认真贯彻学校的规章制度，让每一个学生都了解学生管理的相关规章制度，能够明确地知道学校鼓励的、反对的和禁止的，使学生能够自觉遵守校纪校规，约束和控制自己的行为。尤其是在法律意识和安全意识方面，要重点提升、培养、增强其自我保护及安全防范的意识和能力。同时，要把“立德树人”作为根本方针，以公正、客观的态度去关心学生、围绕学生、培养学生，从而推动学风建设的规范化和制度化。

二、加强队伍建设

在学生教育和管理的队伍中，教师、辅导员、班主任及学生干部队伍构成了学风建设的主要框架，影响着学风建设根基的稳固与否。要在教师、辅导员、班主任及学生干部群体的队列中坚定树立认识新常态、适应新变化、引领新形势的意识，积极落实学风建设的新思想、完成学风建设的新任务、营造学风建设的新动力，完成优良学风建设任务。

（一）加强教师队伍建设，发挥教师的主导作用

在学校中，教师担当着教书育人的主要任务，对学风有着举足轻重的影响，同时也对优良学风的创建有着至关重要的作用。学校各部处及学院要严格管理教师，加大师德和师风的建设力度，从而推动学风建设。

（二）加强辅导员、班主任队伍建设，彰显辅导员、班主任的生力军作用

辅导员和班主任是大学生思想政治教育及优良学风建设的中坚力量，学校要加强对辅导员、班主任的教育管理工作，引导辅导员、班主任在思想政治教育、行为规范管理、学生事务服务、心理辅导等日常工作之中融进学风建设，并使其制度化、长效化，将自律和他律、激励和控制有机结合起来，引导学生明晰学习目的、端正学习态度，营造良好的学习氛围。

（三）加强学生干部队伍建设，发挥学生的主体作用

学生干部队伍是学校学风建设的重要抓手，是学校、学院联系学生的桥梁和纽带，也是大学生落实“自我教育、自我管理、自我服务、自我监督”观念的依托。充分调动学生的积极性，发挥“四自”功能，提升主观能动性，同时将纪律放在最前面，才能真正完成优良学风建设任务。

三、营造学习氛围

营造学习氛围是学风建设的重要任务。多种多样、积极健康的学习氛围对于学风的建设具有不可替代的作用。以校园文化建设为契机，依托校园的文明良好环境，充分发挥校园文化育人的整体功能，把校园环境、校园文化建设摆在突出位置，营造优良的学习氛围，影响、引导、改变学生的学习情况。通过完成这些任务，对不文明、不健康的风气进行约束，从而加强和稳固学习风气。

第三节　创造优良学风的目标

学风是学校建设的重要内容，学风的好坏直接影响着教学质量的提高和人才目标培养的实现。学风建设是学校建设的重要组成部分，也是学生成才的关键所在。有一个好的目标，能够对学校、学院和学生产生极大的指引作用，因此，要以创建优良学风目标为指引，做好学风建设。

一、规范教学管理工作

教学管理工作是学校完成正常教学目标的重要保障，要制定完善的教学责任制度，明晰工作要求，将工作责任和措施落实到位；同时制定实验研究、调查报告的原始记录检查办法、学术成果公示制度，增强研究项目的全方位管理。以完善科研项目的评估审核和科研成果的鉴定制度为目标，更加突出申报信息、异议材料公示程度，加强教学中的科研管理、学生管理的公开性及透明度。以正确的学术评价为导向，搭建科学、合理的学术评价考核指标体系和相关制度，严格依循科学规律，避免“数量多、质量差”的现象出现，把学术创新、科研质量与社会贡献纳入考核指标，处理好社会效益与经济效益、长远利益与近期利益两个关系。狠抓学术诚信，建立学术诚信制度和诚信档案。制定和完善学术规范及学术不端行为调查处理的相关制度和办法，严肃考试纪律，严格执行违纪处理制度，建立健全学风建设的监督机制，共同合力完成学风建设目标。

二、提升教师教学水平

教师是高等学校培养学生、提高教书育人质量的一个重要抓手，教师的职业德行优劣、思想风气好坏、教学水平高低及治学态度的讲究与否都在很大程度上影响着学风建设的成败。因此，实现提升教师教学水平也是学风建设的目标之一。

（一）建立健全教育教学制度，增强课程建设

学校要积极引进高水平教师担任课程的负责人，明晰各个教师在课程改革、建设及管理工作中的责任与义务。将深化教学改革作为优良学风建设的核心，大力举办教研活动，多平台、多方式、多过程研讨课程建设，积极做好教学内容优化和教学方法改革，将试讲、论课、集体备课、教学观摩等制度做扎实。通过与同行教师，特别是经验丰富的优秀教师进行互相听课与评课，提升教师群体之间的交流与学习，以不断提高教师教学水平，完成优良学风建设目标。

（二）重视青年教师的培养

切实增强青年教师在教学、科研等方面的业务能力。以青年教师培训、青年教师导师制及“以老带新”等办法为助力，加快青年教师教学水平、科研能力等业务能力的提升。

（三）强化教师专业素养，提升教师职业道德

教师成长的过程就是一个需要不断学习的过程，以提高自身的专业素质为目标，吸收先进教育理念，研究、改进教学内容、教学方法和教学手段，熟悉且掌握现代化的教学技术及手段。根据学生的学习心理及相关特点，创新教育方式方法，摸索和探究教学规律，把传统的"传授知识为主"的教学模式转变为"促进能力发展为主"的教学模式。

三、促进学生全面发展

学风建设是一所学校的风气的主要体现，是提高学生综合素质、提升学校办学水平的重要体现，是高校应该放在中心位置的一项基础性工作。因此，学校要把促进学生全面发展作为目标，做好学风建设的服务与支持工作，尽力营造浓厚的学习气氛，促进学生的全面发展。

（一）加强学业发展的全员、全过程、全方位服务意识，提升学生综合素质

学生管理工作的目标就是为了促进学生的全面发展，在优良学风的创建过程中，要将促进学生全面发展的目标放在中心位置。充分发挥学生工作干部群体在学生的政治导向、专业的学习与成长及在生活中的帮助支持作用，强化考核评估制度。同时，也要对学生在学习过程中产生的心理问题、经济困难等问题采取心理辅导、经济资助等措施，积极组织队伍培训，加大心理筛查力度，举办心理辅导活动，为学生全面发展提供坚实基础。

（二）积极建设校园文化，促进学生全面发展

校园是学生学习生活的主要场所，能够在一定程度上影响学生的行为习惯、思想意志。可以采取多种形式的方法来让校园环境变得清新高雅、大方美观，并且要将改善教学和学生社区环境作为重点，使学生在文明、美丽、整洁的环境中生活与学习，增强学习效果。组织开展高雅的文化艺术活动，着力提升学生的人文素养，拓宽他们的视野和知识面，让学生能够根据自己的兴趣爱好在"第二课堂"中发展自己、提升自己，使校园文化建设真正成为优良学风建设的强大助力。

四、提高人才培养质量

人才培养质量是学校发展的核心，是学校建设的永恒的主题，学校应扎实进取、展望未来、开拓创新、凝心聚力，以提高人才培养质量为核心，完成创建优良学风建设的目标。

（一）吸收先进教育观念，创新人才培养模式，着重提升人才培养能力

以提高高校的人才培养质量、创新人才培育模式为主题，积极开展教育教学研讨活动，不断更新人才培养观念，将全面发展、多样发展、终身学习、系统培养等理念作为提高人才培养质量的目标。将理论教学和实验教学内容改革作为重点，深入探讨课程体系与教学内容改革，将创新能力的培养放在中心位置，严格筛选与设计实验教学内容及体系，增强创新创业教育课、素质教育课的课程内容，利用网络等方式构建课程资源平台，实现优质课程资源的共享。依据社会发展的要求，及时对专业人才培养定位进行调整，修订本科专业人才培养方案，落实学分制度，切实打造课外的实践学分认证教育体系，增强专业教育与实践教育的融合度。大力支持大学生创新创业项目，坚定执行人才培养模式综合改革，满足学生的个体化、多样化发展需求，促进人才培养质量。

（二）打造实践教学核心，构建创新人才培养平台，培育学生的创新精神和能力

以实验室为依托，增多实验教学环节和提升实验教学质量，提升人才培养机制。要注重加强实践教学环节建设，加大实验室建设力度，整合优质教育资源，打造创新人才培养平台，突出学生创新精神和创新能力的培养。

（三）完善教学质量监控与保障制度，强化奖惩功能

要全面、系统地建设教学管理规章制度，完善、实施常规教学检查、教学督导、教学信息反馈、课堂教学质量评价等质量监控的相关要求，从制度上保障教学秩序的正常稳定。同时，严肃教学管理，提升管理质量与管理水平。依照培养方案，严格进行教学检查，严肃考核纪律，使人才培养质量稳步提升。

第四节　创造优良学风的方法

学风建设是一项系统工程，做好学风建设工作，需要将影响学风各因素（主体、制度、环境、方法等）进行协同，构建“一体化”学风建设工作格局，形成全员、全过程、全方位育人体系，有效推进学风建设工作，创造优良学风。

一、全员育人

习近平总书记2016年在全国高校思想政治工作会议上指出：“要坚持不懈培育优良校风和学风，使高校发展做到治理有方、管理到位、风清气正。”这显示出，要抓好学风建设需要长期坚持，久久为功，也需要找到科学对策，但归根结底还是需要高校高度重视，尤其是要形成学校上下齐抓共管、人人有责的联动格局，推动形成全员育人体系。

（一）校院领导带动，加强教育教学管理督导

学风建设必须坚持立德树人的指导思想，坚持教育与监督相结合，坚持校风、教风、学风相结合，坚持建立长效机制，坚持构建学校全员化的育人体系。要落实好全员育人工作，就必须从学校领导开始重视，然后到学校各机关部处，再到学院领导和教师，形成上下联动机制、协同合作机制，共同推进教育教学工作，促进学风建设。

1. 组织建设

学校要成立学风建设专门领导小组，校长担任组长，分管学生管理工作和教学工作的校领导担任副组长，学校相关机关部处领导作为主要成员，负责全校学风建设工作的顶层设计和统筹规划，并做好相关制度建设、工作部署、督导检查及考核评价等组织领导工作。学校各二级学院在学校学风建设小组领导下须成立院级学风建设领导小组，院长为组长，党委副书记和副院长为副组长，专业教师代表、辅导员和教务员为主要成员。院级学风领导小组负责组织落实学校学风建设工作相关任务，同时制定院级学风建设目标、任务和具体举措，积极落实和推进学风建设各项工作。

在具体推进学风建设工作中，领导要带头推进，形成由上率下的格局。比如，每个学期开学初校领导和学院领导要带头到课堂进行检查听课；在期末考试期间，领导要带头到考场进行巡考等。同时，要加强学风建设目标考核，将学风建设工作作为学校二级单位年度工作考核的重要内容，明确各二级单位负责人作为学风建设的第一责任人，学院分管学生工作的副书记和分管教学工作的副院长作为直接责任人。辅导员和班主任要做好所管辖年级和班级学风建设工作的具体落实，将校院两级的学风任务和举措实施到每个班级和学生。

2. 思想建设

思想建设的目的就是营造全员育人和学风建设的浓厚氛围，高校要加强领导干部和教职员工的思想建设，要让大家意识到全校学风建设是人才培养的重要环节，增强对学风建设重要性的认识。

（1）高校要做好动员工作。高校要做好学风建设的动员工作，可以采取开展学风建设大讨论活动的方式，组织广大师生认真开展学风建设研讨，对学校学风建设存在的问题进行讨论，分析原因，寻找对策，通过大讨论统一认识、形成共识。高校要定期召开学风建设总结推进会，对学风建设取得的成绩及存在的问题进行及时总结、科学研判，稳步推进学风建设工作。

（2）高校要加强宣传工作。高校要利用各种时机大力开展学风建设宣传教育，动员全校师生积极参与。要利用各种宣传媒介，尤其是新媒体工作，对学风建设的重要意义进行全方位报道，同时要加强对学风建设的先进经验做法和典型人物进行宣传报道。

3. 制度建设

高校要根据学风建设的任务和目标，制定和完善相关管理制度，通过制度驱动，推动学风建设。

（1）要加大教育教学在教师考核评优中的比重。为了促进广大教师重视教育教学工作，高校可以加大对教师教育教学的考核，可以适当多考虑增加教育教学在考核评优中的比重，可以在教师职称评审中增加教育教学的考评分量。

（2）要制定推进教育教学改进的制度。教风对学风有着直接的影响，教师的教育教学水平直接关系到教风。高校要完善相关教学激励措施，出台学校优秀教学奖评选办法、十佳优秀教师等各类教育教学奖励实施办法，在考评中要坚持公平公正原则，营造一个积极向上的工作环境。

（3）要完善教师教育教学水平提升培训制度。高校要加大教师发展中心的建设力度，为教师制订不同层次的培训提升计划，从职业道德、心理健康、教学水平等方面加强对教师的培训和指导，尤其要与时俱进，加大对教师幕课、微课建设能力和新媒体技术应用能力的培训。

（4）要完善教学运行管理制度。好的教学运行管理制度会促进教风，高校要加强教学运行的管理，制定和完善相关制度。如，要对课程同行听课制度进行完善，要制定教师加强课堂纪律管理的制度，要完善课程考试管理办法（含试卷编制、试卷分析、考试安排等），等等。要引导好教师严格进行教学和管理。

（二）学业导师带动，发挥双料导师合力效应

教师是学风建设工作具体的实施者，教师对学风建设起到很重要的作用。高校要发挥教师的主导作用，除了要提升教师的业务能力外，还需要引导广大教师开展育人工作，让教书和育人协同发力。要更好地发挥教师的教书育人工作，更有针对性地指导学生学习，高校应加强学业导师的配备，更好地发挥学业导师对学生的个性化指导和教育。学业导师可以考虑从专业教师及优秀校友中选拔，让专业教师和职场导师形成合力，发挥双料导师的合力效应。

1. 配备专业型学业导师

专业教师一般都在专业科学领域有一定的积累和造诣，高校要发挥专业教师在学风建设中的作用，可以为学生配备学业导师，制定导师制实施办法，原则上每位导师最多指导6名学生，并将专业型学业导师的工作量计入教学工作量。

高校选拔专业型学业导师要有一定的要求。学业导师要具有坚定正确的政治方向，忠诚于党的教育事业，爱岗敬业，为人师表；具有较强的工作责任心和奉献精神，热爱学生，关心学生的成长和成才；了解学校专业设置情况，熟悉本学院专业人才培养方案，了解专业发展动向，具有一定的专业指导能力；等等。

高校要对专业型学业导师的职责做好界定，要求学业导师做好学生学业学习的指导。引导学生端正专业思想和学习态度，明确学习目的和成才目标；指导学生了解所在专业的人才培养目标、专业学科的发展动态；正确指导学生选课和修读课程，帮助学生解决学习方面的问题，促进学生知识、能力、素质协调发展；制订相应的指导计划，做好学生学习和发展的参谋；关心学生的身心成长，通过与学生访谈、深入学生宿舍等方式了解学生学习、生活等方面的情况；等等。

为了促进学业导师积极开展工作，高校要加强学业导师的考核评优，要对表现突出的学业导师进行表彰和奖励。

2. 配备职场型学业导师

专业型学业导师更多的指导集中在专业学习和科技创新方面，而职场型学业导师则偏重于职业规划、生涯发展及就业指导等方面。高校可以适当在校友中聘请一些行业专家、高管、企业家等担任职场型学业导师，充分发挥校友的育人作用，引领在校生更有效率地学习。

高校要给职场型学业导师与学生的沟通交流搭建一定的平台，可以邀请职场型学业导师担任兼职班主任、就业课老师、第二课堂指导嘉宾等，让职场型学业导师能与学生充分沟通，促进职场型学业导师更好地开展指导。

为了提高职场型学业导师的工作积极性，高校要给他们颁发聘书并定期召开座谈会，与他们畅谈学生辅导，征求他们的意见和建议。高校要加强与职场型学业导师的情感交流，增进友谊，强化合作。

（三）辅导员带动，引导学生树立正确观念

《普通高等学校辅导员队伍建设规定》（中华人民共和国教育部令第43号）明确指出，辅导员是开展大学生思想政治教育的骨干力量，是高等学校学生日常思想政治教育和管理工作的组织者、实施者、指导者。辅导员应当努力成为学生成长成才的人生导师和健康生活的知心朋友。该文件还提出辅导员的主要职责之一就是要做好学风建设，熟悉了解学生所学专业的基本情况，激发学生学习兴趣，引导学生养成良好的学习习惯，掌握正确的学习方法；指导学生开展课外科技学术实践活动，营造浓厚学习氛围。因此，高校辅导员是学风建设任务具体的落实者，要通过各种教育方式促进学生重视学习，引导学生树立正确观念，提升学生的综合素质和专业素养。

1. 党团活动促学风

高校党团活动是加强人学生思想政治教育的重要载体，辅导员要好好利用党团活动来促进学风建设，引导广大学生重视学习。辅导员在指导党团活动时，要多开展以学风建设为主题的党团活动，多融入诚信教育、专业思想教育、科学学习方法讨论等内容，通过广泛开展党团活动，让学风建设工作渗透到各个党支部和团支部，触及每一个学生。

此外，辅导员还要将学风建设作为党支部和团支部及党员和党员考核评优重要的组成部分，要引导和督促党团学生骨干做学风建设的引领者和贡献者。

2. 科技竞赛促学风

专业类科技竞赛是促进学生加强专业认知、提升专业兴趣重要的途径。高校辅导员要加强对所带学生专业的认知，做好专业科技竞赛的顶层设计，将专业科技竞赛作为校园文化活动的重要组成部分，打造专业科技竞赛的品牌活动，增强活动的影响力。

辅导员要广泛组织动员学生参与专业科技竞赛，对于获奖的学生要给予表彰，同时加强对相关优秀学生进行深入宣传报道；大力鼓励学生发表学术文章，并制定相应的论文奖励措施，激励学生多出专业成果，不断增强个人的专业成就感，从而提升专业兴趣。

3. 日常管理促学风

高校辅导员可以通过日常管理来促进学风，通过日常管理促进行为规范，从而形成良好习惯。辅导员尤其要在学生学习的行为上严格管理和要求，引导学生形成良好的学习习惯。

与学生日常学习行为有关的有早起、早读、上课、晚自习、预习复习等。辅导员可以制定相关制度来更好地规范学生的学习日常行为，同时可以制定一些奖励和惩罚措施来督促学生。为了培养和强化学生的学习习惯，辅导员可以开展“21天训练计划”之类的活动，通过打卡等方式来督促学生坚持完成。所有好的学习习惯都需要长时间坚持和强化，所以辅导员在规范学生学习行为方面要有常态化机制，加强管理，持续发力，通过管理促学风。

二、全过程育人

高校学风建设是一个系统工程，不可能一蹴而就，需要经历长期的、潜移默化的过程。要发挥全过程育人动力，需要围绕高校立德树人的根本任务，遵循思想政治工作规律，遵循教书育人规律，遵循学生成长规律，从管理制度制定、学业环境构建、生涯目标指引等多个方面教育和引导学生端正学习态度，养成良好的学习习惯，树立“学生以学习为第一要务”的观念，鼓励和支持学生的个性发展、全面发展。

（一）管理制度驱动，焕发学习约束力

高校在学风建设中需制定并完善学校的规章制度，建立良好的校风、校纪。两个特别值得重视的内容是纪律管理制度与评比激励制度。要对学生进行规章制度教育，引导学生正确掌握和自觉执行各项规章制度，并在执行过程中通过奖惩手段，即学风评比制度，促进学生养成良好的行为习惯。评比制度是管理与教育的结合，对于学习风气良好、对学风建设起到促进作用的班集体及个人，学校应给予表彰。这些制度的实施，对于学风建设工作具有重要的推动作用。

1. 纪律管理

在纪律管理方面，严抓课堂考勤、考风考纪等工作，加强学生思想教育和自我养成教育。纪律制度是保障学生管理工作正常开展的基础，要认真将学生管理制度贯彻落实，根据教育部《普通高等学校学生管理规定》（中华人民共和国教育部令第 41 号）的要求，进一步修订、完善各项学生管理制度。首先在课堂纪律方面，良好的课堂纪律和规范的课堂秩序才能保证良好的课堂求知环境。高校在学生纪律管理中，要规范学生的课堂行为，加强课堂管理，严明课堂纪律，严禁学生在课堂上玩手机、聊天、睡觉和随意走动的违纪行为；学校教务处要加强对课堂秩序进行监管和督察；班主任、辅导员要深入课堂进行督促检查，配合任课教师加强对课堂教学秩序的管理，实时掌握学生的课堂学习动态。另外在考试纪律方面，考风考纪是学风好坏的重要体现，没有良好的考风就很难形成好的学风。因此，端正考风考纪也是学风建设的重点工作之一。高校管理者应充分重视考试制度的完善工作，规范考试管理的各项环节，对考试全程进行严格把控。对于考试中发现的作弊行为，一定要发现一起处理一起，绝不姑息通融，使学生真正认识到考试作弊行为带来的巨大代价，让规章制度真正发挥实效。

2. 学业帮扶

在学业帮扶方面，主要以学习困难生为关注重点，建立学业预警制度，加强家、校之间的良好互动与沟通。根据学校、学院工作特点，对每学期考试挂科情况较为严重的学生，通过辅导员谈话、电话联系学生家长与发放寄送学业预警通知书的形式，敦促该部分学生意识到认真学习的紧迫性。同时安排学习成绩优秀的学生对挂科严重学生进行跟进帮扶，及时解决其在学习上遇到的困难。

3. 评比激励

根据马斯洛的需求层次理论，人最基本的需求是物质方面的需求，没有物质的满足就谈不上精神层面的自我实现。因此，物质激励是激励的基本形式。在高校的学风建设中，也要对学风建设中的先进代表进行奖励，如学生、宿舍、班级、辅导员、班主任等各个层面各个领域的学风建设先进代表。通过物质奖励来调动大学生学习的积极性和教师教学的热情，强化学习行为。如开展课堂笔记大赛，评选出优秀课堂笔记，激发学生

的学习兴趣，引导学生养成良好的学习习惯；开展学风先进个人和集体的评选，深入挖掘学风建设的先进典型事迹，并大力进行宣传展示，营造“比学赶超”的良好学习氛围。

（二）学业环境驱动，焕发学习影响力

优良学风的形成需要良好的学业环境。浸润在良好的学业环境中，学生能够通过潜移默化的作用形成优良学风，并得以巩固、继承和发扬。高校学生的学业环境主要包括校园环境、班级氛围和宿舍文化三个方面，这也是和学生日常学习、生活联系最为紧密的环境。在学风培育过程中，我们要非常注意学业环境对学生的影响，要发挥环境的积极作用，引导学生养成良好的行为习惯，促进优良学风的形成。

1. 校园环境

校园环境是学校整体面貌的表现，综合反映了学校在建筑设施、教育教学、管理体制、文化氛围、学术精神等诸方面的存在形式和内容，是学校的育人环境。对于高校优良学风的培育而言，校园环境起着重要的引导作用。首先是校园物质环境，即自然环境景观和人为建设景观的总和。校园物质环境是整个学校文化、校园文明的载体，具有纪念意义（或特殊意义）的建筑物和赏心悦目的环境无疑能激发学生奋发向上的学习热情。提供完备的学习场所、丰富的教学资源和设备则是帮助学生获取知识的重要保障。其次是校园教育环境，它包括学校的指导思想、办学思路，教师的教学方法、教学内容及水平等。教育环境在促进学校发展、提高教育教学质量、引导学生形成良好的思维方式、提升综合素质等方面发挥着积极的重要作用。最后是校园文化环境，主要包括学校的学术氛围、丰富多彩的文体活动、高品位的社团文化等。在高校学风建设中，可以通过开展学术报告会、知识竞赛、科学研究等活动引导学生树立更高的学术追求。

2. 班级建设

班级作为学校最基本的构成单位，是教学和管理工作顺利开展的重要载体。积极和谐、团结向上的班级氛围，对学生学习状态、身心健康、个性发展都具有积极的推动作用，直接影响到学生的学习兴趣、学习态度和学习效果，影响学生世界观、人生观、价值观的形成，对学生身心健康发展有着长远的影响。一个优秀班集体的产生，必然要通过班级成员的共同努力。班主任在班级建设中的作用显得尤为重要，用丰厚的经验和耐心的引导，才能逐步培养起和谐、稳定、团结的班集体。学风建设应该以班集体建设为突破口，提升集体的凝聚力和战斗力，实现学生的自我管理、自我学习、自我服务、自我监督。班级内可以自主开展有针对性的学风建设活动，如班级集体自习，充分调动班级成员的学习积极性，在班级内营造良好的学习氛围，推动学生形成积极主动的学习习惯，从而提高学生的学习成绩；建立班级学习资源库，便于学生查阅借鉴，实现学习资源共享。班集体建设的根本目的，在于促进班集体成员的全面发展，要把建设具有优良学风的班级内化为学生的一种行为习惯，用和谐的环境来影响学生、塑造学生。

3. 宿舍文化

学生宿舍是大学生学习、生活的重要场所。创建学习型宿舍文化是高校宿舍文化建设和学风建设相辅相成的积极探索。学习型宿舍文化建设首先需要提供便利完善的设施条件。如在学生宿舍区内开辟 24 小时自习室，并设立勤工俭学岗位或者派驻专兼职负责人管理，方便学生随时学习，在一定程度上也能缓解因为生活作息不一致导致的宿舍矛盾；同时开设学术交流场地，供学生聚集探讨专业问题，从而打破宿舍或班级的限制，便于学科融合和思想碰撞；在学生宿舍区的学术交流场地内定期举办学术交流讲座，邀请专业教师在学生宿舍区定期举办沙龙活动，介绍学科前沿和研究热点，介绍自身研究方向，搭建教师和学生之间的互动交流平台，营造浓厚的学术氛围。另外，需要加强学生宿舍内的建设和评比，倡导学生自主提出宿舍管理及文明宿舍建设，在此基础上制订文明宿舍评比方案，并形成长效机制，对学生宿舍实施双周评比制度，从宿舍卫生、宿舍安全保障、宿舍文化等方面考评，以加强宿舍文明建设，实施宿舍文明建设达标制，营造好的宿舍生活和学习氛围，促进学生健康成长和全面成才。

（三）生涯目标驱动，焕发学习指引力

学风建设要通过完善的制度去规范，通过良好的环境去培育，更重要的是通过清晰的目标去引导。制度和环境好比学风建设这台“电脑”的“硬件”，是建设良好学风必不可少的客观条件，但如果没有学习目标这一“软件”作为核心驱动，配置再高的硬件也是形同虚设。学生缺乏学习目标，是学风不正、不浓的主要原因。值得注意的是，不是有了目标就一定有好的学风、好的成绩，如果目标设置不合理，也许能够激起一时的学习热情，但难以建立持续良好的学风。目标定得过低，不利于制订中长期的学习计划；目标定得过高，又容易受到打击而变得气馁。因此，帮助学生建立起清晰、合理的学习目标，是创造优良学风的关键因素。

1．短期目标

短期目标是指现阶段有能力在一定时间内完成的、清晰明确的目标。学习成绩是学风建设的晴雨表，对学风建设而言，当务之急就是提升学生的学习成绩。一方面，学习成绩的好坏是学风建设成效的重要体现，学生的学习成绩上去了，能在很大程度上说明学校具有良好的学风；另一方面，学习成绩的提升有助于学生建立起自信心，肯定自身能力，从而以更积极的姿态去完成更长远的目标。学校、学院应当着力引导学生制定学习成绩目标，鼓励年级学生干部、学生组织学生干部甚至各班普通的学生学会为自己制定期末绩点目标，并公示出来，加强自我目标实现力与他人的监督作用。

2．中期目标

如果把学风建设的目标简单、狭隘地认为仅仅是学生学习成绩的提升，则难以真正创造优良的学风。大学的学习不同于高中阶段，学习成绩只是丈量学生综合素质的一个维度，专业能力才是评判学风建设水平的三维坐标。如果说短期目标是帮助学生制订好一个学期的学习计划，那么中期目标的时间跨度应当拉长到整个大学生涯，学生要循序渐进地规划好每一个学年的专业能力提升目标。一年级扎实做好专业启蒙，打牢专业基础；二年级进行专业教育深入普及；三年级找准适合自己的专业方向；四年级将专业能力与职业能力相结合，为步入社会做好准备。重要的是，在每一个阶段都要将当前阶段的学习纳入整个大学生涯中做全盘考量，在不同阶段有不同侧重，从而培养好学生的专业能力。

3．长期目标

大学阶段的学习不仅是为了过好大学生涯，更多的是为了即将到来的职业生涯，乃

至漫长的人生去做准备。因此，一旦能够帮助学生确立真正的长期目标，学风建设所能起到的促进效果将远大于短期目标和中期目标。人的一生很长，很少有人能清晰认识到自己今后要走的路，但不妨去树立一个积极、远大的人生目标，只要它能够在当下赋予学生坚定的信念，就会对其综合能力的提升起到很好的促进作用。譬如，想要考研的学生一定要尽早树立目标，制订学习计划；想要直接参加工作的同学则要尽早确定想要从事的行业，有意识地储备相关的专业能力和实践经历。学校要促使学生学会树立自己的学业生涯与职业生涯目标，从而焕发促进学生学习的指引力。

三、全方位育人

在学风建设的环节中，优良育人氛围的打造至关重要，它具有陶冶、凝聚、规范、导向和激励等功能，使生活在其中的每一位师生有意无意地在思想观念、行为方式、价值取向等方面受到影响，实现着对人的个性品质的塑造。高校可以通过先进模范引领、网络思想引领、学生分类引领三大途径，营造全方位育人氛围。

（一）先进模范引领，树起榜样的硬标杆

通过树立典型，发挥党员、学生干部的先锋模范作用。不同于来自学生群体外部的教育和引导，身边的榜样力量有时更能够唤起学生对学习重要性的认识，在学风建设中产生积极的影响，树立榜样的硬标杆，对需要帮助的同学和后辈起到“传帮带”作用。具体可以从以下三个层面开展工作。

1．模范队伍培育

学生党员和学生干部是学生群体中相对优秀的一部分，他们既是学校学风建设政策的宣传者，又是学生管理工作的协助者，还是校园第二课堂活动的组织者和领导者，他们在学校学风建设工作中起着重要作用。

第一，需要建立严格的选拔与管理机制，确保这支队伍的质量。在选拔时须全面综合评估，对动机不纯的学生坚决抵制；在管理上，实施考核与奖惩制度，在内部树立典型，形成良好的工作氛围，建立一批乐于奉献、服务意识强的示范队伍。

第二，定期组织相关培训，提高队伍成员的综合素质。可分类别设计培训内容，在低年级时可对其进行沟通与理解能力、组织与协调能力的培训；在高年级时则可通过开展讲座等来加强领导力和归属感，树立他们的权威，使他们最大限度地发挥桥梁纽带作用。

第三，需要注重在实践中锻炼育人，为他们提供良好的工作环境和发挥作用的条件，鼓励其通过参加社会实践、公益活动、挂职锻炼等方式，把理论知识运用于工作中，在实践中增强应变能力和创新意识，同时对塑造大学生正确的世界观、人生观、价值观有着重大意义。

2．模范典型挖掘

根据学校学风建设的具体情况，开展学风建设“模范引领”专项工程，可在不同时间段，针对不同对象进行相关评比活动。比如可在每学期末进行优秀学风班级评比，从班级学风建设方案、学习成效、日常表现等方面进行考核，遴选出优秀学风集体；又比

如在每学年开展“十大杰出青年”的评选活动，设立“全能之星”“学术之星”“学习之星”“公益之星”等奖项，通过学生个人申报、网上投票、公开演讲现场投票、学院审核等环节，最终选拔出富有朝气、充满活力、形象正面的杰出青年。

3. 模范作用发挥

在模范典型树立之后，应集中利用各种宣传手段深入宣传，并在宣传先进事迹的基础上，深入挖掘其精神内涵，引导学生在受到典型人物感染的同时，进行理性思考，使之受到思想政治方面的启迪和教育，使先进典型的精神理性化，促进学生学习活动的深化，通过榜样的力量激发学生动力。大力宣传模范典型，深化向先进典型学习的活动，并注意收集来自各方面的反映，特别是典型所在班级的反映。在宣传手段上可采用线上线下相结合的形式，发挥模范典型的引领作用。线上利用微信公众号、易班等学生常用的新媒体平台，对典型事迹进行广泛深入的宣传报道；线下通过开展多层次的模范引领分享会，让模范们切实发挥作用。比如，在新生入学教育时可开展模范引领师兄师姐分享会，邀请模范分享他们在校期间的体会和感悟，通过师兄师姐模范引领传递成长正能量，引领新生找到好品行的标杆。

（二）网络思想引领，建起思想教育的新生力军

随着近几年网络新媒体技术的发展，网络舆论氛围逐渐成为影响学生群体思想意识和学习心态的一股强大力量，而网络思想政治教育工作越来越成为思想政治教育的重要工作模式。2016 年 12 月全国高校思想政治工作会议中，习总书记对于开展高校思想工作提出四个要求，其中一点就是要运用新媒体技术使工作活起来。打造网络育人课堂，加强网络舆情监控和引导，在网上唱响主旋律传播正能量，做好网络思想引领，对促进学风建设发展的积极作用毋庸置疑。网络育人课堂能够发挥即时性、移动性、互动性等网络特点，可以紧密契合当代青年学生“无人不网、无处不网、无时不网”的生活状态；又能充分发挥线上线下班级同构、学习生活资源同步、教师学生交流同行等独特优势，把社会主义核心价值观落实为线上线下活动，落实为数以百计千计的应用功能、讨论议题和网络作品，从而最终落实为满满的网络正能量和昂扬的青春中国梦。

1. 开展网络活动

网络是高校开展第二课堂教育的重要阵地，如何结合学科特点，以学生特点和需求为主线，紧密依托新媒体资源，开展学生喜闻乐见、愿意参与的网络文化活动，促使学生在实践中最大化感受和体验学风建设的活力和魅力，构建良好学风体系，是高校开展网络活动的重点。首先，在设计活动时，须把握大学生的成长规律、思维方式和时代特点。既要看清大学生群体思想状态健康向上这个主流，做到充分信任、充满信心，又要把握好大学生群体由于自身的青年属性而带来的共性特征，例如求知欲强、思维活跃、社会生活经验还不够丰富等。还要注重摸索大学生群体的时代特点，比如直接表达个人观点和利益诉求的意愿强烈，知识和信息储备更加丰富，等等。研究活动对象的特征，可谓“磨刀不误砍柴工”，为如何有针对性地开展活动指明了方向。其次，利用重要时间节点开展活动，比如迎新时、军训时、毕业季和一些传统节日等，向大学生推送精选网文、知识竞答、在线互动环节，让网络活动融入大学生日常生活。最后，注重品牌活

动的打造，形成品牌效应。如现在很多高校开展的特色网络文化节活动，如校园好声音网络大赛等系列活动，以学生喜爱、能黏住学生的方式，加强学生网络素养提升，打造青年之声平台，推动线上线下交流互动。

2. 培养网络队伍

队伍建设是做好网络思想政治教育的“牛鼻子”，辅导员和学生网络评论员是网络思想政治教育工作队伍重点组成部分。在辅导员队伍培养方面，要遵循教育部关于辅导员群体的职业标准，培养一批行家里手。一要办好技能“培训班”，有计划地组织专家、学者和相关工作者开展专题培训，既要讲一般性的理论和技能，也要有鲜活的实践经验，为提升辅导员的工作能力夯实基础。二要搭好实践“大平台”，通过开辟网络思想政治教育产品输出渠道、创办专项工作室等方式，引导更多思想政治工作者从事网络思想政治教育工作。三要用好评价“指挥棒”，改进职称评审，探索建立将优秀网络文化成果纳入科研成果统计、职称评聘、评奖评优范围的基本标准和工作机制，形成长效激励机制。

在学生队伍培养方面，着力培育学生网络意见领袖群体，建立起以意见领袖群体为核心，以校园学生骨干和网络文明志愿者为支援的青年队伍。高校要围绕“值得捧、愿意捧、善于捧、捧得起”来做好引导和服务工作。“值得捧”是从能力培训的角度看，通过培训学习，让青年队伍成为有理想、有品行、有态度、有积淀、有文笔、有技巧的群体，让他们个人及其作品都值得大力宣传。“愿意捧”是从态度养成的角度看，让青年队伍面对舆论争议不惧网络“泥沙俱下”，敢于走上前台清晰呐喊发声，也要让高校相关部门给予他们充分的荣誉认可和后勤保障。“善于捧”是从制度保障的角度看，畅通相关渠道，建立各类平台，出台完善制度，充分调动青年队伍的工作积极性，让他们在校园网络传播圈内多发声、能发声、发得响。“捧得起”是从成果展示的角度看，出成果、出典型、成风尚，要大力培育和表彰青年网军中的优秀分子，让先进典型发挥先锋模范带头作用，共同营造良好校园风尚和风清气正的网络空间。

3. 打造网络产品

高校网络思想政治教育的本质是深入学生的网络精神生活之中，做一些有针对性和实效性的指导，或者提供一些健康的精神产品，以丰富和满足学生的精神需求。在实际操作过程中，可依托学校网络文化工作室，打造融入核心价值观及传统文化教育和具有时代感的网文、漫画、视频等网络文化产品。

针对当代青年学生主体意识强烈，不喜欢被灌输说教，崇尚追求自我展现这一特点，网络产品的设计开发要秉承开放、共建、共享的理念，把学生作为主体，探索形成一套充分发挥大学生首创精神的创新驱动机制，使学生能自主开发各类网络应用功能，创造各种网络文化产品，把自己创造的各种教育资源加入进来，从而形成强大的“教育物流网”，以此着力提高学生实践创新能力，同时在潜移默化中引导学生创造各种符合自身接受意趣的网络文化教育产品。

4. 建设网络平台

针对网络新媒体的发展趋势，高校网络平台建设与管理要与时俱进，不断探索工作的新思路、新方法，坚持“主动积极、正面引导、加强管理、趋利避害、为我所用”的方针，着力建设网站、微博、微信、易班等新媒体平台，传播社会主义核心价值观，用科学理论武装大学生头脑，增强他们的敏锐性和政治鉴别力。同时，搭建各班级、各学生组织、各党支部的网络阵地，在形式上严格实行用户实名注册制度，增强大学生的自我约束感及社会责任感。此外，形成微博矩阵、微信联盟及易班体系，发挥好学校官方微博、微信和易班的作用，建好学工系统微博群和辅导员个人微博、微信公众号，架起联动交流桥梁，并通过思想引导、专业辅导、实践指导、困惑疏导，积极搭建大学生思想政治教育新平台。

（三）学生分类引领，贯彻因材施教的育人理念

学风建设须坚持因材施教、因人施教的原则，针对不同年级特点和不同层次学生的特点，教务与学工部门要有针对性地开展联动，推进学风建设工作。

1．根据大学不同时间阶段学生特点，实施分类引领

针对大一年级的学生，应重点抓好新生适应性教育，培养优良学风，做好大学生职业生涯规划教育，开展综合素质拓展活动；开展学籍、学分制、培养计划等新生认知教育，使他们了解选课、毕业等相关教学管理政策，大量引入学业警告、延长学业等事例教育，提前敲响警钟；可组织专业造诣深厚、教学经验丰富的专业负责人、系主任等，为新生开展专业认同教育，加深学生对专业特点、专业特色、就业方向等的了解，使学生明确学习目的，树立专业理想，形成专业认知。

针对大二和大三年级的学生，应重点抓好学习技能的培养，大力宣传和表彰学风建设过程中涌现出的先进典型，积极帮扶学业困难生，继续培育优良学风。同时，应及时掌握学生学习情况，做好成绩分析，以便有针对性地开展教育引导和帮扶工作。

针对大四年级的学生，应重点抓好学生的就业工作，保障毕业论文质量，确保学生顺利毕业。加强毕业论文设计的组织管理，做好毕业资格审核，做好学生外出求职、实习与完成毕业论文设计的协调；加强就业教育与指导，提高学生就业质量和就业工作满意度。

2．根据大学生个体发展差异性，实施分类引领

主要从学生党员、学生干部、家庭经济困难生、学业困难生四个方面，加强学生分类引领工作。

在学生党员方面，通过加强党支部建设，充分发挥党员带头模范作用，优化支部建设，采取纵向管理模式，充分强化不同年级党员之间的交流学习，形成“以老带新”局面，并保证支部建设的先进性和稳定性。

在学生干部方面，加强团委学生会、各学生组织、年级委员会和班级主要干部的选拔考核，以学习成绩作为干部选拔的重要指标之一，严格选拔出一批品学兼优的学生干部，促进学生对学习重要性的进一步认识。严格执行学生干部考核，对有需重修课程和绩点较低的学生采取自动退免机制，对成绩优、工作佳的干部进行表彰，使学生干部真正成为学风建设的“领航人”。

在家庭经济困难生方面，可依托学校勤工自强学生组织，做好贫困生自我管理、自我服务及自我教育。建立自强书库，为贫困生解决实际困难。建立自强小组，将所有获

得国家励志奖学金、助学金的学生按年级专业分成不同小组，制定相关管理制度，实施贫困生跟踪、引导，同时指导各组开展贴合贫困生需求的活动，对自卑贫困生、成绩差贫困生实施针对性训练。开展诚信自强之星评比，做好贫困生强能工程，以提高贫困生的综合素质和竞争力。

在学业困难生方面，实施学业预警机制，针对不及格科目较多者，认真帮其分析原因，坚持月谈话制度，监督跟进，并积极通报家长，发挥家校联动合力。同时，可采取导生（学业成绩优秀的学生）跟进制，通过指派导生对成绩较差的学生开展“一对一”帮扶活动，适当采取团体辅导的形式，帮其提高认识，建立信心。

案例分析

自制与自强

某重点高校大二年级学生小林，由于缺乏自制力和良好的学习习惯，经常旷课在宿舍睡懒觉。到第三学期已累计“挂科”多门，按照学生管理规定已濒临退学，小林本人也认识到问题的严重性：万一因为“挂科”过多学分不够毕不了业甚至退学，自己该何去何从呢？但过了一段时间后，小林就渐渐丧失了警惕性，还是回到之前的状态：晚上很晚睡，即使第二天有课，睡觉还是可以一直睡到中午，甚至有一次，第二天有考试，都差点睡过头。告知小林家长其在校情况后，家长也非常着急，但由于家离学校较远，家长也只能在电话里提醒小林。

【启示】

问题的严重性：小林如果持续这样下去，不仅之前的课程难以重修通过，现在及接下来的课程也可能会继续“挂科”，最后的结果必然是不能顺利毕业，这种情况必须要及时进行干预。

问题出现原因：首先排除了学习能力弱的因素，根据能够考上重点大学这一点，以及周围同学对小林的学习评价，可知小林的学习能力是没有问题的，目前最主要的原因仍在于小林的自制力太差。大学的环境稍显宽松自由，没有了类似高中时期家长、教师的约束，小林渐渐“随心所欲”，即使从多个层面认识到问题的严重性，仍然没法有所改善。

是否还有其他原因，例如家庭因素、心理因素及学习兴趣等导致小林不想学习，小林没有多说，这有待进一步聊天探究。

处理方法：

首先，保证课堂出勤。如果不上课，没有掌握课堂教学内容，学习起来自然很困难。要严格课堂考勤制度，班级学习委员每天记录考勤情况并汇报，及时了解小林的课堂出勤情况。经过几次谈话，严厉批评制止小林无故逃课行为后，小林后期基本能按时参与课堂学习。

其次，保证学习效率。小林在落下课程后肯定对相关知识的掌握有欠缺，如若没有及时解决，很难保证学习效果。在学院开展的导生帮扶活动中，特安排学习优秀学生跟进帮扶小林，为其答疑解惑，帮助小林提高学习成绩。

最后，设立相应的评比激励，对小林的进步予以肯定，唤起其内在的学习动力。同时定期与小林父母沟通其学习状态，通过父母继续鼓励小林，循序渐进，提升学习自制力。这一个学期，小林并没有出现“挂科”的现象，而且总绩点也有了很大提高。

案例启示：

第一，辅导员作为与学生接触最为密切的教师，应熟悉了解学生的基本情况，加强对学生的教育和管理，尤其要在学生学习行为上严格管理和要求，引导学生形成良好的学习习惯。

第二，针对不同学业问题的学生要分门别类采取措施，有些通过谈话重视即可解决，有些需要一对一学业辅导，而有些要进行重点干预。情形不同，需要各个击破，有针对性地采取措施。

第三，学风培育是一个系统工程，个别学生的学业问题也需要通过管理制度约束、外部环境影响及内部学习动力激发等多个方面多管齐下。

案例分析

一名标杆学生的毕业“难题”

小力，男，某高校某专业大四学生，在校期间，学习成绩优异，多次获得优秀学生奖学金，并获得光大奖学金，同时辅修会计专业双学位，顺利取得会计专业学位，担任学习委员、低年级班主任助理，做事认真负责，并与专业对口的大型企业签约。近期，辅导员接到该生毕业设计指导老师的电话，反馈该生没有按照时间节点提交相关资料，并且不接老师电话、不回信息。接到反馈后，辅导员迅速通过指导老师进一步了解到，在年前毕业设计的任务和要求就已经告知小力，年后开会查看学生的进度时，小力一直没有露面，只是通过QQ发送信息告诉老师自己的速度慢一些，会在后面跟上，但一直到了距离答辩还有不到一个月的时间，小力仍然没有把作品给老师查看，并且不接老师电话、不回信息。辅导员通过与小力沟通了解到，小力因毕业设计遇到技术问题，自己多次尝试无法解决，继而向同学求助但受挫，从而产生逃避问题、深感挫败等现象。

【启示】

这是高校部分“好学生”会遇到的情况，他们很多时候表现优异，成绩突出，解决问题能力强。但是，能力强不代表不会遇到问题，当他们遇到问题而自身又无法解决时，会出现内在自我与外在期待的冲突，这个时候学生会遭遇打击，从而一蹶不振。案例中，小力在校期间成绩优异、工作突出，在周围同学眼中，这么优秀的学生都能自己解决问题。但是，当小力无法解决在普通同学看来很容易的问题的时候，内心是难以接受的。如果他们对于失利的情况估计不足，则有可能一蹶不振。所以，高校辅导员要对这一类学生做好心理辅导，让他们看到生涯发展中不确定的一面，勇于正视问题、解决问题。案例的解决方法如下：

第一，及时关注。遇到问题反馈，第一时间与反馈人深入了解情况，查阅学生的档案记录材料，了解学生的详细情况，同时与该生的同学、家长建立联系，全面了解学生的近期表现，依据掌握的情况，分析可能的原因，做好前期准备工作及应对措施。

第二，建立信任。案例中问题的提出，并不是小力主动联系辅导员寻求帮助，而是通过其指导教师的反馈发现问题，由此可以看出：一方面小力自身还没有意识到问题的严重性，没有想要主动借助外力解决问题；另一方面处理这个问题的前提需要和小力建立良好的信任关系。在处理过程中，辅导员通过多次沟通交流、谈心谈话，找到问题的切入点，让学生感受到辅导员和他是站在同一战线上的，是真心帮他解决难题的。

第三，注重引导。案例中辅导员通过举例、反馈等方式，与该生的不合理信念进行辩驳，引导该生进行深入思考和反思。让学生认识到任何人都会遇到问题，当遇到问题，现实与期待不匹配时，需要去调整自己，学会更好地接纳自己。

第四，环节把控。推动事件的发展，需要给予学生一定的时间，辅导员只要把控好环节节点就好。案例中，辅导员首先通过目标导向，让小力认识到问题的重要性和紧迫性。其次，给小力下一步行动指明方向，建议小力主动寻求同学和指导教师的帮助。在此过程中，辅导员没有要求小力立即去实行，而是给予小力更多的时间思考、反思。辅导员此时的工作就是做好学生的后盾及服务，帮助小力重拾信心，等待小力自己认识到问题的严重性和重要性，想通了其中的关键节点，再一起联系指导教师解决问题。

第五，及时反馈。建立及时反馈机制，让学生对事情的进展、处理情况进行定期或不定期反馈，同时，与学生的家长、导师、同学建立联系，进行沟通，多方面了解学生的情况。

第六，回归核心。大学是学生生涯发展的关键阶段，辅导员在日常开展思想教育工作时，需要借助专业的知识、成熟的理论作为基础，通过主题班会、实践教育活动、体验式教育、朋辈引导分享等方式，加强教育引导，不断提高学生的思想水平、生涯意识。

思考题

1. 学风建设是一个系统工程，涉及的因素很多。辅导员在学风建设方面如何做好自身定位？
2. 学生学风不好会给辅导员工作带来什么挑战？有哪些后果？
3. 辅导员如何进行分类指导，促进学风建设？

第六章
日常事务管理

管理日常事务是辅导员工作的重要组成部分，是维护正常的高校教育教学秩序、促进学生全面发展的重要保证。辅导员要善于运用各种新的工作载体和新思路，构建符合新时期大学生特点的日常事务管理模式和工作方法，增强辅导员工作的针对性和时效性，保障校园正常教学与生活秩序，保证大学生身心健康成长和学习任务的顺利完成，促进学生成长成才，为培养社会主义事业建设者和接班人做出贡献。

第一节　日常事务管理的基本工作

根据《普通高等学校辅导员队伍建设规定》（中华人民共和国教育部令第 43 号），辅导员的基本日常事务工作主要包括：开展入学教育、毕业生教育及相关管理和服务工作；组织开展学生军事训练；组织评选各类奖学金、助学金；指导学生办理助学贷款；组织学生开展勤工俭学活动，做好学生困难帮扶；为学生提供生活指导，促进学生和谐相处、互帮互助，以及新冠疫情期间，辅导员按照要求做好校园疫情防控各项工作，做好学生防疫和个人健康防护的宣传教育。由此可见，辅导员基本日常事务工作的范畴涵盖广泛，涉及学生学习、生活的方方面面，是学生顺利学习、健康成长的重要保证，是学校安全稳定的重要保证，是高校思想政治教育管理育人和服务育人目标实现的重要途径。

一、日常事务管理的意义

学生基本日常事务工作既是辅导员工作的重心，也是高校教育教学的重要组成部分，在人才培养、维护社会和学校稳定等方面都具有重要的意义，它既直接关系到大学生思想政治教育的成功与否，也是关系到高等教育质量好坏的关键一环。

（1）日常事务工作是保障校园和谐稳定的关键一环。

高校校园就是一个小社会，校园内的每一个学生个体来自不同的地方、不同的家庭，每个人都拥有不同的生活习惯、不同的家庭条件和不同的兴趣爱好和对事物不同的观点看法。当这些个体汇集在一个校园、一个班级和一个宿舍的时候，矛盾、冲突与困难就交织在一起，尤其是新冠疫情期间，校园管理严格，学生出入受限，这些都会导致学生出现心理问题、人际关系问题、学业问题和生活问题等，这些问题如不能及时介入和处理，会严重影响校园的和谐与稳定。这就需要辅导员利用新生入学教育、困难学生帮扶及校园生活指导等日常事务工作，帮助学生尽快适应校园新环境，解决他们在校期间遇到的各类困难，消除学生之间产生的各类矛盾与冲突，排解学生的困惑，营造良好的学习与生活氛围，构建和谐有序的校园环境。

（2）日常事务工作是高校人才培养的有力保障。

高等教育的根本任务是人才培养。辅导员日常事务工作的根本目的就是要从社会和学生的需要出发促进学生成长发展，实现学生事务管理对人才培养的贡献率，实现学生成长。引导大学生勤奋学习、善于创造、甘于奉献，保证大学生在社会、体力、智力、职业、情感和精神等方面得到健康发展，使一批又一批大学生成为德、智、体、美全面发展的社会主义合格建设者和可靠接班人。①

（3）日常事务工作是辅导员自身能力提升的有效途径。

辅导员的日常事务工作繁杂且忙碌，涉及学生的学业引导、奖勤助贷、班级建设、宿舍管理、创新实践、就业指导、疫情防控、安全稳定等方方面面，经常是“两眼一睁，忙到熄灯”。如此高强度、高复杂性的工作对辅导员来说既是一种压力，又是一种挑战，更是一个自我能力提升的契机。一方面，辅导员在各种学生日常事务管理工作过程中需要与学校其他各部门联系与沟通，有助于辅导员学习、了解和掌握其他部门的工作内容、工作流程、工作制度和工作方法，锻炼工作能力。另一方面，尽管日常事务工作繁多，但辅导员可以“知难而进，忙而不乱”，在具体的工作中总结经验，找寻规律，处理好思想政治教育和事务性工作之间的关系，创新工作思路与方法，提高工作效率，提升辅导员职业化与专业化水平。

（4）日常事务工作是辅导员做好服务育人工作的根本保证。

管理就是服务。辅导员的服务育人工作是一种超出了服务态度，出自真情、充满感情、视学生为亲人的服务；是一种打破了时空局限，多维度、多层次、形式多样化的个性服务。辅导员“一句温暖的话语、一个体贴的动作、一个动人的微笑、一个关怀的举动、一个会意的眼神、一滴真情、一点帮助都让学生感动”②。因此，辅导员在日常事务工作中要以“一切为了学生、为了学生一切、为了一切学生”为根本工作思路，树立服务意识，提高服务质量，为学生解难事、办实事，做好服务育人工作。

二、日常事务管理的基本任务

辅导员的基本日常事务工作任务繁多，主要包括新生入学教育、奖勤助贷与贫困家庭学生资助、宿舍管理、安全教育、社会实践教育、毕业生教育与就业指导、学生疫情防控与健康教育等方面。

（1）做好新生入学教育工作。

新生入学教育是指新生入学后，学校依据培养目标和大学教育的特点，针对学生在

① 漆小萍．中国高校学生事务管理［M］．广州：中山大学出版社，2011：26.

② 漆小萍．中国高校学生事务管理［M］．广州：中山大学出版社，2011：27.

思想、学习、生活、心理等方面的变化和要求开展的一系列工作，是大学生日常思想政治教育的一个重要环节。[①] 新生入学教育的效果将直接影响到学生能否尽快适应校园新环境，顺利实现由中学生向大学生的转变，甚至会影响到学生未来四年的成长与发展。新生入学教育工作主要包括校史校规教育、专业教育、转型教育和理想信念教育等方面。

（2）关注贫困家庭学生，构建资助体系，做好“奖、勤、助、贷、补、减”工作，帮助经济困难学生顺利完成学业。

贫困家庭学生帮扶工作是辅导员日常事务工作中的重要组成部分，既关系到贫困学生能否顺利完成学业、能否身心健康成长，也关系到校园能否稳定、社会是否公平。因此，辅导员要重视贫困学生资助工作，常抓不懈，保证“不让一名学生因贫困而辍学”。贫困学生资助工作主要包括贫困生认定、勤工助学、奖助学金评定、助学贷款、助学扶志、困难补助等方面。

（3）加强宿舍管理，构建和谐友善、积极健康、整洁安全的宿舍文化与宿舍环境。

宿舍是学生共同生活与学习的重要场所，大学生约有一半的时间是在宿舍里度过的，一个和谐健康、团结稳定、整洁安全的宿舍环境将直接影响到学生的成长成才和校园的安全稳定。辅导员应当在充分了解宿舍各成员的情况下，优化宿舍管理水平，强化学生的主人翁意识，营造健康的宿舍氛围，增强学生对宿舍的归属感和认同感。宿舍管理工作主要包括宿舍文化建设、宿舍安全教育、宿舍卫生检查、宿舍走访等方面。

（4）加强大学生安全教育，提高学生的安全防范意识和能力，维护校园的安全和稳定。

近些年来，高校内安全事故时有发生，不仅给学生及其家庭造成难以弥补的伤害和损失，也扰乱了高校正常的秩序与工作。因此，辅导员应当积极开展各类安全教育工作，增强大学生的安全意识和自我防护能力，维护学生的安全和校园的稳定。大学生安全教育工作主要包括治安安全教育、消防安全教育、遵纪守法教育、心理健康安全教育和意外伤害安全教育等方面。

（5）深入开展社会实践工作，帮助大学生学以致用，在社会实践过程中做贡献、受教育、长才干，增强社会责任感。

大学生社会实践活动是青年学生按照学校培养目标的要求，利用节假日等课余时间参与社会政治、经济、文化生活的教育活动。[②] 社会实践工作是思想政治教育工作中的重要环节，对于促进大学生了解社情国情、增长才干、奉献社会具有不可替代的作用。辅导员要积极探索实践育人的长效机制，建立社会实践与专业学习相结合、与服务社会相结合、与勤工助学相结合、与择业就业相结合、与创新创业相结合的管理体制，增强社会实践活动的效果，培养大学生的劳动观念和职业道德。[③] 社会实践工作主要包括实践基地建设、组织指导“三下乡”活动、组织学习参观活动和志愿服务活动等。

---

① 杨振斌，冯刚. 高等学校辅导员培训教程［M］. 北京：高等教育出版社，2006：66.

② 杨振斌，冯刚. 高等学校辅导员培训教程［M］. 北京：高等教育出版社，2006：110.

③ 引用自《中共中央　国务院关于进一步加强和改进大学生思想政治教育的意见》（中发〔2004〕16号）。

(6) 加强毕业生教育与就业指导工作，帮助学生树立正确的就业观与择业观，提升学生的就业竞争力。

辅导员要重视毕业生教育与就业指导工作，帮助学生树立正确的人生观、价值观和就业观，引导他们到基层、到西部、到祖国最需要的地方建功立业。做好就业困难学生的帮扶工作，推荐就业单位，帮助他们树立就业信心，提升就业技巧，尽一切力量实现“全员就业”目标。毕业生教育与就业指导工作主要包括就业指导、就业服务、就业帮扶、文明离校等。

(7) 做好新形势下学生疫情防控和健康教育管理工作。国家疫情防控进入新阶段，新型冠状病毒感染调整为“乙类乙管”，辅导员要认真学习《关于对新型冠状病毒感染实施“乙类乙管”的总体方案》和教育部《学校新型冠状病毒感染防控工作方案》等文件精神，及时向学生传达阐释，教育引导学生要树立“健康第一”的理念，养成健康生活习惯，做好日常监控检测，当好自身健康第一责任人。

三、日常事务管理的目标

1. 新生入学教育工作的目标

(1) 帮助学生尽快适应角色的转变。与中学生不同，大学生具有成年人与准社会人的双重身份，人们对大学生的要求、期望和标准都有所提高。新生入学后，大学生必须要逐步完成从中学生角色向大学生角色的转变，而转变的速度、水平和效果将会直接影响大学生未来的个人发展、生活质量及身心健康。因此，需要辅导员充分利用新生入学教育契机，帮助大学生形成正确的自我认知和自我评价，调整心态，提高自我调适能力，顺利完成从中学到大学的过渡。

(2) 帮助学生适应生活与环境的变化。大学的校园生活方式和校园环境与中学时期有着巨大的区别。中学主要是走读，即便住校也是以“星期”为单位，学生的饮食起居主要还是由家长照顾和安排，学生生活的家长参与度与家庭依赖性较高。到了大学，学生基本以“学期”为单位住在远离家庭的异地校园内，家长、家庭对学生生活的影响淡化，学生必须独自面对气候、习俗、饮食、语言等差异。这时候就需要辅导员在入学教育工作中引导新生学会独立、学会适应、学会合作，帮助学生尽快适应新生活与新环境。

(3) 帮助学生适应学习方式的变化。与中学时期相比，大学的学习任务、学习内容、学习方法及教师的教学方式、教学风格等都发生了巨大的变化，由之前“死记硬背灌输式”的学习方式转变为“启发灵活自主式”的学习方式。因此，辅导员在入学教育之时，要帮助学生了解专业培养方案和课程设置，介绍大学教学特点和学习方法，指导新生科学地利用学习时间和校内各种学习资源。

(4) 帮助学生适应人际交往的变化。人际交往问题是很多大学生初入大学时面临的第一道难题。中学时期的人际交往形式简单、范围狭窄，仅仅是学习之外友谊与亲密关系的简单延伸。到了大学，人际交往成为大学生活的重要组成部分，人际关系的复杂度、重要度都极大提高。交往困惑或交往困境成为诸多大学新生面临的难题，若处理不当极易导致学生心理失衡、同学失和、校园失序，影响校园的和谐与稳定。

（5）帮助学生适应高校管理模式的变化。高校的教学管理模式和日常管理模式与中学相比有着巨大的不同。高校教学上实行学分制，学习形式松散多样，更加注重自我学习。日常管理上也更加强调自我管理和自我服务，学生有着更大的自由度，对其自我约束能力的要求也就越高。这就需要新生必须通过学生手册与高校管理制度的学习，了解学校的政策制度和具体管理方式，明白何事可为、何事不可为、遇事怎么为。

2. 贫困家庭学生资助与勤工助学工作的目标

（1）帮助贫困家庭学生顺利完成学业，确保社会稳定和教育公平。根据《中共中央　国务院关于进一步加强和改进大学生思想政治教育的意见》的要求，高校要加强对经济困难学生的资助工作，以制度为保障，形成以国家助学贷款为主体、多种资助政策并进的助学体系，帮助经济困难大学生顺利完成学业，从起点上为学生的未来发展赢得公平的机会。

（2）培养学生自强自立的精神品质。助学工作的核心在于扶志。将经济困难学生资助工作与思想政治教育、感恩教育、励志教育、社会实践教育结合起来，既能解决他们的经济困难实际，又可提升他们的社会竞争力和自我“造血”功能，凭借自强自立的精神获得更好的成长与发展。

3. 宿舍管理工作目标

（1）建设文明和谐、安全稳定、积极向上的宿舍氛围。学生宿舍既是学生生活与学习的场所，也是开展思想政治教育和安全教育的重要阵地。加强宿舍管理，营造积极健康的宿舍文化氛围和友善和睦的人际交往场所，注重宿舍防火、防盗、防骗、卫生和用电安全教育，将宿舍打造成学生的心灵港湾、安全港湾、学习港湾和生活港湾。

（2）建立学生宿舍管理制度，提高宿舍管理效果。制度建设是学生宿舍管理的重要组成部分，辅导员在宿舍管理过程中，要善于集思广益、总结经验、提炼方法，将宿舍管理的好办法、好思路凝结成制度，使宿舍管理有章可遵、有律可循，用制度管理宿舍，以制度教育学生，全面有效地提升宿舍管理的效率和效果。

4. 安全教育工作目标

（1）构建安全和谐校园环境，维护校园正常秩序。加强大学生安全教育，一方面，既可以敦促学生从自身做起遵守法规校纪，还可以敦促学生相互监督与约束，举报和打击身边的违法违规行为，共建平安校园。另一方面，可以提高学生的安全防范意识和险情化解能力，减少和避免校内各类安全和意外事故的发生，维护学校的安全和稳定。

（2）普及安全意识教育和防范技能，提高学生自我保护能力。通过安全教育，大学生一方面可以知法懂法、明辨是非，不会误入歧途参与违法之事；另一方面也可以了解安全事故和意外发生的原因、特点和规律，掌握安全防范技巧和应对技能，提高自我保护能力。

5. 社会实践工作目标

（1）提高学生的学习积极性，学以致用。辅导员指导学生积极参加各类社会实践活动，可以帮助学生将课堂上的专业理论知识运用于具体实践，用实践检验知识，在实践中查找不足，在学习中实践，在实践中学习，从而进一步激发学生的学习积极性，弥补自身不足。

（2）提升学生的社会适应能力。社会实践要求学生走出“象牙塔”，走进“准职场”“准社会”。这不但可以使学生本身的知识技能得到巩固，使知识结构得到完善，而且可以促使学生检验自身行为模式、价值观念中与社会文化不相协调的部分，从而纠正自身的偏差，及时内化社会认同的文化规范和价值准则，从而提高自己的生存和适应能力，加速社会化，为将来真正走上社会做好准备。①

（3）增强学生的社会责任感和服务精神。社会实践中的“三下乡”、进社区等社会服务活动可以帮助学生了解国情、民情，培养集体主义观念和互助精神，引领广大学生坚定社会主义理想信念，积极投身全面建成小康社会伟大实践，努力成长成才、建功立业。

6. 毕业生教育与就业指导工作目标

（1）培养学生就业技能，提升就业竞争力。辅导员必须依据社会对人才的总体要求开展就业指导工作，加强就业政策解读、就业技巧指导、就业心理调适和就业困难帮扶，帮助学生了解就业形势、明确就业方向、熟悉就业流程、掌握求职技巧、调整就业心态，提升就业竞争力，提高就业数量和就业质量。

（2）提升学生的职业道德水平。职业道德是指人们在职业生活中所遵循的道德规范及与之相适应的道德观念、情操和品质。辅导员在毕业生教育和就业指导工作中通过开展诚实守信教育、爱岗敬业教育和服务意识教育等方式来提高学生的职业道德水平，帮助学生获得职场生活的“通行证”和职业发展的“催化剂”。

（3）加强毕业生离校教育，确保文明离校。文明离校教育是毕业生教育中的“最后一公里”，也是辅导员德育工作的“试金石”。能否文明离校，既是对学生道德水平和个人修养的严峻考验，也是对高校学生思想政治工作乃至学校各项工作成效的检验。② 辅导员通过思想教育、行政监督、人文关怀等方式，缓解学生的毕业压力和离校情绪，让学生开心离校、感恩离校、文明离校。

7. 新形势下学生疫情防控工作的目标

（1）引导学生正确认识校园疫情防控政策。辅导员要通过主题班会等形式，及时向学生解读新形势下校园疫情防控政策，引导学生正确认识国家防疫工作取得的成绩。做好学生心理健康教育和心理疏导，及时化解学生恐慌、焦虑等负面情绪。

（2）做好学生日常健康管理，教育学生养成健康生活习惯。辅导员要建立网格化管理机制，及时了解学生的健康状况，发现问题及时向学校相关部门报告。教育学生养成健康生活习惯，日常生活中坚持勤洗手、常通风、咳嗽礼仪、清洁消毒等良好卫生习惯，经常开展体育锻炼，保持文明健康绿色环保生活方式，引导学生树立“每个人都是自己健康的第一责任人”的理念。

---

① 杨振斌，冯刚. 高等学校辅导员培训教程［M］. 北京：高等教育出版社，2006：112.

② 李磊，梁树清. 高校毕业生文明离校教育探析［J］. 西北医学教育，2009，17（5）：1 016－1 017.

案例分析

抓住每个时机开展大学生日常思想政治教育活动

某高校抓住寒假有利时机，开展大学生日常思想政治教育活动。为了使寒假的校园里充满祥和温馨的气氛，“留校留收获、新春新起点”“向寒假坚守岗位的保安和后勤职工致敬”“温暖除夕夜、欢乐过大年”“相亲相爱一家人、高高兴兴度新春”等条幅被挂校园里显眼的地方。为了加强学生假期安全教育，通过学习《寒假安全自律公约》、召开寒假安全教育工作会等形式教育留校学生注意防火、防盗和人身安全，不在学生宿舍内私拉乱接电源电线、违规使用大功率电器、生火做饭及燃放烟花爆竹。考虑到寒假留校学生中经济困难学生多，为寒假留校学生发放生活补助，联系校内外的勤工助学岗位，设立“助学加油站”等勤工助学信息发布栏，组织勤工助学供需见面会。为了使学生度过一个温暖的除夕夜，学校领导与学生一起进行联欢并开展“除夕团圆饭”活动，最后向寒假留校学生赠送春节礼品。这些特殊时期工作的开展，增进了学生与学校的感情，提高了大学生思想政治工作的有效性。

【启示】

辅导员要抓住大学生活的每一个时机做好日常管理和思想政治教育工作。工作形式要灵活、要创新，要充满对学生的关心关爱，从学生自身需求角度出发去帮助学生排忧解难，去引导学生成长成才。在案例中，学校抓住寒假契机，在留校学生中开展传统文化教育、感恩教育和安全教育，帮助经济困难学生培养他们的自强自立精神，教育方式接地气、有感情，易于被学生接受，提升了思想政治教育工作的效果。

第二节　日常事务管理方法

一、新生入学教育工作

（1）注重入学前考察，提前了解学生情况，提高入学教育的针对性。一方面，在新生入学之前，辅导员应当详细查阅学生档案，了解学生的兴趣特长、家庭情况、学习成绩等信息，建立新生信息库。另一方面，在新生入学之初，辅导员要深入学生宿舍近距离与学生交流沟通，了解他们的精神状态和适应情况。这两方面相结合可以帮助辅导员制订科学、有效的入学教育方案。

（2）通过开展形式多样的特色活动创新教育手段，丰富教育方法。根据大学新生的兴趣、需求和思想状况设计一系列令大学新生喜闻乐见的特色活动，如迎新晚会、主题团日活动、主题演讲比赛、志愿者活动等，寓教育目的于活动之中，做到形式轻松，学生喜爱，才能易于被大学新生所接受，效果明显。

（3）开展专业教育，介绍专业现状及发展前景，激发学生学习兴趣。大学新生普遍对所学专业的具体情况了解不深，既不知学什么，也不知怎样学，更不知学了有什么用。因此，邀请学院知名教授、教学部门领导、优秀师兄师姐对新生开展专业教育讲座、座谈会和经验分享会，向他们介绍专业特色、人才培养目标、课程设置、学习方法、就业前景等，有助于新生了解专业状况，树立学习目标，激发学习热情，既“愿学”又“会学”。

（4）开展校史校情、校规校纪教育，增强学生的校园归属感和遵纪守法观念。组织学生参观校园、校史馆，参加校友讲座，了解校史校情，增强对学校的认同感和归属感。组织新生学习学生手册，了解学校的学籍管理规定、学位授予规定、考风考纪规定、违规处罚规定等内容，教育学生遵守校规校纪，维护校园稳定。

二、奖勤助贷与贫困家庭学生资助工作

（1）了解贫困学生家庭经济情况，建立健全贫困生档案。建立健全贫困生档案是开展奖勤助贷工作的基础。贫困学生的致贫原因各有不同：农村学生更多的是由于父母没有固定工作、兄弟姐妹多、长辈需要赡养、自然灾害等原因造成的，而来自城市的学生更多的原因是父母下岗、突然的变故等。[①] 贫困学生的困难程度也各不相同，有的是可以维持校园基本生活但缴纳不起学费书费，有的是连维持基本的生活都困难。不同致贫原因、不同贫困程度学生的受助需求、心理状态也各不相同。这就需要辅导员在具体工作中细致了解贫困学生的具体情况，做好贫困认定工作，建立健全贫困生档案，有的放矢、因人而异地开展帮扶与救助工作。

（2）辅导员要充分借助国家现行资助政策的支持，做好“奖、勤、助、贷、补”工作。首先，在各项奖学金、助学金、困难补助金的发放工作中，要认真审核和筛选获奖、受助学生的资格，确保公平、公正、公开。其次，拓宽勤工助学渠道，建立勤工助学岗位信息库，规范管理，定期发布岗位需求信息，给贫困学生提供锻炼能力的机会和经济自立的基础。最后，在助学贷款工作中，要严格审查学生资质，认真审核贷款资料，建立贷款逾期提醒制度，确保学生诚信贷款、按时还款。

（3）辅导员在资助工作中，要注重“扶贫”与“扶志”的结合。通过主题班会和单独交谈教育，以及设置激励机制、树立典型的方式，促使贫困学生树立艰苦奋斗和自强自立的精神，消除“等、靠、要”的念头。

三、宿舍管理

（1）辅导员宿舍走访要常态化。宿舍走访是辅导员做好宿舍管理工作最基础最便捷的方法。通过走访，辅导员可以深入了解学生宿舍的基础设施建设情况、宿舍的安全卫生情况、宿舍文化的营造情况、宿舍成员的生活相处情况，还可以拉近师生之间的关系，及时发现宿舍问题并予以解决。辅导员宿舍走访可以形成制度，每周走访 1 ~ 2 次，“拉网式”走访与“抽查式”走访相结合，在走访过程中，要注意观察宿舍环境，留意宿舍

---

① 王锋，董博．高校班主任工作手册［M］．南京：东南大学出版社，2011：207.

管理员反映的情况，倾听学生的意见和看法，有问题要及时解决。

（2）宿舍文化建设要重点抓。宿舍文化建设是宿舍管理工作的重要组成部分，主要通过“活动促进”和“宣传塑造”两种渠道去建设。一方面，辅导员可以利用“文明宿舍评比”“宿舍文化 PPT 展示大赛”“宿舍辩论赛”“宿舍装饰大赛”等活动激发学生的宿舍归属感，形成“宿舍是我家，创建靠大家”的集体认同。另一方面，利用海报、横幅、宣传栏、微信推文、优秀表彰等方式对学生宿舍文化建设的意义和价值进行宣传，营造一种以建设学生宿舍为荣的校园舆论氛围，使学生在潜移默化中认识到宿舍文化建设的重要性。

（3）宿舍安全建设要不松懈。宿舍安全是高校学生宿舍管理工作的重中之重，安全问题是根本问题，丝毫不能松懈。学生宿舍由于人员密集、空间狭小、贵重物品较多，且学生安全防范意识较差，极易发生安全事故。因此，辅导员要加强宿舍安全宣传教育和安全检查监督，对学生的违纪违法行为要依法依规处理，绝不姑息。

四、校园安全教育

（1）开展安全常识普及教育。辅导员在安全教育工作中，通过举办普法教育专题讲座、组织观看《火灾逃生技巧》视频、开展《中华人民共和国道路交通安全法》宣传及心理健康安全教育等方式加强对学生的治安安全教育、消防安全教育和意外伤害安全教育。

（2）通过学生干部组建安全教育工作团队。在学院（系）一级学生组织中成立纪检安全部，在班级中配备安全委员，在宿舍中选拔安全信息员，收集班级（学生）安全信息。定期举办安全教育活动，开展安全检查，将安全工作落实到基层和个人，查找存在的安全隐患并及时处理。

五、社会实践教育

（1）建立大学生社会实践档案。大学生社会实践活动内容丰富，既是学生增见识、长才干、得锻炼的宝贵渠道，也是学生评优、发展入党和就业政审的重要参考指标。因此，辅导员要注重学生社会实践档案的建立，记录学生参加实践活动的具体信息和表现，与学生的评优评先、考核、政审等工作形成信息互联，确保这些工作的公平性和准确性。

（2）建设大学生社会实践基地，为学生量身打造丰富多彩的社会实践活动项目。辅导员在社会实践活动项目的组织上要从高校教育目标和学生自身需求角度出发，结合社会热点、重点问题，主动与城市社区企业、农村乡镇学校、爱国主义教育基地等机构和单位建立固定的社会实践基地，开展形式多样、丰富多彩的实践活动，让学生在实践中学习、在实践中奉献、在实践中锻炼。

（3）实行项目化管理，加强对社会实践活动的指导，当合格带队老师。作为学生社会实践活动的指导老师，辅导员要牵头成立社会实践项目组。在项目筹备阶段，要指导学生撰写实践方案，做好实践项目的前期准备和组织动员工作。在项目实施阶段，要全程参与，实时指导，保证实践活动顺利进行。在项目总结阶段，要善于发掘活动中的典型事迹和人物，做好总结和表彰工作。

六、毕业生教育与就业指导

（1）结合形势与政策教育开展毕业生教育与就业指导工作。大学生的就业与当前的国际、国内形势和国家政策是分不开的。人才市场对毕业生需求的趋势，是随着一定阶段社会政治、经济发展变化的需要而变化的，与形势政策是紧密相连的。① 将形势与政策教育和毕业生教育与就业指导结合起来，可以让学生更加清晰地了解当前就业形势、国家就业政策和行业需求情况，帮助学生树立就业信心，合理规划求职路径。

（2）结合榜样的力量开展毕业生教育。辅导员可以采取“请进来，走出去”的方式，一方面邀请优秀毕业生返回母校做报告，分享求职经历、求职经验和职场体会；另一方面可以组织学生到校友企业参观交流，以榜样的力量激发学生的求职热情，端正择业观和事业观。

（3）结合典型案例开展安全就业教育。辅导员要重视和加强对毕业生的就业安全教育，在平时要注意收集整理各类就业案例，并通过典型案例教学的方法教会学生如何识别和应对各类求职陷阱，避免上当受骗，保证安全就业。

（4）建立畅通的就业信息发布平台。建立就业信息发布平台是辅导员毕业生工作的重要组成，是毕业生能否按时准确接收招聘信息的保证。辅导员要依托网络，如微信群、公众号、朋友圈、QQ 群，以及毕业班学生干部，甚至可以开发软件系统来组建就业信息发布平台，提高就业信息的发布速度、传播范围和共享程度。

（5）重点引导和帮扶就业困难学生。辅导员要重点关注关心就业困难学生，尤其是就业双困（经济困难、就业困难）学生的帮扶工作。排查和统计因家庭经济特别困难影响就业或由于身体残疾、重大疾病、心理问题、学习成绩等原因造成的就业困难学生，建立就业困难毕业生档案，开展“一对一”帮扶，通过组织培训、就业指导、心理辅导、优先推荐岗位等措施，帮助他们解决实际困难，确保顺利就业。

（6）开展文明离校教育工作，确保毕业生和谐离校、文明离校、安全离校。在学生毕业离校前，开展以倡导社会道德风尚、感恩母校教育为主题的系列教育活动，如毕业爱心捐赠、种植毕业树、师生茶话会等，增强毕业生饮水思源、情系母校的意识及对师生情、同学情的珍惜，营造“和谐、文明、安全、有序”的毕业生文明离校氛围。

案例分析

巧手化诈骗危机

张同学是某院大一的学生，父母自小离异跟随母亲生活，且自身患有免疫系统疾病，常年需要定期检查和治疗，经济压力较大。张同学常常从事各类兼职，赚取生活费以减轻家庭负担。某天，辅导员接到张同学电话，说其在做网络兼职的过程中被骗将近 5 000 元。进一步了解得知，由于疫情期间不能到校外做兼职，张同学为了减轻家庭负担，于

① 杨振斌，冯刚．高等学校辅导员培训教程［M］．北京：高等教育出版社，2006：79.

是通过某网络平台寻找线上兼职，该网络平台要求分别两次支付不同金额的“押金”，以作为提供线上兼职的条件，刚开始赚到一点儿钱，但后来该网络平台不仅不再提供真实性的兼职工作，而且所交押金也不给退回了。

【启示】

网络诈骗或电信诈骗类案件，往往易出现在需要辅导员重点关注的学生身上，张同学正是集中了单亲、患病、经济压力、渴望兼职等诸多特点，而成为被诈骗目标。辅导员应主动关注重点学生，将预防融入日常工作之中。此外，在处理相似案例时既要把握相似案例的共性，还要掌握案例的特殊性，精准帮扶，真正将“解危与扶困”“解危与抚心”“解危与共志”相结合，不仅要帮助学生解决网络诈骗相似的危机，还应将其作为了解学生，与学生心灵沟通，引导学生成长的契机。

第三节　大学生日常行为管理

一、情感管理

情感管理包括对情感情绪的酝酿期、潜伏期、发生阶段、持续状况、行为表现、心理起伏等情况的调节，是对情绪情感的认知、调节和控制。大学生处于一个急速成长的过渡期，情感充沛，情绪变化大，情感管理刻不容缓。辅导员作为最直接和最广泛接触大学生的一线教师，需要敏锐感知并及时处理学生的情绪问题和情感困惑，用爱走进学生心坎，激发学生进行积极向上的情感体验，引导学生提升情绪调控能力，形成科学稳定的情感观，培育健康高尚的情感情操，帮助学生健全人格，健康成长。

1. 情感管理的意义

（1）情感管理可以解决当代大学生的新问题。当代大学生生活在信息爆炸的时代，价值取向趋于多元；理想信仰模糊，自我意识强烈，集体观念较弱；习惯并依赖于在新媒体中表达情感，渴望被尊重、被理解和被认同；对公共事件和社会热点反应迅速，情绪容易受到网络信息影响，如“茫然”“吐槽”“diss（怼）”“尬聊”“戏精”“润”“普公婴”“搞事情”等大学生常用的网络高频词，均和情感情绪有关。在突飞猛进的社会发展中，大学生面临“新与旧”“理想与现实”“共性与个性”的冲突，呈现出更为复杂的新问题，普遍存在情绪困扰和情感问题，需要及时解决，进而提升辨别能力、调适能力和情商水平。

（2）情感管理影响高校人才培养与社会安定。一直以来，学校教育更为重视实用型的知识传授和能力培养，情感教育长期缺位，直接影响人才培养的质量。跳楼、自残、报复伤害等校园极端事件，不少源于情感上的挫折和情绪的不稳定，在一定程度上折射出情感教育方面的缺失与不足。情绪和情感问题处理不当，会影响大学生的关系处理、学习实践和个人发展，甚至引发悲剧。因此，作为一种非课堂式的隐性教育，情感教育是思想政治教育不可缺失的重要内容。培养学生正面、积极、愉快的情绪，推动知识学习，促进智商与情商共同提升，对大学生健康成长具有重要作用。

（3）情感管理推动思想政治教育工作的有效发展。情感和情绪是内在价值的外在态度表现，影响着整个人的精神风貌。成熟、理智的高级情感往往带来稳定、正向的精神状态，为思想政治教育工作创设良好的对话情景；反之，冷漠、消极甚至反感、愤怒的情绪往往会造成紧张的师生关系与僵化的思想政治教育氛围，思想政治教育工作自然也就无法入脑入心，无法收到良好的成效。情感管理从人文关怀出发，引领大学生进行积极的情绪管理和情绪体验，可以激发学生成长动力，从而更有效地进行思想引导，推动思想政治教育工作的良好发展。

2. 情感管理的任务

（1）做好大学生感情观教育工作。密切关注大学生情感状态和情绪动态，把工作做到宿舍、课室、饭堂、校道和各类的校园文化场所，耐心倾听大学生的诉求，引导大学生合理宣泄和疏导负面情绪，及时化解矛盾和冲突，避免情感问题引发危机事件。

（2）将情感教育覆盖大学生活全过程。搭建校园情感教育平台，引导大学生正视因亲情、友情、爱情等产生的情感问题，正确认识自我，提升爱己爱人的能力，学习和思考如何发展优质、健康的亲密关系。

（3）加强大学生的情操教育。优化教育环境，告别说教，拒绝强制，让学生在轻松愉悦的气氛中调动积极情感，保持积极心境，培养良好的探索精神、生命态度、道德情操、审美理想，将情感发展和自我修养结合起来，形成科学的人生观、价值观和情感观。

3. 情感管理的目标

（1）帮助大学生提升情绪调适能力。大学生消极情绪的来源很多，如学业压力、恋爱问题、宿舍矛盾、挫折应对、家庭问题等。加上不少大学生习惯于在网络新媒体自由发泄负面情绪，容易引发不良情绪的传染与扩散。故应及时引导大学生正确归因，学会合理的情绪宣泄和调适方法，帮助大学生形成良好的情绪管理能力和调适能力，摆脱不良情绪，保持心理平衡。

（2）引导大学生形成科学的情感观。大学生正处于情感体验和情感发展的高度发展期和矛盾冲突期，思想意识和行动能力之间的冲突往往会导致偏激情绪或行为的产生。需要帮助学生正确认识和悦纳自我，树立科学的婚恋观和情感观，以理智的心境处理情感问题，从而发展健康良性的亲密关系，正确处理情感与人生的关系。

（3）促进大学生发展乐观积极情感。情感管理是一个潜移默化的过程，也是文明行为和积极行为的养成过程。需要辅导员发挥自身优势，带领学生进行积极的情绪体验，使之焕发和保持向上的精神状态，推动其从“冷漠的旁观者”变成“积极的行动者”，有效实现学校教育向自我教育的转化，培养情理兼具、人格健全的优秀大学生。

4. 情感管理的方法

（1）建立和完善学生“家庭树”档案。家庭作为个体的原生环境，对大学生的影响巨大。家庭经济、家庭关系、家庭矛盾、家庭变故等来自家庭的原因，是导致大学生情绪和情感波动的重要原因。辅导员在每学年开学初应充分了解学生家庭状况，具体包括：是否孤儿/单亲/离异家庭，家庭联系方式，家庭成员的健康状况，家庭经济状况、主要劳动力职业和收入情况，兄弟姐妹的职业和婚姻状况，等等。“家庭树”档案应在每学年开学初进行更新，并在日常与学生交流过程中及时完善。尤其对成长环境特殊、家庭关系复杂、家庭经济困难、家庭突遭变故的学生，要与其家长保持联系，了解家庭对其的影响，给予更多的关心和帮助，及时解决情绪问题。

（2）密切关注学生情感情绪动态。辅导员要观察学生的日常表现，敏锐捕捉细微变化，如曾与舍友、同学、亲朋好友吵架或争论，经常夜不归宿，经历分手或失恋，沉迷于网络游戏，长时间待在宿舍频繁叫外卖，在新媒体转发或发表吐槽、悲愤、伤心等言论，经常深夜发信息，在工作或学习中突然消极怠工，很少参加校园活动，经常哭泣、发脾气、情绪起伏大，经常请假或旷课迟到等现象，都可能是学生情绪不稳定、出现情感问题的外在表现。特别需要注意的是，在新生入学、奖学金评选、助学金评定、专业竞赛、推优入党、实习、求职、考研等常规事务中，由于存在竞争和评比，学生容易出现嫉妒、挫败、焦虑、低落、愤怒等失衡的情绪状态，尤其需要密切关注。

（3）开展情感教育主题教育活动。依托班级、社团，分阶段开展网络活动和校园活动。一是通过新生写家书、共读经典家书等活动进行亲情教育，引导学生用发展的眼光看待原生家庭，与家庭建立良好的互动关系。二是通过宿舍创意展示、家乡特产分享、友情故事剧等活动开展友情教育，引导学生掌握良好的人际交往技巧，懂得相互尊重和理解。三是通过性教育和性安全专题讲座、爱情经典电影和经典名著赏析、“什么是爱”主题班会或辩论赛、“你网恋了吗”专题调研和沙龙等活动开展爱情教育，加强恋爱价值观和责任意识教育，引导学生理性地对待两性关系。四是开展“做情绪的主人”团体辅导活动，与大学生分享有效的情绪调控方法，如正确归因、与人倾诉、运动舒缓、音乐调节、调整需求、撰写倾诉日记、换位思考、转变环境等。

（4）坚持与学生面对面谈心谈话。谈心谈话是辅导员了解学生最直接的工作方式，也是最为有效的情感教育方式。尤其面对突发的情绪情感问题，通过有温度、有深度、有高度的谈心谈话，与学生一起分析和探讨，及时开展情感育人工作。近年来，高速发展的互联网直接改变了师生之间的交流模式，学生们更愿意在网上进行情感交流而不愿意在现实中畅所欲言。但网络媒体因其无法直接观察和感受情绪变化的局限性，仍然无法取代面对面的深度交流。辅导员需要更加注重个性差异，谈话地点可根据学生的特点定在办公室（谈心室）、宿舍、饭堂、课室；在约谈前应对学生的基本情况有充分了解，建立良好的谈话关系；在谈话时不摆架子，耐心倾听，适时共情，避免说教，以理服人，以情动人；在谈话后应及时梳理谈话内容，建立谈心谈话工作档案，为下一次交流做好准备，对学生成长进行持续跟进。

（5）创设温馨的情感教育环境。一是充分利用公众号、广播台等媒体开展情感教育宣传，以网文、广播、音乐等可读、可阅、可听的形式，让情感教育渗透进校园文化中，达到潜移默化的效果。二是辅导员自身的人格魅力、情感能力水平和对学生工作的热爱，是重要的情感教育资源。辅导员要完善自我情绪管理，以豁达和包容的心态对待学生，尊重学生的感受，关注学生的需求，带动学生建立良好的积极情绪。三是开辟安静、舒适的谈心室或谈话区，配备绿植、沙发、茶具、装饰画等，营造温馨的情感交流氛围，以轻松舒适的环境缓解学生的压力和情绪。

案例分析

新生情绪要稳定

小张，女，大一新生，来自单亲家庭，父母离异后随父亲生活，家庭经济状况优越。入学初，小张就表现出强烈的叛逆心理和不满情绪。因为高考失利调剂进入所读学院，小张心有不甘，加上入住宿舍是学校一栋较为破旧且没有独立卫生间和阳台的宿舍楼，她在入学第一天就在微博、微信连续发了多则信息，吐槽学校和宿舍的环境，其父亲也直接要求辅导员为其更换宿舍。辅导员在与家长充分沟通后，与学长及时前往宿舍与小张及其舍友聊天。在轻松的氛围中，舍友们纷纷分享家乡特产和零食，小张也开始和舍友认识、聊天。辅导员适时地讲起宿舍楼的历史、师生们在宿舍发生的趣事和故事，看得出来小张和舍友们都很感兴趣，小张的情绪有所缓解。

随后，辅导员通过档案和单独谈话，初步了解到小张的家庭情况和性格特点。一方面，小张受强势父亲的影响，情绪容易激动，习惯用比较激烈和直接的方式表达情感；另一方面，从小缺乏母爱的她，渴望爱与被爱，但又很难和他人建立信任感和亲密感。不久，军训开始。面对炎热的天气和严苛的训练，小张平常缺乏锻炼，身体较为瘦弱，非常不适应，但一直在坚持。辅导员通过军训日记、与教官的沟通，察觉到她的不满情绪仍在持续。为此，辅导员经常在军训训练的间隙，主动关注和问询她的身体状况和训练状况，并及时肯定她在军训中的坚持、守时等良好表现，师生之间逐渐熟悉起来。军训的某一天，小张因中暑突然晕倒在训练场，辅导员第一时间与教官一起送小张到医院治疗并悉心照顾，让小张深受感动。小张出院后主动找辅导员聊天，谈起了自己的家庭、成长过程和因调剂带来的对未来的困惑……军训结束后，小张越来越愿意和辅导员进行交流，与同学们的关系也越来越亲密，还顺利加入了某社团组织，成了一名积极的学生干部。

【启示】

表面上看，案例中的小张初入大学，面对新环境，情绪不稳定，但究其根源，主要是原生家庭带给她的不安全感和不信任感，加上高考失利被调剂的受挫感和焦虑感，使其在入学初就出现了情绪不佳的状况。辅导员在充分了解其家庭背景和成长过程的基础上，及时关注、主动介入、温暖关怀，赢得了学生的信任，建立了良好的师生关系，以情动人，以情育人，顺利带领学生走出了情绪低谷。

不要让爱情酿出苦果

辅导员小李所在学院拍摄毕业照时，有一位怀胎 6 个月的毕业生成为全场的焦点，不少人在现场与她合影。当晚，小李所带的大二学生在其年级讨论群里放上了和这位“准妈妈”毕业生的合影，引发了学生们的热烈讨论，“人生赢家”不断刷屏，学生 A 在群里调侃：“我们要争取大一恋爱，大二怀孕，大三生娃，大四带娃拍毕业照。”学生 B 紧接着留言：“再不嫁就成剩女了。”第二天，学生 C 来找小李申请校外住宿，原来是听了学长和男友的建议，想和男友搬出去同居生活。小李与其详细分析了利弊，并与家长进行了沟通，最终没有批准这一申请。

面对年级刮起的“婚恋热风”，辅导员小李及时与年级干部商量，面向全年级进行了一次“我的婚恋观”专题调研，通过“目前的感情状态（单身、恋爱、异地恋）”“是否使用约会 APP 软件”“如何看待网恋”“如何看待闪婚”“选择婚恋对象时最看重什么”“恋爱费用谁来承担”“如何看待婚前性行为”“如果未婚先孕会怎么做”“大学期间适合结婚吗”“大学期间适合生娃吗”等问题全面了解学生的爱情观和婚姻观。根据调研结果，小李带着学生干部一起策划了“关于爱情”的主题班会，通过自编自演的情景剧，生动演绎了网恋骗局、失恋纠缠、情侣吵闹、未婚先孕等真实场景，并邀请了三位教师在现场与同学分享爱情故事，传递了珍惜、尊重、责任、慎重的观念，提醒大学生们处理好婚恋与个人发展的关系。

【启示】

高校婚恋教育是一种深厚的情感教育、人格教育和人生观价值观教育。案例中的辅导员小李在学生网络舆情中敏锐地捕捉到学生在婚恋观方面的情绪起伏，通过调研全面了解学生的真实想法，有针对性地开展情感育人工作，达到良好的效果。自教育部 2005 年发布的《普通高等学校学生管理规定》（中华人民共和国教育部令第 21 号）不再限制在校大学生结婚后，陆续有大学生选择在读期间领证结婚，也随之带来新的问题。针对当代大学生婚恋观呈现的新特点，高校辅导员要关注学生的婚恋动态，及时纠正不正确的婚恋观念和恋爱行为，疏导恋爱矛盾和纠纷，引导学生树立健康的性观念和婚恋观。

二、道德管理

道德管理是依据一定的社会道德原则、规范和理想，从道德认识、道德情感、道德意志、道德信念等方面对学生工作进行道德论证和指导，并通过道德手段和道德实践，使学生的行为符合社会道德原则和规范。在高校思想政治教育工作中强调实施道德管理，不仅为高校思想政治工作者排除管理思维的技术故障提供了新的方法，而且为高校思想政治教育工作走出低谷提供了价值取向。①

1. 道德教育的意义

（1）道德管理是社会和谐发展的客观需要。随着社会不良思潮的影响，高校在不同程度存在着利己主义、个人主义之风，若没有相对统一的是非、善恶和美丑等一系列价值判断，大学生很容易进入道德误区，引发群体问题。因此，是否具有正确的道德认识、道德情感、道德意志和道德信仰，对大学生的行为选择非常重要，影响着高校和社会的和谐稳定发展。

（2）道德管理是学生日常事务管理的风向标。在社会变革期成长起来的当代大学生，主流思想是进步、积极、向上、向善的，但也深受各类思潮和社会热点事件的冲击。贪

① 付炳宽. 道德管理中高校思想教育工作存在的伦理困境［J］. 黑龙江高教研究，2005（2）：127－129.

污腐败、假冒伪劣、坑蒙拐骗、奢侈浪费、网络造谣等负面新闻对大学生道德养成产生了一定的影响，道德考验将是长期而又复杂的。因此，育人必先立德，道德管理作为一种深层次的社会价值管理，[①] 对整个学生日常事务管理起导向作用。

（3）道德管理是培养合格文明公民的现实需要。大学教育不仅仅是传授知识，更要培养推动社会进步和发展的社会主义合格公民。大学生来自不同的家庭背景和成长环境，每个人都有不同的行为立场和生活方式，公民意识和文明素养并非自发形成，需要通过一定的道德手段进行潜移默化的教育培养。

2. 道德管理的任务

（1）开展理想信仰教育工作。利用道德的力量，开展社会主义核心价值双教育，引导大学生理性爱国，增强责任感和主人翁意识，认识自己在中华民族伟大复兴中的重要价值，激发追求美好生活的理想信念，生成自觉崇尚真善美的道德追求，为现代化建设提供强大的精神动力和思想保证。

（2）开展公民道德教育工作。进行社会公德、职业道德和家庭美德教育，指导人学生内化公民道德要求和规范，养成良好的道德品质、公民素养与职业道德规范，形成自觉实践社会主义公民道德规范的自觉性，将社会主义核心价值观内化为道德认同和道德信仰。

（3）开展网络道德教育工作。网络空间是现实社会的延伸，是学生发展的“第五空间”。高校辅导员要主动完成意识形态教育工作从传统向信息化的转型，牢固占据网络阵地，开展网络德育工作，引领学生提升网络辨析和甄别能力，增强网络自律意识和网络道德素养，营造风清气正的网络氛围。

3. 道德管理的目标

（1）引导大学生树立坚定的道德理想。大学生的价值观念趋于多元化和功利化，相对于道德理想，更加重视物质生活的实现。因此，需要通过道德管理激发大学生的主人翁意识和担当意识，引导大学生树立高远的理想目标，从“事不关己”的旁观者转化为“厉害了我的国”的建设者，从“利己者”变为“同路人”，将个人发展融入实现中国梦的进程中。

（2）引导大学生养成文明道德习惯。大学生自我约束力和明辨是非能力不强，时有校园不文明行为发生，影响了大学生在社会上的整体形象。通过道德管理，指导大学生掌握和内化公民道德和规范，遵守社会公德，维护社会秩序，恪守专业道德和学术道德，养成良好的道德品质和道德实践行动，成为爱国守法、明礼诚信、团结友善、勤俭自强、敬业奉献的合格公民。

（3）引导大学生遵守网络道德规范。网络道德与现实社会的道德密切相连，是现实社会道德在网络社会的延伸。[②] 网络的虚拟性和隐蔽性容易让大学生放松道德约束，产生网络暴力、网络欺诈等不道德行为。道德管理需引导大学生以现实生活中的道德要求约

---

① 曲新英．道德管理探析［J］．理论月刊，2003（12）：144－146.

② 李玉华，闫锋．大学生网络道德问题研究现状与思考［J］．思想教育研究，2012（11）：62－66.

束网络行为，明确网络生活的行为规范，拒绝不道德的网络行为，增强对网络信息的识别能力和对不良诱惑的抵制能力。①

4. 道德管理的方法

（1）以身作则。高校辅导员自身道德品质是否经得起考验，决定着道德管理是否真正具有成效。哪怕精通业务、投入工作，但一旦出现动机不纯、处事不公等情况，就会导致辅导员威信扫地，无法再获得学生的信任，也就谈不上对学生的有效引领了。某高校男辅导员在工作过程中与某女大学生建立了恋爱的关系，并经常以权谋私为其争取各类机会，还将本不符合条件的她推为入党积极分子，引发了一场全年级的“讨伐”行动，学生们联名上书到学校请求更换辅导员。辅导员不道德的行为事件，不仅会影响辅导员自身的发展，更严重的是还会导致学生产生强烈的道德偏差。因此，在日常事务管理工作中，辅导员要以高度的责任感、自律性和公平、公正、无偏见的态度，以高尚的人格魅力为学生做出表率，让学生在耳濡目染中形成完善的道德观。

（2）行为研判。在学生工作中，辅导员要敏锐观察和发现学生的行为特点，从日常小事入手，把握机会、创造机会开展道德管理育人工作，及时、适时、合理地对学生常见行为进行道德研判，引导学生做出合理选择和文明行为，引导大学生不参与任何有损于大学生形象、有悖于社会公序良俗的活动。以下均属于违反社会道德的行为：

①在图书馆或教学进行中吃零食或用餐、睡觉、随意交谈等不良行为。

②在升国旗等重要仪式过程中的不雅行为（迟到、接打电话、交头接耳、衣冠不整等）。

③插队、乱占座位、不礼让、乱扔垃圾、随地吐痰、不冲厕所、不关水龙头。

④在教学区域追逐打闹、亲吻拥抱等不雅行为。

⑤吸烟、酗酒、赌博、打架、斗殴。

⑥故意浪费水电、纸张、粮食，故意炫富和攀比。

⑦休息时间玩游戏、看影片、大声喧哗等妨碍他人正常休息的行为。

⑧在奖勤助贷、竞赛竞选、求职考研等活动中弄虚作假。

⑨学生干部利用职权为自己或他人谋取不正当利益。

⑩以恋爱为名玩弄对方及其他违反恋爱、婚姻、家庭道德或者性道德的行为。

⑪歪曲事实、造谣诽谤、恶意抨击，扰乱学校秩序和社会秩序。

⑫遇到国家、集体财产和人民群众生命财产受到严重威胁时，能救而不救。

⑬其他有损大学生形象的行为，损害学校声誉及国格的行为。

（3）主题活动。根据学生的道德行为表现，利用校庆、国庆、党的生日等重大纪念日开展专题教育活动，结合党史学习教育，弘扬伟大建党精神，激发爱校和爱国情感，增强民族自信心和社会责任感，树立远大的理想。辅导员可依托班级和社团组织，开展以下贴近学生实际的主题活动：主题演讲/辩论赛，公民道德宣传日，中华经典诵读比赛，书法比赛及书法作品展览，优秀影视作品鉴赏，微团课、微党课，礼仪形象培训，

① 王小红. 高校辅导员工作的理论与实践［M］. 北京：北京大学出版社，2010：307.

榜样人物宣讲（全国道德模范人物、身边的道德模范人物等），红歌合唱比赛，反面案例宣讲（诚信缺失、道德冷漠、学术抄袭），团队拓展，红色实践，等等。

主题活动要从学生实际出发，避免说教类、灌输式和强制式，增加情感体验，以新颖的形式和丰富的内涵吸引学生主动参与。北京科技大学东凌经济管理学院学生办公室精心策划并实施辅导员 Q 版漫画为核心价值观代言活动项目，邀请学生创业团队手绘漫画，以辅导员为漫画主角，分别对社会主义核心价值观 24 字要求的内涵进行阐释，受到学生们的热捧，让学生们印象深刻。南京航空航天大学马克思主义学院党总支书记徐川开设了网络公开微课“带你认识不一样的马克思”，用一个又一个小故事生动呈现马克思的生平和思想，吸引了众多大学生观看。这些出色的工作案例都值得在道德管理工作中学习和借鉴。

（4）家校联动。在新生入学报到时召开家长会，告知学生手册相关管理规定，让学生初步了解高校管理基本制度；通过电话、信息、家长群，定期与家长保持联系，形成良性的家校互动体系；利用寒暑假进行家访，核对确认学生所提交的相关信息是否属实，实地了解掌握学生家庭实际情况，同时让家长更加清楚学生在校的真实情况和表现，形成与家长积极互动的诚信教育网络。①

（5）公益服务。在服务他人、服务社会的过程中，可体验真实的国情、社情、民情，辨别道德现象，践行道德行为，内化道德意识，从而形成更加完整的道德认知。浙江杭州青年许艾菲，高三开始每年坚持无偿献血，2017 年她在微博上自述了她为患有白血病的 15 岁男孩捐献造血干细胞的经历，收到超过 10 万网民的点赞，成为正能量道德典范，带动和影响了更多人加入造血干细胞的捐献行动。公益服务充分彰显了道德的力量，学生工作应加强对“西部计划”“山区计划”“扶贫支教”志愿服务项目和突出人物的宣传力度，依托青年志愿者协会、红十字会等社团组织，传播公益思想和志愿精神，鼓励学生利用课余时间投入公益服务，完成从道德认识到道德行为的和谐转化。

案例分析

人品是职场通行证

小曾是家中独子，父母对其寄予厚望，希望他出人头地。小曾一入学就确立了明确的目标，立志在大城市找到一份好工作。他在大学期间积极地参加各项活动，同时还担任学生会副主席、团支书等学生工作，综合素质突出，在各种评比中多次获奖，是师生心目中的“校园风云人物”。

转眼步入大四，小曾以全年级综合测评第一的骄人成绩开启了求职之路。在第一次参加招聘会的时候，有着辉煌成绩的小曾，很快就被一家国有企业看中，并签了就业协议书，成为年级第一个顺利就业的毕业生，让大家好生羡慕。随后，招聘信息一个接一个，小曾心有不甘，觉得自己太早定下来，说不定还有更好的机会。于是，他隐瞒了已

① 李忠军. 高校辅导员工作案例研究方法与实证［M］. 北京：人民出版社，2010：74.

签约的事实，开始海投简历或参加第一轮的笔试，不少单位都因为选择他进入面试而直接淘汰其他面试者。当其他学生愤愤不平与他理论时，他却说："我只是去面试，又没有'脚踏两船'同时签约，这有什么问题?"有些学生效仿他的做法，拿着几个单位的 offer（录用通知书）却以各种理由拖延签约，造成了恶劣的影响。

【启示】

案例中小曾的行为属于诚信问题。诚信作为公民道德规范，其基本内容是诚实守信。在利己主义和功利心的驱使下，个别学生为了达到个人目标，在学习、考试、就业时，提供虚假信息，引发诚信危机。这类学生往往只关心个人的利益和名声，背弃了道德准则。针对小曾的情况，辅导员应对其进行批评教育，使其认识到诚信缺失的后果，如一旦被用人单位发现他将面临违约或其他惩罚、学院会根据其表现如实撰写院系鉴定意见等，以此进行道德约束和道德教育，及时减少不道德行为的辐射与扩散。

第四节　大学生法制教育工作

高校思想政治教育工作者应当重视大学生法制教育工作，将其作为日常管理教育中的一个重要环节，帮助学生增强法律意识，树立法制观念，营造良好、有序的高校法制环境。

一、大学生法制教育的意义

党的二十大报告指出，要加快法治社会建设，"弘扬社会主义法治精神，传承中华优秀法律文化，引导全体人民做社会主义法治的忠实崇尚者、自觉遵守者、坚定捍卫者"。通过法制教育，培养大学生树立社会主义法律意识，增强法制观念，使大学生知法守法，免受侵害。大学生法制教育关系着校园及社会的稳定，关系着国家经济发展的速度及和谐社会的实现程度。

（1）大学生法制教育是改进高校思想政治教育工作的迫切需要。伴随着社会的发展、改革开放的深入，尤其是网络生活的普及和西方腐朽思潮的渗入，当代大学生的人生观、价值观趋于多元化和复杂化，拜金主义、享乐主义、功利主义、个人主义等思潮在学生之间不同程度蔓延，导致学生"一切向钱看""眼里只有我没有他"，这也是近些年高校学生违法犯罪率逐渐上升的根本原因。因此，根据当代大学生出现的新特点、新问题，深化高校思想政治教育改革，增强大学生法制教育，提高大学生法制观念，既是时代的新要求，也是高校思想政治教育取得成功的关键因素。

（2）大学生法制教育是社会主义市场经济发展的强烈呼唤。社会主义市场经济是法治经济：一方面，它建立了比较完备的、调整各种市场行为的、符合市场经济运行规律的法律体系；另一方面，它确立了法律在市场经济活动中不能撼动的权威地位。法律在市场经济中的最高统治地位是宪法赋予的，任何人都必须无条件遵从，法律高于每个人的个人意志。[1] 大学生毕业后进入社会，必然会成为社会主义市场经济中的一员，他们应当是社会主义市场经济中的“建设者”和“捍卫者”，而非“破坏者”和“蠹虫”。只有深入开展大学生法制教育，培养学生知法、尊法、守法、用法的法律观念，在工作中严格遵照社会主义法律规范要求自己，推动社会主义市场经济向着公平、公正、有序、和谐的道路继续前进。

（3）大学生法制教育是国家“全面依法治国”战略的重要体现。全面推进依法治国，是以习近平同志为核心的党中央从坚持和发展中国特色社会主义全局出发，为更好治国理政提出的重大战略任务，是解决党和国家事业发展面临的一系列重大问题，确保党和国家长治久安的根本要求。因此，在高校全面推进大学生法制教育，担当起培育“法治英才”与“法治公民”这一历史使命，为国家“全面依法治国”战略做出重要贡献。

（4）大学生法制教育是维护高校稳定和谐有序的重要保障。高校是开展科学研究与教学的场所，是大学生学习、生活与成长的地方，是“明德”之地，是“新民”之所，是“象牙塔”，本该是一块稳定之地、和谐之地、安全之地。但校园内发生的各类经济案件、刑事案件，各种“盗、抢、骗、伤、杀”事件严重危害到全体师生的身心安全，影响学校的稳定和正常教学秩序。所以，重视大学生的法制教育，提高大学生的知法、守法意识，减少校园暴力，降低大学生犯罪率，是营造具有法治氛围的和谐校园环境的重要保障。

二、大学生法制教育的任务

（1）辅导员要学习法律知识，提升自己的法律修养。作为大学生法制教育工作的重要实施主体，辅导员自身法律素养的高低将直接影响教育效果的好坏，必须做到“以其昭昭使人昭昭”，而不能一知半解，“以其昏昏使人昭昭”。但在现实中，多数辅导员都不是法学专业出身，法律相关知识的掌握和理解比较薄弱。因此，辅导员必须加强自身法律知识的学习和法律素养的提升，这样才能在工作中得心应手、从容不迫。一方面，辅导员应当具有提升法律素养的意愿，积极主动地学习法律知识。另一方面，辅导员在平时要以身作则，知法更要守法，自觉遵守法规法纪，遵守劳动纪律，做学生的表率。

（2）将法制教育融入到辅导员的日常工作中，提高学生的法制观念。辅导员在日常管理工作中，要注意用法律知识指导学生工作，引导学生遵守法律法规和校规校纪。对学生中出现的矛盾、纠纷和意外，要引导学生理性克制，不要盲目冲动，要利用法律武器捍卫自己的合法权益。对涉及学生切身利益和根本问题的事情，辅导员在处理的时候要做到合法依规、公平公正。对学校举办的各项活动，辅导员也要善于将活动与法制教育融合在一起，寓教于乐，在校园内营造出人人学法、事事遵法、处处有法的积极氛围，潜移默化地提高学生的法制观念。

---

① 宋婷. 建国以来高校法制教育研究［D］. 天津：南开大学，2013：36.

三、大学生法制教育工作的目标

全面推进依法治国，是着眼于实现中华民族伟大复兴中国梦、保证党和国家长治久安的长远考虑。大学生是时代的栋梁、未来的希望，是实现“全面依法治国”和中国梦的主力军。积极开展大学生法制教育工作，树立学生的法制观念，提高法律素养，勇于承担时代赋予他们的使命与职责。

（1）培养大学生的法律意识。培养大学生的法律意识，就是要把遵纪守法的观念镌刻到大学生头脑中，把法律深化为大学生的精神信仰和心灵追求。[①] 一方面，要帮助学生树立法律至上的观念，使大学生认识到法律是最高层次的“游戏规则”，具有至高无上的地位，任何人、任何组织都不能凌驾于法律之上，真正使他们发自内心地遵法、学法和守法。另一方面，要养成依法办事的习惯，学会利用法律手段保护自己的合法权益，以法律为准则理性地支配自己的行为和免受各种伤害。

（2）助力大学生成长成才，提升综合实力。随着我国改革开放和社会主义市场经济的不断深化，尤其是“全面依法治国”战略的大力推进，国家需要的人才必须不仅是专业知识雄厚，还是具备较高法律素质的专业性人才。他们对内可以为社会主义现代化建设事业添砖加瓦，为决胜全面建成小康社会贡献力量；对外可以与国际接轨，参与国际竞争，依法维护国家利益。因此，高校大力推进大学生法制教育，提升学生综合实力，助力大学生成长成才，是依法治国、建设社会主义法治国家赋予高等教育的历史责任和时代重托。

（3）维护社会及校园的安全稳定。近些年，因大学生法律意识淡薄，以及大学生的人生观、价值观和思维方式还未完全成熟，遇事缺乏冷静，易冲动，导致一些校园暴力与校园惨案发生，如复旦大学林森浩投毒案、南方医科大学宿舍杀人案及校园裸贷案等，引发恐慌，造成了严重的后果，影响到社会及校园的安全稳定。因此，通过大学生法制教育，提高学生的法制观念，使他们懂得用法律手段维护自己的合法权利，用法律武器与不法行为做斗争，可以有效预防大学生犯罪或被侵害，规范校园秩序，维护社会及校园的安全稳定。

四、大学生法制教育工作的方法

（1）在日常管理中培养大学生的法制观念。

辅导员在处理学生日常事务或与学生接触的过程中，要起表率作用，在工作中严格遵守法规校纪，在法律规定的权限范围内进行教育管理，以身作则引导学生遵守法律法规和学校的各项管理规定。

辅导员要能维护学生的合法权益。当学生的权益受到侵害或者学生受到违纪处分时，可以指导学生进行合理申诉，帮助学生养成维权意识。将法制教育融入班级日常管理之中。在班级中开展“四不”活动：不酗酒赌博，不打架斗殴，不迟到早退，不考试作

---

① 魏胜强．论新形势下的大学生法制教育创新［J］．行政与法，2013（2）：36－43．

弊；组织开展“三遵守”活动：遵守社会公德，遵守公共秩序，遵守校纪校规；组织开展“三文明”活动：做文明人，办文明事，创文明集体。通过上述一系列行之有效的班级文化建设方法，以及树立一批遵守模范典型并给予奖励，激励学生在日常学习生活中养成良好的法律意识。①

（2）建立异常学生档案，加强与学生家长的联系沟通。

校园内的违法犯罪行为或刑事案件在发生之前一般都有一定的征兆或是原因，如家庭变故、突然失恋、宿舍矛盾、心理和行为异常、经济纠纷等，辅导员要通过学生干部建立“异常行为普查机制”，及时发现学生的异常并建立跟踪档案。同时，要积极同学生家长沟通交流，了解其家庭情况，建立“家校共防机制”，获取学生家长的帮助与支持，共同预防大学生犯罪或刑事案件的发生。

（3）定期举行有关大学生法律素质教育的主题班会。

辅导员可以针对当前社会或校园里发生的热点法律案件开展主题班会活动。例如针对“校园裸贷”事件，辅导员可以开展关于“校园贷”的主题班会，让学生在会前收集资料，在会上各抒己见，充分讨论，也可以邀请法学专业的教师参与班会，给出专业性意见，使学生明白正是由于学生的消费欲望和攀比心理及自我理财能力差、法律意识淡薄等原因，导致学生成为民间非法借贷的受害者，告诫自己要树立科学的消费观和自我保护意识，用法律手段维护自己的权益。通过具体的实践案例传授法律知识，更容易被学生理解和吸收。

（4）拓宽法制教育渠道，开展形式多样的法制教育实践活动。

大学生法制教育的形式要多种多样，既要有面向异常学生、异常群体有针对性的“点”的教育，又要有走进课堂集中教学的“线”的教育，更要有融校园文化活动、实践教学活动及多媒体手段为一体的“面”的教育。将“点”“线”“面”三者相结合，拓宽法制教育渠道，全面推进大学生法制教育。

组织开展形式多样的法制教育实践活动。如开展模拟法庭、庭审旁听、送法下乡、监狱参观、社会实习等活动，或者邀请民警、律师等法律从业者召开专题报告会，让学生在实践活动中提升法律素养。

利用多种媒体手段开展法制宣传教育工作。借助微信群、公众号、QQ 群、博客等新媒体平台传播法律知识；引导学生收看普法节目，阅读法律书籍、报纸和杂志；举办普法图片展，用具体的案例和图片引导和教育学生知法、守法。

鼓励和督促学生认真学习“思想道德修养与法律基础”课程。辅导员要经常检查学生的到课和听课情况，与任课教师沟通联系、互通经验，将课堂上讲授的法律知识与学生关心的法律问题结合起来，调动学生的学习积极性，提高课堂教学的效果。

---

① 舒芬．高校辅导员介入大学生法律素质教育的探究［D］．南昌：南昌大学，2012：27．

案例分析

碎小玻璃引发的大悲剧

“只是一地碎玻璃而已，没想到会出人命，我真的不想。”2012 年 7 月 6 日上午，唐某因涉嫌故意伤害罪站在长沙市中级人民法院被告席上。被告人唐某说，他跟低一个年级的高某住在一间宿舍。唐某和高某因为性格不合，经常为琐事争吵，甚至动手打架。2011 年 11 月 27 日晚上，唐某和高某又发生了争吵，并打翻了墙角的热水瓶，后经室友劝说而得到平息。第二天早上，高某起床后见到地上的玻璃碎片，叫唐某收拾。唐某不愿意，两人再次争吵并发生肢体冲突，室友何某上前劝阻，不料唐某挣脱后，拿起桌上一把尖刀刺向何某和高某。学校保卫部工作人员闻讯赶来将两名伤者送往医院，但没能挽救高某的性命。唐某因为法律意识淡薄，就因一地碎玻璃而与室友发生口角、引发打斗，最终导致了一死一伤一囚的悲剧。如果学生们能多一点法律意识、少一点莽汉习气，多一点忍让、少一点冲动，能够学会控制自己的情绪，这样的悲剧也许就不会发生了。

（资料来源：刘凤姣．大学生成长辅导与素质拓展［M］．长沙：中南大学出版社，2014：40.）

【启示】

案例中悲剧的起因表面上看是因为一地碎玻璃，实际上是由于学生法律意识淡薄、自我控制力差。学生之间产生矛盾与冲突，既不能坐下来平心静气地沟通，也想不到寻求教师的帮助，用和平手段化解，反而采取打架斗殴的过激方式解决问题，最终酿成悲剧。由此可见，大学生的法制教育势在必行、迫在眉睫。辅导员在日常工作中要积极培养学生的法律意识，遵守法律法规和校规校纪，引导学生在面对矛盾、纠纷和意外的时候要理性克制，不要盲目冲动，要利用法律武器捍卫自己的合法权益。

思考题

1. 新媒体视域下高校辅导员如何做好日常事务管理工作？
2. 如何科学把握辅导员的工作行为边界，实现“情理法”的交融与共生？
3. 如何把握当代大学生的特点，创新日常事务工作的方式方法？

第七章
生涯规划指导

第一节　生涯规划指导的意义与目标

一、什么是生涯规划

受我国高等教育大众化、职业选择双向化、产业结构调整等因素的影响，大学生就业及职业发展面临更大的困境。一方面是很多大学生找不到合适的工作，另一方面是很多企业往往难以招到合适的毕业生。究其根源，除了学校教育与企业需求之间相互脱离之外，更重要的是大学生对职业生涯规划的认识不足，对职业选择方向比较模糊。因此，对大学生进行生涯规划指导成为当前高校学生工作的重要内容。

“生涯”（career）原意是指古代的战车，后来引申为道路，并且被演绎为人生的发展道路和人一生的发展路径等。关于生涯的定义有很多，当前被较多学者所接受的是美国著名学者舒伯（Donald E. Super）在20世纪70年代所提出的观点：“它是生活里各种事态的连续演进方向；它统合了人一生中依序发展的各种职业和生活的角色，由个人对工作的投入而流露出独特的自我发展形式；它也是人生自青春期以迄退休后，一连串有酬或无酬职位的综合，除了职业以外，尚包括任何和工作有关的角色，如学生、受雇者、领退休金者，甚至也包含了副业、家庭、公民的角色。”[①] 随着社会的发展，职业分工变革越来越快，不同的人对于自身角色的定位与变换也越来越模糊，越来越具有危机感。因此，生涯规划应运而生，为人们的职业规划和角色扮演提供建议和支撑。

“生涯规划”根源于“职业辅导”，随着社会的不断变迁，人们工作性质、地位及竞争力的不断发展变化，“职业辅导”逐渐不能满足人们对未来工作和工作发展趋势预测的需要，“职业辅导”逐渐演化为“生涯辅导”。后来，随着生涯理论及实践技术的不断深化，“生涯辅导”过渡为“生涯规划”。生涯规划是人们“在实践基础上，根据自身的志向、兴趣、能力、价值观、个性等内部条件，结合时代特点、就业形势、职业环境、组织团队等外部因素进行综合分析与权衡，从而逐步确定自己的生涯发展方向、目标及

① 金树人. 生涯咨询与辅导［M］. 北京：高等教育出版社，2007：2.

路径，并持续采取有效行动去达成目标的过程”①。通俗来讲，生涯规划就是人们基于过去的经验总结和立足于当下的实际情况而做出的对未来工作、学习或者生活等的一种设计。从涵盖范围来看，“生涯规划”比“职业辅导”和“生涯辅导”覆盖面更广、更宽，更适合新时代职业发展的特性。

辅导员作为大学生的引路者，不仅肩负着政治思想、道德品德等方面的引导，而且在生涯规划方面也是大学生的主要推动者和引导者。2017 年 9 月 21 日教育部颁布的《普通高等学校辅导员队伍建设规定》（中华人民共和国教育部令第 43 号）强调辅导员要“为学生提供科学的职业生涯规划和就业指导以及相关服务，帮助学生树立正确的就业观念，引导学生到基层、到西部、到祖国最需要的地方建功立业”。顾名思义，指导生涯规划就是指辅导员运用生涯规划相关理论工具和自身积累的工作实践经验，根据学生个性情况帮助学生认识自我，逐步确定自己的生涯发展方向、目标及路径，并持续采取有效行动去达成目标的过程。

二、生涯规划指导的意义

在生涯规划指导过程中，辅导员可以进一步深入了解大学生的性格、兴趣、能力、价值观等各种信息，针对不同的个体做出不同的职业生涯规划，这对大学生将来的学习、生活和工作将会产生深远的影响，具有十分重要的意义。

1. 有利于大学生确立正确的人生发展方向

“凡事预则立，不预则废”，我们做任何事情，需要提前做好准备，为将来发展做好规划，否则就有可能导致失败。许多大学生进入大学后，面对新的学校、新的环境、新的同学、新的学习生活和拥有更多的课余时间时显得不知所措，不知道自己到底该干什么。相比于高中生活，大学生活反而失去了方向，感觉更加迷茫和困惑。辅导员运用生涯规划相关理论和方法，通过指导生涯规划，可以帮助大学生更好地全面认识自己，了解自己在知识与技能等方面与社会需求之间的差距，从而帮助他们进行有效的职业规划，清楚自己应该向什么方向发展，明确未来人生的发展方向。

2. 有利于提高大学生的生涯规划能力

伴随我国高等教育的大众化，越来越多的学生能够进入大学学习，一方面有利于我国人才梯队的形成和社会主义事业建设后继有人，另一方面也使我国就业环境面临着巨大挑战。当前高校主要力量集中于教学和科研，同时大部分大学生也是将主要精力放在学习、考研和出国深造等方面，而对于如何规划自己的人生，如何使自己的素质和能力更加符合社会发展的需求则很少关注。指导生涯规划可以使大学生在辅导员等相关专业人员的帮助下，通过专业的生涯规划方法与技术，对个人的兴趣爱好、性格特征、专业特长与综合能力等进行全面综合的评估和分析，提高职业生涯规划意识和自我生涯规划能力，形成比较明确的职业意向与行动执行力。

3. 有利于提高大学生的就业竞争力

当前大学生就业竞争比较激烈，如何在激烈的竞争中脱颖而出成为各位求职者梦寐

① 陈德明，祁金利. 大学生生涯规划与管理［M］. 北京：高等教育出版社，2008：7.

以求的追求和目标。影响大学生就业既有学校、社会等宏观因素，也有大学生个人自身因素，总体来说，大学生能否找到适合自己发展的工作更多取决于自身因素。很多大学生在就业过程中容易出现两种倾向：一种是盲目选择继续深造，至于将来深造后如何发展则没有进行深思熟虑，采取“走一步看一步”的心态；另一种是在找工作时盲目攀比，随波逐流，受他人价值观的影响较大，对自己将来从事何种职业，在哪里从事职业则没有太多的思考与规划。如果大学生能够得到专业的生涯规划指导，则能够在选择职业时更加理性和有目的性。指导生涯规划能够帮助大学生理清自己的需要，了解社会的需求，掌握生涯规划相关管理知识与技能，可以根据自身的优势与劣势，结合职业发展需要有针对性地学习知识和锻炼技能，提高自身的职业品质，从而在就业时获得良好的竞争优势，找到一条真正适合自己的职业发展道路。

4. 有利于促进大学生全面发展

随着经济社会的不断发展，国家与社会对于人才的需求也越来越迫切，对于高素质人才的需求就更加迫切。高校是培养人才的主阵地，将大学生培养成为我国未来社会主义事业的合格建设者和可靠接班人是高校的重要任务。我国未来社会主义事业的合格建设者和可靠接班人应该是德、智、体、美全面发展的复合型人才，这就意味着大学生不仅要学好文化知识，在其他方面也要兼顾和发展。指导生涯规划一方面可以帮助大学生学习和掌握职业生涯规划的理论知识与实践方法，另一方面则可以通过认识自我、了解职业、制定职业生涯规划书和进行职业生涯管理等各个阶段、步骤不断提升大学生自身的知识水平和对有关职业的认识，不断强化自我管理能力和实践能力，从而促进素质的全面发展。

三、生涯规划指导的目标

目标是一个人前进的方向和动力，如果人生没有方向和目标，人生就没有动力。人生的目标是探讨一个人要成为什么样的人，人的一生该怎样度过才会更有意义。在大学阶段，大学生思考最多的是将来的职业和人生发展，然而由于受成长的环境、人生的阅历和学习的状况等各种因素的影响，他们往往对于职业和未来人生的发展并没有太多的思考和清晰的目标，或者有的大学生具有一定的目标，但由于没有很好地评估自身的兴趣、能力、价值观和社会需求等，确定的职业目标和人生发展目标也是比较笼统或者是不切实际，难以达到。

如何帮助大学生确立合适的职业目标和助推大学生人生发展是指导生涯规划的重要目标，按照指导生涯目标的时间范围来分，可以分为短期目标、中期目标和长期目标。

短期目标一般是指每月、每个学期或者每年的目标，主要是帮助大学生在相对比较短的时间内实现其学习生活目标或者职业发展目标，指导目标通常非常清晰，具有很强的操作性。中期目标通常指涵盖了4年大学生活，甚至大学毕业后1~2年的目标，主要是帮助大学生实现整个大学期间的学习目标和将来的职业目标，包含大学期间的学习、职业能力、心理素质、创新创业等各个方面的规划目标。中期目标相对于短期目标来说，具有更多的灵活性，需要结合大学生自身条件和具体环境来确定，在实施的过程中可以通过生涯目标评估进行适当调整，以便达到最终目标。长期目标主要是通过帮助大学生对自己未来人生进行长远规划以达到其所要实现的目标，这个指导目标具有非常大的挑战性，需要辅导员和学生花费大量时间进行规划和评估，以便能够制定具有可操作性和可实现性的目标。

不管是短期目标、中期目标还是长期目标，指导生涯规划目标最终是要帮助大学生通过认识自我、评估能力、健全计划等方式一步一步实现自己的学习、生活和职业目标，构建幸福的人生。

1. 拓宽大学生的生涯规划理论知识

生涯规划是对一个人一生所要完成的目标和扮演的角色进行规划的过程，在个人的成长发展中有着举足轻重的作用。好的生涯规划可以帮助人获得事业的成功；失败的生涯规划则有可能导致失败，甚至是一生一事无成。当前大学生在学校的主要任务是学习，学习中的主要精力集中在专业知识的学习，对生涯规划相关理论知识则涉猎较少。辅导员在对大学生进行生涯规划的过程中，帮助大学生拓宽生涯规划理论知识则是其中一个重要目标。大学生在辅导员的帮助下，可以接触到更多生涯规划理论知识，并且在辅导员指导生涯规划过程中，不断将学习到的生涯规划理论知识付诸实践，从而达到理论学习与实践检验相结合，以获得更多的感悟。

例如，在指导生涯规划的过程中，学生面对最多的一个问题是想成为一个什么样的人，即想要什么样的人生，但又不知道该如何进行规划。这时辅导员可以向学生介绍日本生涯专家高桥宪行的18种人生形态理论：①超级巨星型，指知名度极高，一举一动常常在无形之中牵动许多人的利益，众所周知的知名人士；②卓越精英型，指那些品行端正、知识丰富，具有敏锐的观察力，常常适时化险为夷、扭转乾坤的人士；③安分劳碌型，指安分守己，过着朝九晚五安定生活的人士；④得过且过型，指缺乏理想、抱负，很少为工作奋斗和拼搏，只求生活过得去即可的人士；⑤捉襟见肘型，指机会来了不知把握，机会走了又怨天尤人、自暴自弃的人士；⑥祸从口出型，指一些人喜欢批评，常在言谈中将过错推卸给别人，喜欢标新立异，又常常提出一些根本无法实现的计划；⑦中兴二代型，指继承可观家产，又能兢兢业业将其发扬光大的人士；⑧出外磨炼型，指作为家族企业第二代接班人到别的公司去工作，从基层做起，靠自己的能力、关系发展自己、磨炼成长的人士；⑨家道中落型，指面对困境时，常常束手无策，欲振乏力的人士；⑩游龙翻身型，指能充分运用人生的蛰伏期，深刻思考自己的未来，并重新设计自己，终至一举飞跃的人士；⑪转业成功型，指面对生涯困境，能迈开步伐，摆脱束缚，另谋出路，闯出另一番天地的人士；⑫一飞冲天型，指智能与经营才华出众，又有冲劲，一旦遇有好的机会，就能一跃而起的人士；⑬强力搭档型，指在幸遇知音、志趣相投、能力互补的强力搭档下，开创成功职业生涯的人士；⑭福星高照型，指一些人相当幸运，往往能随着时势的推移，在风云际会中成就美好的事业前程；⑮暴起暴落型，指一些人命运多舛，起伏不定，崛起、衰败往往在一夕之间；⑯随波逐流型，这类人目标不够明确，策略不够坚定，行动也常三心二意，因此只有随波逐流，难有闯劲；⑰强者落日型，指能够呼风唤雨、才能出众的一些人士，但因人生际遇，虎落平阳，以致聊度残生；⑱一技在身型，指专精某一领域，专心钻研，始终不懈，显得特别踏实的人士。通过这

18 种人生形态的讲解，让学生针对自己的实际情况来进行一一对照，如此不仅可以帮助学生确定人生的发展目标，而且也让学生学习到了相关生涯理论知识。

2. 帮助大学生认识自我

在心理学上，自我是指一个人对自身存在的体验，是一个人通过经验、反省和他人的反馈逐步加深对自身的认识和了解。认识自我属于自我意识范畴，包括自我觉察、自我认知、自我分析和自我评价等。认识自我是一个人成熟的第一步，也是做好指导生涯规划的重要前提，只有帮助大学生真正认识自我，了解自己的态度、情感、信仰和价值观等，才能使其做好生涯规划。心理学家鲁夫特与英格汉把自我分成四个部分，包括公开我、隐私我、潜在我和脊背我，这就是有名的“周哈里窗（Johari Window）”理论。“公众我”表示自己和别人都知道的部分，属于个人表现在外面、无所隐藏的部分。“隐私我”表示自己个人很清楚、别人不清楚的部分，属于个人内在的具有隐秘性的部分。“潜在我”表示自己和别人都不清楚的部分，这个部分的大小是个未知数，是有待开发的部分。“脊背我”表示自己不知道但别人知道的部分，也就是我们通常所说的“个人盲点”，需要通过别人的指点才能清楚的部分。由此可见，在自我意识部分，“潜在我”与“脊背我”是需要进一步开发和探索的部分，这对于大学生认识自我而言，也是重点部分。在指导生涯规划过程中，辅导员可以利用生涯规划理论和方法帮助学生探索和认识自己的兴趣、性格、能力和价值观等，从而达到真正认识自我的目的。

3. 帮助大学生树立职业意识

美国著名教育家约翰·杜威曾说过：“天下最可悲的事，莫过于一个人不能发现一生的真正事业，或未能发现他已随波逐流或为环境所迫陷入了不合志趣的职业。”[①] 职业是一个人安身立命和施展抱负的基础，也是一个人成就自我的根源。随着经济和社会的不断发展，科学技术日新月异，社会分工变化也越来越快，由此造成职业数量、种类、结构和要求等都在发生着剧烈变化。面对纷繁复杂的各行各业，很多大学生感到迷茫和困惑，他们对将来要从事的行业或者职业都知之甚少，如何进行有效的职业探索和树立良好的职业意识是当前大学生面对的重大问题，也是辅导员进行生涯规划指导的重要目标。在指导生涯规划过程中，不仅要帮助大学生认识自我，还要在此基础上，帮助大学生探索与其学习专业、个人实际情况和社会需求相匹配的职业类型和岗位类别，从而帮助其树立良好的职业意识，为未来的职业发展奠定思想基础。

4. 促进大学生全面和谐发展

现代社会中，个人的综合能力和素质是其成功发展的重要基石，把大学生培养成为全面发展的复合型人才既是高校教育的目标，也是个人发展的目标。现阶段，很多大学生将主要精力集中于专业学习和社交方面，认为自己只要具备足够的专业能力和社交能力就能获得良好的发展，这种观点具有很强的片面性。在现代社会，科学技术飞速发展，信息变化万千，大学只是人生发展的起步阶段，大学期间学习的知识只是为未来人生发展所需要的知识做好储备和打好基础，支撑人生未来发展需要具备良好的综合能力和综

① 吕达，刘立德，邹海燕. 杜威教育文集：第 2 卷［M］. 北京：人民教育出版社，2008：297.

合素质。在指导生涯规划过程中，辅导员可以根据相关理论对大学生应该具备的通用技能进行专业指导，如学习能力、创新能力、适应能力、社交能力、组织管理能力等。通过对大学生进行专业的知识讲解和合理的职业生涯管理，帮助其不断提升自我素质与自我管理能力，从而促进其全面和谐发展。

案例分析

唤醒生涯规划意识，缓解新生入学焦虑①

学生小朋，男，来自粤东地区，2020 年 9 月入学，性格内向，不擅表达。据任课教师和班委同学反映，小朋没有旷课，但几乎每节课都压哨进教室，上课总坐最后一排，或者坐在教室角落做自己的事，不参与课堂互动，也很少主动与班上其他同学交流。经过深入了解后发现，小朋高考失利，没有考上自己的目标学校，也不喜欢目前调剂的这个专业。小朋多次跟父母表达过复读的想法，但父亲强硬拒绝的态度让他觉得很难过，认为父亲要把所有的关爱都转移到弟弟身上，父子间的关系也变得越来越紧张。小朋说服自己接受这个专业入学后，发现整个学院只有他这个专业是专科，陌生的环境、父母的不理解、高考的挫败感等种种因素叠加，让他产生了自卑心理和厌学情绪。

【启示】

此案例反映的一是新生高考失利导致的心理落差，进一步产生自卑、自我认同感低的问题；二是新生对专业不了解导致的学业和职业生涯规划问题。解决问题的关键点在于如何开导小朋同学走出高考阴霾与自我怀疑；如何帮助小朋同学客观认识自我，重拾自信；如何指导小朋进一步了解自己的专业，提高其专业认同感和归属感；如何引导小朋树立正确的世界观、人生观和价值观，做好职业生涯规划。作为辅导员，一是要重视大学新生入学教育工作。科学规划、合理安排、细致指导，加深学生对专业的认识和了解。二是要多形式开展职业生涯规划教育。让学生充分认识自我，加深对专业的了解和认同，树立正确的职业观。三是要深入学生，开展针对性帮扶。经常性走访学生宿舍，深入学生生活的重要场所，让学生感受到教师的关爱，构建师生间的良心互动关系。四是要提高本领，服务好学生成长。要不断提高自身本领和专业素养，总结不同时代学生的思维方式、行为特点，进一步把学生工作做细、做深、做实，推动思想政治教育工作的进一步完善。

① 案例由韩山师范学院马晓英提供。

第二节　生涯规划指导任务

生涯规划指导的重要内容是对大学生进行职业生涯规划指导、就业指导和创新创业教育，自然而然地，这三项重要内容也就成了辅导员完成指导生涯规划的核心任务。

一、职业生涯规划指导

生涯规划要求学生将个人发展与组织发展相结合，对自身发展的主客观因素进行分析、总结和测评，从而确定自身的职业发展方向和发展目标，并以此来制订相应的行动计划，持之以恒，最终达到自己的预期目标。大学学习阶段对于很快就要进入工作岗位的大学生来讲是一个极其关键的阶段，一方面是要学习专业知识，为将来工作积累理论基础；另一方面需要为将来从事的职业活动进行相关知识、技能和能力的培训和积累，为进入职场做好准备。但是，由于大学生在学习期间还没有真正进入工作岗位，对于职业的理解和认识还处于感性和表象阶段。因此，对大学生进行职业生涯规划指导的任务主要体现在：一是帮助大学生对自身的成长经历和经验进行系统的总结和分析，全面深入地认识自己；二是帮助大学生进行职业探索；三是帮助大学生了解社会环境和组织环境。

1. 完善自我认知

自我是一个心理学的概念，表示的是一个人对自身存在的体验，由态度、情感、信仰和价值观等组成。美国心理治疗专家费池（Fitts W. H.）通过编订心理测验的方式提出了五种自我概念的基本维度。

（1）生理自我：主要是指个体对自己的生理状况如身高、体重、容貌、性别、健康状况等方面的认识和体验。

（2）道德伦理自我：主要是指一个人对自己的道德价值、人生观的看法。

（3）心理自我：主要是指个体对自己的心理属性如性格、能力、价值观、兴趣等方面的认识、体验和愿望。

（4）家庭自我：主要是指一个人对于自己的成长感受与作为家庭一分子的价值感与胜利感。

（5）社会自我：主要是指个体对自己的社会属性如在社会关系、人际关系中的角色、地位、作用、状况、权利、声誉、威信等方面的认识、体验和愿望。

客观、合理、正确地进行自我认知是一个人成功迈向职业生涯的第一步。当然，正确认识自己很不容易。由于生活、学习环境的改变，同时在生活、学习中又缺乏切合实际的指导，很多大学生步入大学后，存在目标模糊、迷茫失落的状况，每天都浑浑噩噩，无所事事，这一切都源于对自己没有正确的认知，不清楚“我是谁”，不知道“我该做什么，到底怎么做”。因此，辅导员在指导大学生生涯规划过程中，首先需要解决的问题就是帮助大学生进行自我认知。

自我认知主要是对自己的价值观、兴趣、性格、能力等方面进行剖析，从而加深对自身的认识与了解，为将来从事何种职业及岗位提供参考。

首先，了解自己的职业价值观。职业价值观是人们对待职业的一种态度或者在职业生活中所表现出来的一种价值倾向。在实际指导生涯规划的过程中，辅导员可以运用“职业锚”“价值观拍卖”等理论和游戏方法来帮助学生进行价值观澄清，让学生对于自身的价值选择有更清晰的认识，有助于其树立正确的学习目标。

其次，了解自己的职业兴趣。职业兴趣是一个人对某种职业或工作的爱好与投入程度。在职业生涯规划过程中，辅导员可以运用霍兰德职业性向测验量表等专业的生涯规划工具和方法帮助大学生发掘自身的职业兴趣，为将来职业生涯发展确定方向。

再次，了解自己的性格。性格是一个人对事物的稳定态度及与之相适应的习惯化的行为方式，在一个人的人格中处于核心地位，决定着个人的活动方向，是个人区别于他人的最主要特征。[①] 辅导员可以通过卡特尔 16PF、迈尔斯布里格斯类型指标（Myers-Briggs Type Indicator，MBTI）等比较经典的职业人格测验方法对大学生进行性格测试，这样可以很好地帮助学生了解自己的性格倾向、优点、缺点等，从而更容易接受自己和寻找与自己性格相匹配的职业。

最后，了解自己的职业能力。职业能力指一个人从事某种职业所应具有的综合能力，也是一个人能否胜任某项工作的前提和基础。辅导员可以通过普通能力倾向成套测验（General Attitude Test Battery，GATB）帮助大学生对自身所具有的一般学习能力、语言能力、数理能力、书写知觉能力、空间判断能力、形态知觉能力、动作协调能力、手指灵活性能力、手腕灵活性能力 9 种职业能力进行清晰的判断，从而清楚地了解自己适合从事哪种行业及何种职位，有助于学生有针对性地进行相关知识学习和技能开发。

2．引导职业探索

职业是一个人所从事的具体工作的种类，是人们为了谋生和发展而从事的相对稳定，有经济收入、有专门类别的社会活动，是一个人的权利、义务、职责以及其他社会地位的一般性表征[②]。随着社会分工的变化，职业也在不停地更新。大学生在学校学习期间，关于职业的了解更多来自于书本和网络，分析研究多于实践调查，对他们进行相应的职业探索就成为辅导员指导生涯规划的基本任务之一。

职业探索主要帮助大学生进行相关专业、行业、岗位、企业等职业世界全面的探索。

首先，专业探索。专业探索就是帮助大学生正确认识自身所学专业，包括专业历史、现状和未来出路的探索，培养他们学习的兴趣，明确学习的目标和增强学习的动力，从而提高学习的针对性和实效性。通常而言，一般在大一、大二时侧重于对专业历史和专业现状的探索，大三、大四时主要是对专业出路的探索。

其次，行业探索。行业探索主要是帮助大学生对行业的发展现状和趋势进行探索，让学生更深刻地了解与自身将来职业发展密切相关的行业包含的主要职业有哪些，各个

---

① 石建勋．职业生涯规划与管理［M］．北京：清华大学出版社，2012：71.

② 杨河清．职业生涯规划［M］．2 版．北京：中国劳动社会保障出版社，2009：24.

职业之间的区别是什么，该行业在世界、中国、各地区的发展状况、发展前景及该行业在国内外的知名公司等，从而激发他们的学习动力和职业规划意识，为将来职业发展奠定基础。

再次，岗位探索。岗位探索是对大学生将要从事的某一职业内的具体工作岗位的现状及发展前景进行探索，主要包括岗位基本情况、岗位的现状及发展前景、目前从事这一岗位工作的国内外知名人物及其所属公司、岗位的主要工作内容及工作环境、岗位对从业人员的基本要求和薪资报酬等。岗位探索可以引导大学生的学习方向，增强他们职业规划、求职应聘的针对性和实效性。

最后，企业探索。企业探索主要是帮助大学生对个人向往或今后准备求职的企业的现状及发展前景等进行全面探索，主要包括企业的基本情况、主要产品、组织机构及运行机制、企业现状及发展规划、企业人才结构及人才需求状况、企业工资福利待遇等。企业探索可以帮助大学生正确评估其当前制定的生涯发展目标与企业实际需求的匹配程度，激发其求职的积极性和主动性。

3. 职业环境分析

一个人无论生活在哪里，总是要处在一定的自然环境和社会环境当中。同样，大学生无论是学习还是将来就业都离不开一定的自然环境、社会环境及组织环境，只有了解这些环境，才能够更好地顺利进行学习、工作和生活，才能够有助于自身身心健康和职业发展。因此，在大学生职业生涯规划过程中帮助他们进行职业环境分析就显得格外重要。

职业环境是指某项职业在社会环境中的发展状况、社会地位、技术力量和未来发展趋势等因素的综合。在对大学生进行职业生涯规划时，既要对政治、经济、文化、科技等社会大环境进行分析，也要考虑学校、院系、专业、家庭及朋友等小社会环境资源，同时也要对大学生可能选择的组织环境及企业环境进行分析，尽可能利用可以获得的信息帮助学生了解这些职业环境，从而让学生懂得职业环境对自身将来生涯发展的影响及如何才能避免误区，以最快的速度融入职业环境，为未来职业生涯发展打下坚实的基础。

二、就业指导

随着我国高等教育大众化的发展，近些年毕业生人数也逐渐增长，虽然每年国家都在大力创造就业机会和增加就业岗位，但是面对不断增加的就业人数，大学生就业问题仍然不容小觑。当前我国就业工作面临较大压力，就业结构性矛盾突出，新冠疫情对经济的影响，导致就业形势严峻。因此，对大学生进行就业指导、增强大学生就业能力和提高大学生就业率也成为指导生涯规划的重要任务。

就业指导涵盖内容众多且持续过程较长，除了就业派遣政策外，一般来说，就业指导主要是对大学生进行就业形势与政策介绍、求职准备分析、择业心理辅导、面试技巧培训等。

1. 大学生就业形势与政策介绍

就业形势介绍主要是帮助大学生了解我国当前大学生整体就业情况和具体信息，以便增强大学生就业的忧患意识与明确职业选择方向。介绍内容主要包括全球经济发展状况、中国经济整体发展趋势、劳动力市场整体就业规模、国内行业与产业结构调整对就业的影响、国内产业布局调整和转型升级对就业的影响等方面。

就业政策是指针对大学生就业工作而制定的一系列法律法规和制度的总称。就业政策介绍是帮助大学生了解和熟悉国家为了促进大学生顺利就业而实时调整、制定的就业政策，主要包括鼓励和引导毕业生到城乡基层就业的政策、鼓励自主创业政策、困难毕业生就业专项政策、志愿服务西部计划政策、“三支一扶”计划政策、特岗教师计划政策、大学生村官计划政策、应征入伍政策等。

2. 求职准备分析

随着社会主义现代化建设的加速发展，经济机构和产业布局调整会进一步深化，这既为大学生就业提供了更多的职业发展机会，同时也对大学生提出了更高的要求和标准。因此，大学生只有充分做好就业思想、知识和能力上的准备，才有可能赢得自身职业的顺利发展。

首先，帮助大学生从思想上重视就业准备。很多大学生在大学学习期间，将主要精力集中于专业学习，很少考虑就业问题，即使考虑就业问题，也仅仅局限于自己将来要去哪里工作或者从事什么工作，而没有考虑怎么去准备就业或者什么时候去就业。因此，辅导员要从大学入学教育开始，帮助大学生从思想上认识到就业的重要性和严峻性，激发他们努力学习的斗志。

其次，帮助大学生进行知识准备分析。现代社会的职业岗位不仅需要大学生具备专业知识，而且需要大学生具备科学合理的知识结构，能够根据社会发展和职业要求对自己所学习的知识进行综合运用。因此，辅导员在帮助大学生分析知识准备的过程中，要引导大学生建构起自己的知识结构，一般来说，主要包括扎实的基础知识、精深的专业知识、广博的工具知识和有效的方法知识。同时，辅导员要告诫大学生要不断与时俱进，优化自己的知识机构，只有这样才能赢得自己的职业发展，才能够不被社会所淘汰。

最后，帮助大学生进行能力准备分析。个体能力是将来职业发展的关键因素，由于大学生在校学习期间很少真正接触职业，对于职业需要什么样的能力还处于懵懂阶段。因此，对大学生进行能力准备分析具有十分重要的意义。从整体上来讲，辅导员帮助大学生进行能力准备分析内容主要是测试和告知学生是否具备现代社会职业所需要的一般能力，主要包括表达能力、人际交往能力、独立工作能力、获取新知识和新技术的能力、创造能力等。只有帮助大学生做好职业能力准备工作，方能不断提升大学生的学习意识、锻炼意识和自我约束意识，使其成为一个全面发展的综合型人才。

3. 择业心理辅导

经过几年的大学学习，大学生在知识、能力等方面有了一些明显的变化，对于就业也怀有一定的梦想和动机，但是随着择业方式多样化、用人制度市场化等变化，有些大学生对此是兴高采烈，有些大学生是患得患失，甚至有些大学生是忧心忡忡并由此出现了一些心理问题。因此，辅导员对大学生进行择业心理辅导既是做好学生思想政治教育工作的要求，也是大学生就业指导必不可少的任务。从目前来看，大学生在择业过程中表现出来的常见心理问题包括自卑心理、焦躁心理、自负心理、攀比心理、盲从心理、怯懦心理和逃避心理等。辅导员可以根据这些常见的择业心理问题进行择业理性辅导和帮助大学生进行心理调节，从而让大学生走出择业心理误区，以一种积极、平常的心态进入职场。

4. 面试技巧培训

面试是大学生就业过程中不可缺少的环节，也是决定大学生能否获得用人单位最终录用的关键程序。辅导员在就业指导过程中，应该重视对大学生进行面试技巧及方法的培训，帮助他们打开成功就业的大门。常见的面试技巧培训内容包括面试种类的介绍、面试内容的介绍及具体的面试技巧和方法讲解等。

三、创新创业教育

创新是经济学家约瑟夫·阿罗斯·熊彼特在他的《经济发展理论》中首先提出来的，是一个经济学概念。后来人们以此为基础，提出了技术创新、制度创新、体制创新、过程创新、市场创新、营销创新和金融创新等一系列概念。总体而言，创新是指“人们根据一定目的，针对所研究对象，运用新的知识与方法或引入新事物，产生出某种新颖、有社会或个人价值成果的活动”①。

创业主要是指“创业者以一个既定目标为导向，通过运用自己的管理组织、资源整合和环境适应等能力，将市场潜在的机遇或者需求与自己创造性的思维相结合，并承担因此产生的各种潜在风险，来达成既定目标的过程”②。

近些年，伴随就业竞争越来越激烈，就业压力越来越大和国家大力鼓励“大众创业、万众创新”政策的出台，越来越多的大学生加入到创新创业的队伍中，对大学生进行科学、合理的创新创业教育也被纳入指导生涯规划任务当中。对大学生进行创新创业教育，一方面有助于宣传和营造良好的创新创业氛围，另一方面可以提高大学生创新创业的成功概率。创新创业教育主要内容包括创新创业能力培养、创业计划书编制训练、创业项目选择培训等。

1. 创新创业能力培养

创新创业能力是创业者在创业过程中表现出来的精神、素质和能力的综合，是创业者能顺利实现创业的必备条件。美国研究部门曾经对多家企业的企业家及高级管理层进行问卷调查，在此基础上归纳总结出 20 项创业成功者最重要的素质与能力并进行了排序，先后顺序如下：财务管理经验与能力、交流与人际关系能力、激励下属的能力、远见与洞察的能力、自我激励与自我突破、决策与计划能力、营销市场能力、建立各种关系的能力、人事管理的水平、形成良好企业文化的能力、行业及技术知识、领导与管理能力、对下属培养与选择的能力、与重要客户建立关系的能力、创造性、组织能力、向下级授权的能力、个人适应能力、工作效率与时间管理水平、技术发展趋势预测能力。辅导员在对大学生进行创新创业教育的过程中，可以有意识、有计划地对大学生进行这

① 陈永奎. 大学生创新创业基础教程［M］. 北京：经济管理出版社，2015：2.

② 蒋承勇. 大学生职业发展规划与就业创业指导［M］. 北京：高等教育出版社，2015：367.

些素质与能力的培养，为将来顺利进行创新创业打下坚实的基础。

2. 创业计划书编制训练

创业计划书是创业者根据自身情况，认真对市场营销、财务、生产、人力资源等各种因素进行分析，最终形成一份全方位的商业计划书。一份科学、完善、合理的创业计划书有助于创业者更好地明确创业思路、降低犯错成本和获得创业资金。因此，对大学生进行创业计划书编制训练既可以帮助大学生更好地了解创业的过程，也能为其成功创业提供条件。通常，一份典型的创业计划书主要包括封面和扉页、目录、计划摘要、产品（服务介绍）、市场预测、营销策略、管理团队、财务规划、风险分析与退出机制、附件附表等。辅导员可以根据典型的创业计划书内容对大学生进行培训，让学生反复练习，使大学生能够对编制创业计划书胸有成竹，遇到合适的创业项目，能够快速、详细地编制出一份创业计划书，从而赢得先机和市场。

3. 创业项目选择培训

对于立志创业的大学生来讲，能否选择一个可靠的创业项目尤为重要，其直接关系着创业的兴衰成败。在创业项目选择培训中，通过对大学生的兴趣、能力、性格及自身资源进行评估，然后综合国家政策、行业发展、目标市场、发展前景及特色创新等诸多因素帮助大学生分析各种各样的创业机会，分析创业项目背后成功的可能性，教导大学生学会选择创业项目的依据、方法与途径等，从而选定为之奋斗的创业项目。

案例分析

到祖国最需要的地方去：“后疫情时代”的“扎根基层”职业教育使命①

大三学生A，女，就读于某高职院校商务英语专业。在校期间，学习成绩优异，积极参与各类学生活动，目前进入校外实习阶段，她对自己定出的求职底薪为五千元每月，且需要在一线大城市就业。然而受疫情影响，一些用人单位对外贸易岗位的招聘人数有所减少。暑假期间，她尝试在招聘网站投递求职简历，其间也参加多场面试，但仍然没有找到令她称心如意的工作。

A同学在与辅导员的沟通中认为，求职碰壁的主要原因是疫情影响使得中小微企业的就业机会大大减少，认为只有“体制内”的工作才是铁饭碗，同时也表示高职院校就业远不如本科院校，就业认可度低，就算找得到工作也是低收入的体力活。对于求职的不顺利，A同学一会儿想创业、一会儿想找工作、一会儿又打算专升本，表现出焦躁不安的情绪。面对身边同学的专升本备考也存在畏难情绪，生怕考不上专升本又耽误了找工作，不禁着急又迷茫。

【启示】

A同学的案例是非常普遍的高职院校学生就业迷茫期，过度依赖“铁饭碗”，缺少大局意识的就业观念与职业生涯规划问题。其本质是自我生涯教育意识薄弱，对职业教育

① 案例由广东机电职业技术学院胡倩、乔早早、雷园园提供。

的认识存在不解和偏见，就业观念相对固化，缺乏全局观视野的问题。着手解决A同学的实际问题，需要以点及面的从生涯教育入手，以正确认知职业教育新时代内涵为抓手，讲好中国青年奋斗青春，投身基层的重要使命，从根本上灌注“后疫情时代”下职教毕业生大国工匠底色，踏实助力国家振兴发展。

第三节　生涯规划的指导方法

生涯规划是一个动态的管理过程，要根据每个指导对象的兴趣、性格、能力、价值观、成长环境等不同因素制订不同的生涯规划方案和指导行动。因此，对大学生进行科学、全面、合理的生涯规划指导是一项科学、严肃、艰巨而又富有挑战性的工作，只有采取因人而异、因时制宜的方法才能真正帮助大学生解决生涯规划困境，得到真正的成长并融入生涯规划的角色当中去。

一、SWOT分析法

SWOT分析法又称为态势分析法，是由美国旧金山大学管理学教授韦里克在20世纪80年代初提出来的，通过对内外部环境和条件的态势分析，将与研究对象紧密相连的各种内部优势、劣势和外部的机会、威胁等进行系统分析，然后归纳出相应的结论，是一种能够比较客观和准确地分析与研究一个团体或者个人实际情况的方法。SWOT四个英文字母真正的含义是：S（strength）代表优势和强项，W（weakness）代表劣势和弱项，O（opportunity）代表机会和机遇，T（threat）代表威胁和危机。SWOT分析法是指导生涯规划过程中一种常用的方法，运用这种方法可以帮助大学生找出自己最有利和最擅长的因素及自己的短板和不利的地方，发现存在的问题，并且采取积极的解决方法，确定未来发展的方法。在具体的生涯规划指导过程中，运用SWOT分析法可以按照以下四个步骤来进行。

（1）评估大学生的优势与劣势。每个人都有属于自己独特的性格、兴趣、技能、经验和价值观，都有属于自己的专长和某一领域的潜力。在具体的生涯规划指导过程中，可以让大学生填写SWOT分析表，罗列出自己的优势与劣势。优势包括自己最优秀的品质、学习的知识、掌握的技能、大学担当的学生职位和社会实践活动取得的成就等方面，劣势包括性格的弱点、存在的缺陷、最失败的经历等。所有罗列出来的优势与劣势越详细越好，这可以快速、有效地帮助大学生进行优劣势比较，挖掘出自身的魅力和闪光点，寻找出自身的不足。

（2）帮助大学生识别职业生涯的机会和威胁。在现代社会，各行各业都处于急速的变化当中，机会与挑战并存，所以在指导生涯规划过程中，要帮助大学生识别这些外部因素，找出哪些外部因素有利于将来自己的职业定位和生涯发展，哪些外部因素会影响自己的职业发展。这些外部因素包括社会政治和经济发展趋势、社会热点职业分布与需求状况、自己的意向职业所面对的市场状况、行业中的地位及发展趋势等。

（3）鼓励大学生描绘未来职业生涯目标。在帮助大学生做好 SWOT 分析的基础上，鼓励学生描绘自己将来所要从事的职业生涯目标，包括从事的行业及职业、企业的薪资报酬、员工关系、升迁政策等。

（4）协助大学生制订行动计划。在完成环境因素分析和描绘未来职业生涯目标后，便可以制订相应的行动计划。制订行动计划的原则是：学生为主，教师为辅；目标清晰，行动可行；考虑过去、立足当前，着眼未来。在坚持以上原则的前提下，通过系统的分析方法，结合大学生自身的实际情况，将各种因素与学生职业生涯目标进行匹配组合，从而协助大学生制订一套切合自身而又具有较强操作性的行动计划方案并付诸实践。

SWOT 分析法在实际应用中可采用 SWOT 分析表（如表 7－1 所示）进行。

表 7－1　SWOT 分析表

优势（strength）： 我最优秀的品质是什么？ 我曾经学习了什么？ 我曾经做过什么？ 我做得最成功的是什么？	劣势（weakness）： 我的性格有什么弱点？ 我的经验或经历还有哪些缺陷？ 我最失败的是什么？
机会（opportunity）： 什么样的环境是我的机会？ 什么样的行业是我的机会？ 什么样的职业是我的机会？ 什么类型的组织是我的机会？	威胁（threat）： 什么样的环境是我的威胁？ 什么样的行业是我的威胁？ 什么样的职业是我的威胁？ 什么类型的组织是我的威胁？

二、“5W”分析法

“5W”分析法是美国政治学家拉斯韦尔于 1932 年提出来的一种思考方法，后来经过人们的不断运用与总结，逐渐形成一套完善的思考问题的模式，也是职业生涯规划中经常运用的一种简便易行的方法。5 个“W”的含义是：Who am I（我是谁）？What will I do（我想做什么）？What can I do（我会做什么）？What does the situation allow me to do（环境支持或允许我做什么）？What is the plan of my career and life（我的职业与人生规划是什么）？通过追问和回答上述 5 个问题，寻找到它们的共同点，就能指导大学生进行科学合理的生涯规划。运用“5W”分析法对大学生进行生涯规划指导可以按照以下 5 个步骤进行。

（1）思考问题。让大学生在 5 张空白纸上分别写上上述 5 个问题，然后开始认真、严肃地按照顺序思考每一个问题。对于第一个问题“我是谁”，让大学生真实地记录自己所有能够考虑到的答案，写完之后按照重要性进行排序并且确认。

（2）第二个问题“我想做什么”。提示大学生按照自己的成长经历，回忆自己在不同的年龄阶段所有想要做的事情，真实地记录下来并且进行排序和确认。

（3）第三个问题“我会做什么”。让大学生将自己目前已具有的各种技能、专长、取得的成绩等一一列举出来，同时协助大学生寻找其自认为可以开发的潜能并同样列举出来，然后进行排序和确认。

（4）第四个问题“环境支持或允许我做什么”。告知大学生在遵守国家法律法规的前提下，对自己目前所处的社会环境、经济环境和职业环境进行分析，充分考虑自己所能借助的条件，真实地一一记录下来，然后按照重要性进行排序和确认。

（5）探讨与分析。通过上述4个问题的探讨和分析，就可以从中寻找到大学生真实的生涯规划目标，并且可以归纳出大学生实现自己生涯规划目标的优势和劣势，从而就能很清楚地回答第五个问题“我的职业与人生规划是什么”了。大学生根据之前的问题探寻结果，设计自己的生涯规划方案，然后通过系统的学习、培训和实践评估，逐渐实现自己的生涯规划目标。

三、平衡单分析法

平衡单分析法是由詹尼斯（Janis）和曼恩（Mann）设计的平衡单（balance sheet）发展而来的，目前被广泛运用于职业咨询和生涯规划中。平衡单分析法主要是用于协助咨询者系统、全面、合理地分析每一个可能的选择方案，根据主观判断和对不同生涯发展目标的影响对其赋予相应的权重，然后计算出总的权重值并进行先后排序，从而执行最优选择方案。平衡单分析法一般主要采集个人物质方面的得失、他人物质方面的得失、个人精神方面的得失、他人精神方面的得失4个方面的影响因素，每个影响因素的数量可以根据个人实际情况进行取舍，通常情况下设计3～5个选项。平衡单分析法在指导生涯规划过程中主要按照以下5个步骤进行。

（1）列出可能的生涯选项。让大学生在平衡单中列出自己有意向的潜在生涯选项，一般3～5个。

（2）对每个影响因素进行利弊得失分析。充分考虑个人物质方面的得失、他人物质方面的得失、个人精神方面的得失、他人精神方面的得失4个方面中的各种影响因素的得失程度，“+”“-”分别代表得、失，以“+5”到“-5”共11个数值的大小代表得失的程度。个人物质方面的得失、他人物质方面的得失、个人精神方面的得失、他人精神方面的得失包含的影响因素如下。

①个人物质方面的得失：主要包括收入、未来的发展、升迁的机会、工作环境的安全、休闲时间、生活变化、对健康的影响、就业机会、社交范围，以及其他方面。

②他人物质方面的得失：主要包括家庭经济、家庭地位、与家人相处的时间，以及其他方面。

③个人精神方面的得失：主要包括生活方式的改变、成就感、自我实现的程度、兴趣的满足、挑战性、社会声望的提高、所学得到应用，以及其他方面。

④他人精神方面的得失：主要包括父母、师长、配偶，以及其他方面。

（3）对平衡单进行加权积分。学生根据自身成长经历和实际环境对各个因素之间的利弊得失进行考虑，然后根据因素的轻重来设置权重，最重要5分，最不重要为1分。

（4）计算各个因素选项的得分。把各个因素的权重和利弊得失分数相乘后再累加，计算出各个生涯方案的总分。

（5）对各个生涯方案进行排序，选出最优生涯方案。将各个生涯方案按照总分进行排序，分数最高者即为最优方案。

平衡单分析法在实际应用中可采用生涯平衡单（如表7－2所示）进行。

表7－2　生涯平衡单

影响因素	权重 1～5	生涯方案一		生涯方案二		生涯方案三	
		+ 得	－ 失	+ 得	－ 失	+ 得	－ 失
个人物质方面的得失							
他人物质方面的得失							
个人精神方面的得失							
他人精神方面的得失							

案例分析

案例一

网络游戏猛于虎

小郭是某校机械类专业大二的学生，高中时期就喜欢玩游戏。进入大学后，经常晚上在宿舍玩游戏，白天也时常逃课，整个大一阶段共“挂科”7门，并因此受到学业警告。作为一名辅导员，该如何与他进行谈话，使之戒掉游戏，回归正常学习状态？

【启示】

小郭同学的这种表现是一种典型的游戏成瘾，需要从家庭、兴趣、价值观、学业指导等多方面进行深层次咨询与指导，才能解决其痴迷游戏的症结。

首先，判断咨询者的情绪很重要，取得他的信任是关键。通过现场观察，小郭对于此次谈话是抱着“挨骂”的心态来的。因此，要打破常规，取得他的信任才能使此次谈话继续下去。此次谈话是从让他讲述自己出生以来觉得自己做得最成功的一件事开始。辅导员从中了解到他认为自己最成功的事情是参加全国青少年科技竞赛获得一等奖和高考取得成功，考入了理想大学，由此建立信任关系。

建立信任关系后，开始深究其高中生活与兴趣。通过小郭的叙述辅导员了解到，小郭高中时就迷恋玩游戏，但父母告知他进入大学后，就没有高中时的学习压力，可以做自己想做的事情，并在父母严厉的监督下进行机械式学习，以高考为学习的目标，幸运的是高考成绩还可以，考入了比较理想的大学。进入大学后，由于学习的内容还是数学、物理等科目，并且时常考试，没有学习的方向，由此厌倦了学习，重新回归游戏世界，认为游戏才是自己的真正兴趣。由此，辅导员总结出小郭的问题是：进入大学后失去了学习目标，同时误认为自己的兴趣是游戏。

进行兴趣探索。通过对小郭同学进行“兴趣”解析，帮助他了解职业兴趣和非职业兴趣的区别，以及非职业兴趣影响人生发展阶段的时候，应该如何做出抉择。小郭听后，承认自己玩游戏是影响了学习，是一种非职业兴趣，今后工作也不会与游戏有关。

进行价值观澄清。帮助小郭进行兴趣探索后，通过价值观测试和价值观游戏，使其明白兴趣爱好与价值观发生冲突的时候，哪些才是自己真正想要的东西，哪些是属于生命中必不可少的东西，让其明白没有一种工作可以满足自己所有的兴趣爱好，需要进行取舍。

最后，进行专业指导和后期跟进。通过价值观澄清，小郭发现自己对于家人的感情、学习还是非常看重的，只是不知如何与家人进行沟通和安排学习。此时，可以和他一起制订详细的学习计划和技术指导计划，借助专业咨询技术力量和专业教师力量帮助其解决游戏成瘾问题。同时，辅导员要根据计划严格监督其执行情况并做好记录，持续对其行为进行约束规范，帮助其养成良好的学习习惯，解决游戏成瘾问题。

案例二

职业选择，何去何从

刘佳是一名即将毕业的本科生，学习的专业是机械电子工程。目前找一份差不多的工作不是很难，但由于自己是女生，刘佳认为与男生相比，岗位相对来说没有那么优越，同时自己又希望工作比较稳定。目前她考虑的三个未来方向是：当教师、读研、进企业做技术人员。现在刘佳对于如何确定自己的工作比较烦恼，希望辅导员能帮助她，给她提供一些参考意见。

【启示】

根据刘佳的描述，可知她的主要问题是对于职业选择比较困难，可以通过平衡单分析法对她进行职业规划分析。

根据她的描述，她之所以选择当教师、读研和进企业做技术人员这样三个生涯方案，主要观点如表 7－3 所示。

表 7－3　刘佳的生涯方案分析

生涯方案	当教师	读研	进企业做技术人员
优点	工作稳定，老师、同学都比较熟悉，今后可以照顾家庭	能与师长、同学建立良好关系，学历的提升有助于将来的发展	待遇较好，可以提升自己独立处理事情的能力
缺点	比较枯燥，不容易转业	读研没有什么收入，需要父母资助	工作压力大，工作不稳定，经常加班
其他	父母比较支持	朋友都很支持	有机会可以出差或出国

辅导员指导刘佳根据自己的实际情况编制出生涯平衡单并填写原始分数，如表 7－4 所示。

表7－4　刘佳的生涯平衡单（原始分数）

考虑项目（加权范围1～5倍）	生涯方案一（当教师）		生涯方案二（读研）		生涯方案三（进企业做技术人员）	
	得（＋）	失（－）	得（＋）	失（－）	得（＋）	失（－）
1. 适合自己的能力		4	6		5	
2. 适合自己的兴趣		3	5		3	
3. 符合自己的价值观	5		4		2	
4. 满足自己的自尊心		2	4			2
5. 较高的社会地位	3		3			3
6. 带给家人的声望	2		1			3
7. 符合自己理想的生活形态	4		5			5
8. 优厚的经济报酬	7			3	5	
9. 足够的社会资源	2		7		2	
10. 符合个人目前处境	5		2		2	
11. 择偶	5		5		2	
12. 未来具有发展性		2	7		4	
合计	33	11	49	3	25	13
得失差数	22		46		12	

填表说明：
1. 每个项目的得分，可以根据优点（得分）、缺点（失分）来回答，计分范围1～10分。
2. 合计每个方案的优点总分和缺点总分，正负相加，算出客观的得失差数。
3. 根据自己的真实想法作答，正确评估每个方案的重要性

刘佳根据每个考虑项目的重要性设置相应权重，计算加权后的分数，如表7－5所示。

表7－5　刘佳的生涯平衡单（加权后分数）

考虑项目（加权范围1～5倍）	生涯方案一（当教师）		生涯方案二（读研）		生涯方案三（进企业做技术人员）	
	得（＋）	失（－）	得（＋）	失（－）	得（＋）	失（－）
1. 适合自己的能力（×5）		20	30		25	
2. 适合自己的兴趣（×3）		9	15		9	
3. 符合自己的价值观（×4）	20		16		8	
4. 满足自己的自尊心（×3）		6	12			6
5. 较高的社会地位（×4）	12		12			12

续上表

考虑项目（加权范围 1 ~ 5 倍）	生涯方案一（当教师）		生涯方案二（读研）		生涯方案三（进企业做技术人员）	
	得（+）	失（-）	得（+）	失（-）	得（+）	失（-）
6. 带给家人的声望（×2）	4		2			6
7. 符合自己理想的生活形态（×5）	20		25			25
8. 优厚的经济报酬（×3）	21			9	15	
9. 足够的社会资源（×2）	4		14		4	
10. 符合个人目前处境（×5）	25		10		10	
11. 择偶（×4）	20		20		8	
12. 未来具有发展性（×3）		6	21		12	
合计	126	41	177	9	91	49
得失差数	85		168		42	

填表说明：

1. 每个项目的重要性由学生根据当时考虑项目的重要性与紧迫性来确定，给它乘上整数。
2. 平衡单上的得失原始分数乘上整数，最后把得失差数算出来

结论：

刘佳最后根据自己列出的生涯平衡单，选择第二种生涯方案，继续读研。

思考题

1. 指导好大学生职业生涯规划有何重要的意义？
2. 指导大学生职业生涯规划的目标有哪些？
3. 指导大学生职业生涯规划有哪些方法？

第八章
校园危机处置

诸如各种自然灾害、事故灾难、公共卫生事件及社会安全事件等因自然或者社会原因而时有发生，寓身于自然世界及社会世界的大学，并不能幸免于各种危机之外。此外，信息文明时代，人人在网、人物共网、物物联网的信息网络化特征越发明显，世界多极化、经济全球化、社会信息化、文化多样化、价值多元化的发展大势持续走强。国际及国内经济、政治、文化、社会等因素与网络空间的信息行为之间或者多维复合联动并形成叠加共振效应，又或者单项要素累积强化、反复强化形成极化效应，由此引致的安全隐患持续向高校蔓延，同时高等教育系统内部不少负面问题的迸发持续损害文化教育重地的形象。利益主体的分化发展叠加利益群体的持续整合，同质利益意识的弱化叠加具身利益意识的张扬。人际之间社会关系由历史同质同构向复杂多元分化发展，表现为分化叠加整合、现实性叠加超越性、同质性叠加异质性、主体性叠加社会性、具身多元性叠加群体多元性。上述这些因素的串并叠加，使置身于其中的大学业已成为文明、国家、民族、经济、政治、文化、社会及具身的博弈空间。由此，因社会难题、安全隐患等引发的突发事件从社会漫灌至大学，或者萌生于大学内部，屡见不鲜。

突发事件作为非常态化的紧急事态，对国家安全、公共安全、环境安全及社会秩序等造成等级不一、程度不同的伤害。① 校园危机属于非常态化的紧急事态。基于学生工作维度分析，校园危机指预警特征不突出、由校内外异常性因素引发、存在负面影响的校园紧急事件。这一紧急事件以学校即时投入的人力或者其他资源，难以完全有效化解，对学校其时正常的教育教学秩序等可能构成直接或间接的负面影响。

第一节　校园危机妥善处置的意义

一、新时期高校校园危机的特征和类型

新时代，中国高等教育的四大功能包括人才培养、科学研究、社会服务、文化传承与创新。大学的这四大功能构成一个有机体系。其中，人才培养是核心，科学研究是人

① 赵庆．社会发展的哲学新视野［M］．北京：光明日报出版社，2012：142.

才培养的基础与前提，社会服务、文化传承与创新是人才培养的社会目的。但是，大学功能的实现，往往受到潜在校园危机的影响。显然，化解潜在的、管控现实的校园危机是贯彻落实人才培养目标的关键前提。

综合起来看，高校校园危机除了具有突发性、应对紧迫性、危害性、扩散性和易变性等一般性特点外，同时其又表现为更具社会敏感性、主体传播活跃性等当代特征。校园危机发生后，挑战主要源于以下几个方面：其一，危机环境掌控存在不确定性；其二，危机信息获取存在人际的非对称性；其三，人的危机应激反应存在非理性及行为应对理性的有限性；其四，危机的社会反响及发展存在不确定性。根据《中华人民共和国突发事件应对法》① 和《国家突发公共事件总体应急预案》② 的分类，突发事件包括自然灾害、事故灾难、公共卫生事件及社会安全事件等。对于大学校园危机及其处置，李新仓认为，“在高校的校园危机管理过程中，危机分类应侧重于一些政治事件和校园安全事件”③。赵明吉等人的研究主要关注校园暴力事件、学生自杀事件、学生意外事件、校园群体性事件、网络危机事件、自然灾害事件等。一般而言，大学校园危机事件的发生主要与意识形态安全、网络舆情、学生心理发展、学生非正常死亡、公共空间的行为或者活动冲突、教育教学、公共卫生、治安安全、自然灾害等有关。

二、辅导员处置校园危机的工作职能

应对校园危机是辅导员的重要工作职能。自 2017 年 9 月 1 日起施行的《普通高等学校学生管理规定》（中华人民共和国教育部令第 41 号）第三十九条强调：“学校、学生应当共同维护校园正常秩序，保障学校环境安全、稳定，保障学生的正常学习和生活。”自 2017 年 10 月 1 日起施行的《普通高等学校辅导员队伍建设规定》（中华人民共和国教育部令第 43 号）该文件第五条指出，辅导员的主要工作职责包括“校园危机事件应对”。根据该文件，辅导员在校园危机事件应对方面的工作职责包括：①组织开展基本安全教育；②参与学校、院（系）危机事件工作预案制定和执行；③对校园危机事件进行初步处理，稳定局面控制事态发展，及时掌握危机事件信息并按程序上报；④参与危机事件后期应对及总结研究分析。作为辅导员主要工作职责的第 9 项，校园危机事件应对包括事前、事中、事后三大方面的各项相关工作。事前应对，包括围绕潜在校园危机面向学生开展基本安全教育，针对可能的校园危机制定危机事件工作预案；事中应对，包括围绕已发生的校园危机执行危机事件工作预案，围绕已发生的校园危机展开危机初步处理、事态控制、信息管控、逐级报告等程式化处理；事后应对，包括危机事件后期应

---

① 由中华人民共和国第十届全国人民代表大会常务委员会第二十九次会议于 2007 年 8 月 30 日通过，自 2007 年 11 月 1 日起施行。法律条文涉及预防与应急准备、监测与预警、应急处置与救援、事后恢复与重建等。

② 由国务院第七十九次常务会议于 2005 年 1 月 26 日通过，2006 年 1 月 8 日发布并实施。该文件包含总则、组织体系、运行机制、应急保障、监督管理等内容。

③ 李新仓．高校突发事件的防范体系及防范机制的实证研究［M］．北京：人民日报出版社，2014：27.

对、危机事件的反思性分析与解读性总结、经验教训的工作借鉴及迁移性应用等。凡是涉及学生的各类校园危机，都有可能对学校正常的教育教学秩序造成程度不一的各种冲击。高校辅导员既是教师队伍又是管理队伍的一线组成部分，其应对及解决校园危机的素质和能力，反映高校校园危机处置的解决效率和管理水平。要履行好法律赋予公职人员的工作职能，辅导员显然要对高校学生的思想政治状况，以及关心的热点、焦点问题有充分的了解和掌握，以便及时进行教育、引导，从而化解矛盾冲突，并及时参与处置有关突发事件，才能维护校园的安全与稳定。因此，作为工作于学生工作一线的辅导员，做好应对潜在危机事件的思想与心理准备，形成危机预警体系，面向学生强化安全教育工作，掌握及应用合理的危机应对策略，有效处置事关学生的各种校园危机，既展现辅导员危机状态下的处置能力，也对维护校园教育教学秩序及安全、保障师生工作学习及生活的平和畅顺、建设平安校园等具有重大社会价值。

三、处置高校校园危机的意义

危机意味着事件的转机与恶化之间蕴藏潜在的转折点。“危”意味着紧急事态下校园所存在的危势、危难或者危情，“机”则意味着校园危机状态下所存在的生机、转机或者契机。校园危机对大学的校园秩序、基本价值、组织架构及行为准则构成严重威胁，而且处置危机时的事态发展不确定性压力、决策压力、时间压力极大。“根据高校管理的实际情况因地制宜、对症下药，不断完善校园危机应对机制，才能为社会的稳定发展做出贡献，实现和谐、平安校园的建设目标。”① 由此可见，处置高校校园危机必须要有红线意识及坚持底线思维。妥善处置校园危机的重大意义在于以下几个方面。

（1）化解校园危机。妥善处置校园危机、促进事件解决，是恢复校园常态秩序、维护校园公共利益及保障大学功能的必然要件。“高校应急管理工作系统是实现高校应急管理目标、迅速恢复正常校园秩序、维护校园稳定的基础。”② 因此，校园危机产生后，促进危机事件的平顺解决是首要的、前提性目标。

（2）减少人身伤害。校园危机发生后，学生或者是当事人，或者是非当事人。当事人与非当事人之间存在强相互作用的直接关系或者联系、弱相互作用的直接关系或者联系、强相互作用的间接关系或者联系、弱相互作用的间接关系或者联系。如果当事人是学生，必然对当事人学生由弱至强酿成程度不一的直接伤害。即使对非当事人学生，只要与当事人之间存在强相互作用的关系或者联系，也会直接或者间接造成严重的心理冲击及应对压力，由此造成严峻安全形势。此外，具有较强危机意识、危机控制及干预能力的学生，在校园危机初期具备较强理性意识面对危机、处置危机，进而有效地降低危机伤害。反之，危机意识不强、危机应对能力不足的学生，缺乏相应的处置技能或者措施使用不当，不仅不能化解危机的冲击，甚至可能加重危机伤害，致使危机事态进一步

① 赵洪伟，钟俊生，王旭东．高校平安校园建设理论创新与工作实践［M］．北京：中国石化出版社，2015：18.

② 刘向信，等．高校突发事件应急机制研究［M］．北京：社会科学文献出版社，2009：41.

恶化或者蔓延。因此，无论对于当事人学生还是对于非当事人学生，化解校园危机、促进事件解决，都有助于降低校园危机对学生的直接或者间接伤害，帮助学生恢复校园学习、工作与生活惯性，以及恢复学生思想、精神及心理常态，助力学生提升校园危机应对能力及获得心性发展。

（3）维护校园平安。妥善处置校园危机、促进事件解决，有助于维护校园秩序、恢复校园常态，促进平安校园的建设，对教育事业起到保驾护航的作用。

（4）助力社会治理和国家发展。妥善处置校园危机、促进事件解决，有助于促进和谐、美丽社会的建设及维护国家的长治久安，助力社会治理及国家发展。

第二节　校园危机处置的目标

在面临现实危机或潜在危机威胁的情况下，学校及其相关人员要采取一系列有组织、有计划、有步骤的动态应对行为，包括：①实行危机防护及安全教育；②组建危机管理机构，制定危机管理预案；③实施危机预警及识别；④执行危机处理；⑤落实危机后期恢复等有效措施。这样可以达到以下目的：①有效预防危机；②及时应对和消除危机；③化危机为转机。或者说达到以下目的：①控制危机事态的恶化性发展；②降低财物的损失或者人员的伤亡；③维护校园秩序；④恢复校园的常态运行及社会声誉。从校园危机处置的全过程分析，校园危机的处置目标包括：事前目标，即危机预防阶段目标；事中目标，即危机应对阶段目标；事后目标，即危机恢复阶段目标。

一、处置校园危机的事前目标

潜生性校园危机处在既发又未发的潜隐状态，对其处置方式应明显区别于其他。故此，处置校园危机的事前目标，重点在于预测与防控。预测与防控目标的实现主要体现在教育培训目标、危机研究目标、机制建设目标、预警能力目标等子目标的实现。

（1）教育培训目标，即实现基本安全教育及培训目标。

学生是校园危机事件中比较容易受到伤害的对象，而且其危机防范意识比较薄弱、危机责任担当意识不强。突然发生的校园危机，对学生造成或者可能造成特别重大、重大、较大或者一般危害，都需要采取应急处置措施予以应对。因此，把学生纳入安全教育的主要对象，重视学生的危机意识和危机处理能力的提高，有助于做好校园危机管理工作。根据《中华人民共和国突发事件应对法》、《国家突发公共事件总体应急预案》及《普通高等学校辅导员队伍建设规定》（中华人民共和国教育部令第 43 号）等法律法规，安全教育及培训内容应全面涉及自然灾害、事故灾难、公共卫生事件和社会安全事件等。定期或者不定期组织学生参加处置校园危机的教育、培训及技能训练，以便于学生掌握应对各种校园危机的各种重要技能，以减少危机事件所造成的人身及财产等伤害。针对可能发生的校园危机类型，开展危机预警、应对教育及其他相关工作。一是提升学生的危机预防意识。在日常教育与管理过程中，强化危机管理的前置意识。立足平时，强化学生安全意识的教育。危机发生前，充分利用包括网络新媒体在内的各种教育载体，针对学生的安全意识薄弱等问题，通过必要性措施强化学生的危机意识，并提高学生的危机预防意识，引导学生形成正确的安全观、危机观、危机应对观及安全价值观。二是提升学生的危机识别能力。引导学生通过安全教育培训、模拟演练及技能训练等方式，习得应对校园危机的专业知识，并利用这些专业知识提升危机识别能力。三是锻炼学生的危机应对能力。通过必要性措施促进学生熟悉危机处理的各项技能。当危机事件发生时，确保学生能镇定地应对各种校园危机，减少危机伤害，或者降低危机伤害程度。

（2）危机研究目标，即自我加强处置校园危机的实践与理论研究。

一旦校园危机发生，辅导员只能凭借不系统、零散的感性经验被动应对校园危机，对处置校园危机缺乏系统、科学的理性认识，则难免出现忙乱、恐慌乃至不知如何处置校园危机的尴尬局面。为避免这一局面的发生，辅导员有必要围绕危机管理职能，针对危机管理的体系建设问题、危机管理的方法问题、危机管理的队伍建设问题、危机管理技巧的培训问题、危机管理知识的普及问题等深入研究处置校园危机的特点和规律，并进一步开展危机管理的实践与理论研究，不断提高应对校园危机的理论认识水平。在实践与理论研究取得进展的基础上，提升辅导员自身对校园危机的预防预测能力、预警识别能力、处置应对能力。

（3）机制建设目标，即加强院系、年级、班级校园危机管理建设。

一是加强院系、年级、班级校园危机管理团队建设。辅导员做好校园危机的预警工作，需要组建自身院系、年级、班级校园危机管理团队。校园危机管理研究专家康伟认为："学校应建立一套反应迅速、管理指挥能力强的团队，统筹领导学校应对校园危机的各项管理工作。此团队应包括各相关部门和院系领导、各教研室主任，辅导员、班主任、学生干部等。"[①] 重视校园危机预警功能的基石性建设，将部分信得过、靠得住、能力强、做得好的党、团员精英或者学生骨干培育成为胜任校园危机管理工作的一线学生成员。校园危机管理研究专家简敏也指出："在校园危机防范和处理系统中，学校要把学生纳入校园危机管理的主体范围，增强危机管理的主体力量，以有效地预防和处置校园危机。"[②] 显然，推进相关工作，需要强化学生作为辅导员的"千里眼""顺风耳"功能，以及充当辅导员识别、预警校园危机的得力助手。

二是构建院系、年级、班级校园危机预警机制。校园危机管理重在预防，居安思危。为做好事前预防，辅导员可以围绕院系、年级、班级、学生党团组织、学生社团、学生工作团队、学生学习团队、学生生活居所等建设、完善校园危机预警监控体系。完善以学生骨干为基础的危机预警监控体系，力争提前识别或者发现潜在危机，降低应对校园危机的时间压力，确保学校能够及时、有效应对涉及学生的各种校园危机。

三是形成院系、年级、班级严谨的校园危机预防管理环节。环节一：提升危机意识，

① 康伟. 校园危机管理［M］. 哈尔滨：黑龙江教育出版社，2012：192.

② 简敏. 校园危机管理策略创新：当代高校稳定的现实选择［M］. 北京：中国检察出版社，2007：209.

重在成立危机管理团队及组织学生开展危机预防演练、演训、演习等。环节二：排查危机因素，重在及时做好潜在危机及其相关因素的排查工作，对危机征兆进行检查、监控和评估。环节三：危机信息库建设及管理，重在危机排查的基础上，对通过筛查确定的不安全因素或矛盾的强度、频率、范围、时间段、可控程度等进行评估，再根据危机管理经验或专业评估意见形成年级层面的预警决策内容，并尽快采取程序性的向上报告及向下处置行动，继而通过消除不安全因素及时将危机消除在萌芽状态。简而言之，辅导员必须做好日常的危机预防预警工作，从优从细完善预防控制手段，编制应急预案，构建院系、年级、班级危机预警机制等。

（4）预警能力目标，即提升校园危机预警、识别能力及效果。

校园危机预警机制是否有效，关键在于预警的科学性是否得到保证。首先，仅仅依靠经验落实预警工作，无法保证预警的科学性，复杂条件下日常的危机管理水平必将受到影响。其次，处置校园危机能力强不强，与辅导员的危机管理能力、素质紧密相关。此外，能否提高处置校园危机的效率，处置校园危机效果的好坏，或者说，危机应对速度的快慢，危机应对成本均与危机预警信息质量的好坏密切相关。从学校管理层面看，有效、有保障的危机预警信息来自于包括一线辅导员在内的全方位、全员性信息渠道。因此，确保辅导员能够快速、有效搜集危机预警信息，对于提升校园危机的预警效率、识别能力及预警效果，具有举足轻重的意义。据此，一者，让辅导员熟悉危机管理专业知识，提升辅导员的危机意识和处置校园危机的能力。二者，重视有效信息的危机预警作用，建立有效、快速的信息搜集、向上报告机制，提高关于校园危机的组织反应速度，均应视之为处置校园危机的事前目标。简而言之，辅导员在事发前需具备必要的能力及素质，以利于及时发现不稳定因素，且可以主动控制事态的发展，并善于将校园危机事件尽可能地消除在萌芽状态。

二、处置校园危机的事中目标

处置校园危机的事中目标，总体而言就是减少校园危机的直接损失，并为顺利推动危机后期的工作创造条件。具体表现为：①降低危机强度；②阻止或缓解危机的蔓延；③阻止或减少人、财、物的持续受损；④想方设法切断危机源头；⑤引导校园危机向无害方向发展。

具体到辅导员的工作，则需从辅导员的多重角色出发加以明晰。辅导员既是面向学生的日常思想政治教育和管理工作的组织者、实施者、指导者，也是学生成长成才的人生导师和健康生活的知心朋友，还是国家事业单位的法定义务履行者。危机发生后，信息员、教育者、管理人等多重角色、身份要求辅导员必须围绕校园危机应对问题，建立有效的学生动员机制，增强学生的公共安全及风险防范意识，提高学生的避险救助能力。辅导员处置校园危机的事中目标包括：

第一，及时的信息报告。校园危机发生后，辅导员必须及时了解、收集与危机事件相关的各种信息，掌握相关危机的实情，并根据事态的危重及紧急状况及时按程序向上报告相关事态。应急处置过程中，还要及时续报有关情况。

第二，有效的先期处置。校园危机发生后，在自下而上报告危机信息的同时，要根据辅导员的工作职责和规定的权限迅速做出反应，及时、冷静处理各项力所能及的危机事项，控制事态的发展。减少危机伤害，有效消除不良后果，与学校、家庭、学生等相关方保持畅顺的沟通，赢得社会支持、家长理解和学生信任，维护学校的社会形象、社会信誉。

第三，积极的应急响应。对于先期处置未能有效控制事态的校园危机事件，要根据危机预案中的分工安排、职能指引，及时、高效做好事中各项具体工作。强化协同、配合意识，接受上级危机应对系统的统一协调，配合现场应急处置系统或者负责人开展现场的应急处置工作。对于需要多部门共同参与应对的校园危机事件，既要积极配合业务主管部门或者负责人，也要主动协助其他部门或者相关人员等开展危机处置工作。

三、处置校园危机的事后目标

校园危机事件的威胁和危害得到控制或者消除后，校园危机事件的应对将从以应急工作为主逐渐过渡到以善后工作为主。相关应急处置措施即可逐渐停止执行，但是，危机应对工作并没有完全结束。相反，其后续的善后工作才刚刚开始。可以说，校园危机事件后，包括危机恢复管理在内的善后工作将是一项庞杂而又持久的大事情。善后工作做得好，不仅可以想方设法把危机造成的损失及影响降至最低，还可能为大学提供新的发展机遇。处置校园危机的事后目标，总体而言就是：①采取或者继续实施必要措施，以防止次生性、衍生性事件叠加发生或者重新引发社会安全事件；②立即评估校园危机事件所造成的各种损失；③根据具体受损情况予以针对性的诊治、复原或者重建；④恢复校园学习、工作、生活和社会秩序。

具体到辅导员的工作，则需强化辅导员作为学生的人生导师和知心朋友，以及作为思想政治教育和管理工作的组织者、实施者、指导者等角色。履行好辅导员的工作职能，一要为恢复大学的人才培养功能做好有针对性的善后教育、管理工作；二要根据当事人学生或者非当事人学生的具体情况，有针对性地开展思想引导、精神建设或者心理疏导工作；三要在总结经验教训的基础上，在院系、年级、班级层面探寻遏制同类危机再次发生的有效措施，或者寻求应对同类危机的有效办法；四要在院系、年级、班级层面进一步完善校园危机预警体系，确保今后校园危机发生前能有效预防，发生时能及时处置，发生后能有效恢复；五要有针对性地做好校园危机事件的分析总结及调查研究工作，向上级职能部门提交全面、准确、科学、合理的分析总结及调查研究报告。

简而言之，处置高校校园危机的主要目标在于：通过调动各种可利用的内外资源，采取各种可能的、可行的措施，遏制乃至消除危机事件或状况，从而使可能发生的危机消失，使已经发生的危机得以化解，降低危机造成的伤害程度，控制危机的负面影响，促使危机从“危”向“机”转变并逐步回归至常态。

第三节　校园危机处置的任务

为预防和减少突发事件的发生，控制、减轻或者消除突发事件引起的社会危害，以及提高保障公共安全和处置突发公共事件的能力等，国家立法机关、行政机关及教育行政部门分别根据立法职能、社会治理职能、教育管理职能制定突发事件应对法、编制突发公共事件总体应急预案及修订通过相关部门规章，确保处置突发事件可以做到有法有规可依、有法有规必依、违法违规必究及执法执规必严。2006 年 1 月 8 日国务院颁布并实施的《国家突发公共事件总体应急预案》强调，编制总体应急预案的目的在于“提高政府保障公共安全和处置突发公共事件的能力，最大程度地预防和减少突发公共事件及其造成的损害，保障公众的生命财产安全，维护国家安全和社会稳定，促进经济社会全面、协调、可持续发展”①。自 2007 年 11 月 1 日起实施的《中华人民共和国突发事件应对法》强调，立法目的在于“预防和减少突发事件的发生，控制、减轻和消除突发事件引起的严重社会危害，规范突发事件应对活动，保护人民生命财产安全，维护国家安全、公共安全、环境安全和社会秩序”②，并指出“突发事件的预防与应急准备、监测与预警、应急处置与救援、事后恢复与重建等应对活动”③ 适用于该法。根据《中华人民共和国突发事件应对法》，高等学校作为国家的事业单位必须履行法律赋予其应对校园危机的各项法定职责，包括预防与应急准备、监测与预警、应急处置与救援、事后恢复与重建等。

辅导员围绕大学应对校园危机的各项法定职责，需要做好以下相应工作：①围绕预防与应急准备做好学生的基本安全教育；②围绕监测与预警构建监测与预警机制，制定危机事件工作预案；③围绕应急处置与救援执行危机事件工作预案，做好危机事件的初步处理、事态控制、信息管控、逐级报告等程式化处理；④围绕事后恢复与重建做好危机事件后期应对、危机事件的解读性分析及反思性总结、经验教训的工作借鉴及迁移性应用等。

前面提到，校园危机事件具有突发性、危害性、扩散性和急迫性等特点。而且，事件的主体比较特殊，事件参与者可能存在群体性，危害后果轻重难断，社会敏感性强、关注度高，社会舆论压力大，事件的社会影响持久。围绕大学生的教育与管理，辅导员工作在第一线。因此，对事件涉及学生的校园危机的预控与处理，既是辅导员的一项重要本职工作，也是一项有待辅导员精心研究的重要课题。对于危机事件的应对，包括事发前、事发中、事发后的处置。有效控制或者顺利化解事件涉及学生的校园危机，有赖于辅导员对包括基本安全教育、构建监测与预警机制、制定及执行危机应对预案、危机事件的程式化处理等工作的贯彻及落实。

---

① 见《国家突发公共事件总体应急预案》总则第一条第一款。

② 见《中华人民共和国突发事件应对法》第一条。

③ 见《中华人民共和国突发事件应对法》第二条。

一、基本安全教育

组织开展基本安全教育，是辅导员在校园危机应对方面的基础性工作。处置校园危机过程中，危机意识、心理素质、处置能力等具身因素对校园危机应对影响巨大。对大学校园管理而言，事发前的危机应对是重心工作，事发中的危机应对是焦点工作，事发后的危机应对是关键工作。危机管理重在平时的常态管理，而不仅仅限于危机发生时的应急管理。某种程度上，长期做好校园危机的常态化预防工作，比短时间内倾全力集中化解某一个特定危机事件更具合理性。这一做法不仅可以尽可能消除或者降低危机的负面影响，而且可以节约大量的人力、物力和财力，更加符合校园管理的发展风险成本、社会声誉成本要求。因此，处置校园危机的事前目标，是采取一系列必要的安全管理措施，提升学生应对危机的能力，包括通过模拟演练等教育、培训措施，强化学生的危机敏锐感及危机识别能力，也包括建立危机预警系统监测可能对人身、财产安全造成威胁的因素，以此防控校园危机的发生。

人具备一定的危机意识，才能促使其相应地提高应对危机的意识和能力，才能在应对危机过程中保持沉着冷静、随机应变。必要的安全教育不但可以提升学生的危机意识，也可以提高学生的危机应对能力。针对处置校园危机的基本安全教育工作，可以围绕安全教育内容、安全教育方式、案例教育、安全演练、安全技能与知识学习等开展。第一，就安全教育内容而言，组织学生认真学习《中华人民共和国突发事件应对法》《国家突发公共事件总体应急预案》《学生伤害事故处理办法》，以及包括《中华人民共和国教育法》《中华人民共和国教师法》《中华人民共和国民法总则》《中华人民共和国刑法》等在内的其他相关法律法规，不断增强学生的危机意识、应对危机的法律法规义务及权利意识。第二，就安全教育方式而言，可以通过安全教育专题讲座、宣讲会、讨论会、模拟训练、线上及线下宣传等形式展开安全教育。第三，就案例教育而言，多方面收集典型校园危机案例，整理、分析有关资料，组织学生开展案例学习、讨论、反思，分析应对者所采取措施的合理性、科学性、有效性，讨论危机处置的得与失，在潜移默化中提升学生的安全防范意识、危机应对意识。第四，就安全演练而言，组织学生共同商议年级、班级校园危机应对预案，并围绕预案组织学生展开模拟演练。“积极开展提高学生应对校园危机处理能力的专题训练活动”[①] 必然蕴含重大的安全教育价值。通过应急训练，让学生在感性体验过程中主动增强危机应对意识，提高学生的危机应对技能以及面对危机的心理素质，增强他们应对危机的能力。第五，就安全技能及知识学习而言，邀请有关专家开展专题讲座，让学生通过专家讲座掌握一些基本的求生知识和技能。简而言之，通过强有力的教育宣讲等各种有效方式提高学生日常生活中的危机意识，并通过必要的、严格的安全教育，在学生中普及危机应对知识，让学生切实掌握应对校园危机的基本方法、基本技能，提升其对校园危机的应对能力，有效地防控校园危机的发生，或者降低校园危机对人身、财产的危害。

---

① 康伟．校园危机管理［M］．哈尔滨：黑龙江教育出版社，2012：196.

二、构建监测与预警机制

学生，可能是潜在校园危机事件的直接或者间接当事人。完善学生信息档案，是建立、健全校园危机事件预防体系的有机组成部分。因此，构建监测与预警机制应对校园危机，对于辅导员的教育、管理工作而言，需要全面掌握学生的家庭住址、家庭经济状况、家长的联系方式及学生的学习生活状况、思想道德状况、性格特点等基本信息。对存在精神或者心理障碍的学生、学业困难的学生、经济困难的学生、曾对人对己发生特殊行为的学生、认知行为不协调的学生、自持力或者自制力较差的学生、家庭情况特殊的学生（包括单亲家庭或父母离异家庭等），需要全面收集、整理有关信息，做到重点关注，跟踪观察。以此为基础，形成健全的学生信息档案，有助于完善针对学生校园危机的监测与预警机制。

三、制定及执行危机应对预案

预防为主是现代处置校园危机的重要导向。对于潜在的校园危机，及时发现其各种危机苗头或者迹象，采取适当措施，在萌芽状态时即已清除相关安全隐患，是处置校园危机的理想方式。因此，处置校园危机，坚持预防为主的工作导向，重在提前做好防控危机的工作。换言之，强化对校园危机的预防并化解潜在危机，需要在日常工作中实现安全管理的机制化、制度化、常态化。其中，制定科学、合理的处置校园危机工作预案，对潜在的各类校园危机做出科学分析及合理预测，监控相关事态的发展方向，客观评估潜在校园危机的严重程度，采取有效的针对性预防措施，降低校园危机的发生概率，降低潜在校园危机的可能影响，减少潜在校园危机所造成的社会伤害及社会负面影响等，换言之，对于防控校园危机而言，其价值不言而喻。孙德梅等人也共同强调："通过建立动态的应急预案体系和安全教育长效机制，加强学生和教师的危险防范意识，提升其应对校园危机的实践能力。"① 简而言之，参与制定院系、年级、班级的危机事件工作预案，实施校园危机预警及识别管理，当属辅导员在校园危机事件应对方面的工作职责。其中，危机事件工作预案应包括以下几个方面的内容：一是明确编制应急预案的意义与目的、编制依据、适用范围、工作原则；二是明确包括预测与预警、应急处置、信息报告、先期处置、应急响应、善后处置、调查与评估、状态恢复等的运行机制；三是明确预案演练、宣传和培训、责任与奖惩等。危机发生后，辅导员根据上级部门或者领导的决策，执行危机事件工作预案，落实相关工作安排并严格履行相关工作职能。在合适及可能情况下，可主动、及时对校园危机事件进行初步处置，及时稳定危机局面、控制事态发展，按程序上报危机事件信息。

---

① 康伟，孙德梅，吕冬诗. 学校突发危机事件管理研究：以生成、演化与控制为视角［M］. 北京：人民日报出版社，2016：93.

四、危机事件的程式化处理

在执行校园危机工作预案过程中，校园危机应对应该坚持以下几项原则：一是以人为本，降低危害；二是居安思危，预防为基；三是统一协调，分工负责；四是依法遵规，强化管理；五是反应及时，协同应对；六是方法精当，提高能力。高校应急管理工作系统的功能在于“最大限度地防止高校突发事件发生”[①]。校园危机事件的程式化处理包括成立应急管理队伍、初步处理、事态控制、信息管控、逐级报告等，这些关键处置环节可以根据实际情况采取串行、并行或者串并结合方式等予以交叉、融合处理。

一是成立处置校园危机应对管理队伍，队伍的组成结构应视危机情况可能或者应该包括以下人员：①危机应对协调人员，承担指挥、管理职能；②医疗救护人员，承担紧急医疗救护的急救报告、伤情登记、医护通信联系职能；③安全保卫联络人员，承担现场保护职能；④媒体协调联络人员，承担接待媒体、媒介及信息发布等职能；⑤家庭联络人员，承担接待亲属、向亲属通报相关信息等职能；⑥心理干预人员，承担对当事人或者与当事人密切相关的非当事人实施心理干预职能；⑦校园内部联络人员，承担传达、接待、协调等职能。

二是对校园危机实施初步处理，包括：①发出安全警报，寻求必要救助援助；②控制并保护现场，等待有关方面的专业处理；③初步确认伤害情况；④准备危机事件事实报告材料；⑤根据事态，及时联络、联系必要人员；⑥视危机情况协调医疗、公安、火警、交警等展开进一步的专业救护。

三是实施事态控制，危机发生后必须对校园危机事件的严重程度做出比较准确的评估，迅速动员各类应急力量及资源应对校园危机，并采取合理的干预措施预防、控制事态的进一步发展。

四是实施校园危机信息管控及权威发布。校园危机事件，往往不利于学校的形象建设及社会声誉。模糊、混乱甚至错误信息容易引起媒体错报、公众误解。“只要信息及时、透明，流言就会不攻自破；学校与新闻媒体的沟通，是关系到学校能否成功预防和应对校园危机、尽快消除影响的关键。”[②] 因此，通过权威部门或者官方机构及时、准确地向媒体、公众发布权威信息，让媒体、公众及时掌握事件实情，可以避免不必要的流言及猜疑，有助于向解决危机方向引导舆论。

五是落实逐级报告。报告内容应初步确定危机事件的性质、现场所处的准确位置、初步的伤害情况、通信联系及沟通情况等必要性信息，并且确保危机事件信息陈述、报告的准确性。

五、危机事件处理的善后工作

校园危机事件的后期应对，包括心理安抚与疏导、危机事件的解读性分析与反思性

① 刘向信，等. 高校突发事件应急机制研究［M］. 北京：社会科学文献出版社，2009：41.

② 康伟. 校园危机管理［M］. 哈尔滨：黑龙江教育出版社，2012：190.

总结、经验教训的借鉴及迁移性应用等。校园危机的发生，必然对大学功能、教育教学秩序、学生的学习工作生活等造成或大或小的影响，甚至酿成严重的人身财产伤害、心理冲击与创伤。诸如忽略心理干预等善后工作，校园危机所造成的伤害将不限于当事人的生命财产安全，还会造成急性乃至恒久的心理创伤。因此，做好有针对性的事后安抚及疏导工作尤为重要。

做好安抚及疏导工作，首先需要将危机影响控制在一定范围内，及时缓解或者稳定当事人及相关人员的思想紧张情绪，化解当事人的心理障碍，弥合其心理创伤，为后续的善后工作创造条件。其次，善后工作包括危机事件后的解读性分析与反思性总结。最后，善后工作也包括经验教训的借鉴及迁移性应用。具体而论，做好危机事件的善后工作，需要健全合理的评估机制。即是说，需要在后续的善后工作中认真分析、总结处置校园危机方法的科学性、有效性。在此基础上，为以后的校园危机管理工作积累危机处置经验，提供危机管理启示。具体包括：一是从处置校园危机的应对过程、处置校园危机的组织效率、处置校园危机的资源配置、处置校园危机的最终效果等几大层面展开评价。二是实现事后的危机恢复、危机补救、危机抚慰、危机反思及危机问责。简而言之，对处置校园危机展开合理、规范的评估，要求对校园危机应急和应对全部过程实施全面客观、翔实的评价，诸如核定危机事件的伤害程度、核算危机恢复费用及认定相关危机责任等应属保留性内容。

第四节　校园危机的处置方法

随着高等教育规模的扩大，在校学生人数扩增，高校累积的安全隐患逐渐增多。同时，社会安全隐患向高校蔓延的趋势也日益增强。校园危机事件不仅危及学生的人身财产安全，还直接影响校园正常教育教学秩序和校园安全稳定。建设平安校园是实现大学功能的前提和基石。因此，以合适、科学、完善的应对方法及其机制处置校园危机，必然有助于实现大学的各项职能及大学的功能。

一、危机教育预防法

危机教育预防法，需要明确危机教育预防的目的、形式、内容、方法及时机等。危机教育预防法旨在通过必要的危机教育，预防危机的发生或者规避危机所造成的人身财产伤害。重视并贯彻实施大学生的危机教育，切实提升大学生的危机意识，增强大学生的危机应对能力，是建立学校危机预防管理体系的必需环节，也是必要的基础性措施之一。“危机意识是危机预警的心理基础，也是危机预防管理的起点。”[①] 学生只有具备危

---

① 卓立筑. 危机管理：新形势下公共危机预防与处理对策［M］. 2 版. 北京：中共中央党校出版社，2013：133.

机意识，保持必要的危机意识、应变心理和应对准备，即使突然直面危机，也不至于因应变心理准备不足、决策意识慌乱而失去自救的理性。因此，学生工作重视危机教育，通过精心组织、安排各种危机教育，以合理有效的危机教育形式、危机教育内容、危机教育方法及危机教育时机，引导学生提升危机意识、提高危机应对能力。针对学生开展危机教育，既展现人文关怀精神，又具有重要的人本意义。

危机教育预防的形式、样式很多。例如：①组织安全专题专家讲座。让学生通过案例感受危机，提升危机防范意识，通过专家讲座获得危机应对决策知识，掌握危机应对方法，提升危机应对技巧，提高危机应对技能，获取危机应对方案。②组织危机教育主题班会。班会经过观点商榷、意见争鸣、话轮转换等无领导式共商共议过程，先辅以学生的自主发言、学生的自由讨论，及后再主以教师的自觉引导等环节，激发学生关于危机话题的深度讨论，借用观点争鸣方式引导学生认识危机、识别危机、提升危机意识。③开展日常教育引导。寓危机教育于日常思想政治教育工作之中，是开展危机教育的常见方式。在与学生谈心谈话时，辅导员通过议题设置嵌入危机教育主题，深入浅出地引导学生关注危机，帮助学生对危机形成合理的敏感意识、必要的敏锐视角及果断的预判能力，做到有意识防范危机的发生。

危机教育预防的内容随着社会安全意识的提升持续增多，根据《中华人民共和国突发事件应对法》和《国家突发公共事件总体应急预案》等法律法规的界定，危机教育可以围绕自然灾害、事故灾难、公共卫生事件、社会安全事件等四大类别组织拟设危机教育内容。具体到校园危机教育，针对校园多发的危机安全事件，可以围绕意识形态安全、网络舆情、学生心理发展、学生非正常死亡、公共空间的行为或者活动冲突、人际情感冲突、人际体育运动冲突、人际交往冲突、宿舍生活人际冲突、学习环境人际冲突、教育教学、公共卫生、治安安全、自然灾害等非常态紧急事件等展开相应的危机安全教育。

危机教育预防的时机很重要，危机教育也需要重视天地人和，合乎天时地利人和的危机教育可以事半功倍地提升危机教育效果。在对的时间、对的地方面向对的人做对的事，以“四两拨千斤”的做事技巧开展危机教育，显然事半功倍、讨好不吃力。相反，在不合适的时间、不合适的地方面向不合适的人做不合适的事，势必事倍功半、吃力不讨好。可见，提升危机教育的针对性、实现危机教育的目的，必须把握教育时间、教育空间、教育对象与教育时机之间的内在关联性。

二、危机要素控制法

内部环境，是学校建立和实施有效危机控制的重要基础；风险评估，是学校建立和实施有效危机控制的重要环节；控制活动，是学校建立和实施有效危机控制的重要手段；信息与沟通，是学校建立和实施有效危机控制的重要条件；内部监督，是学校建立和实施有效危机控制的重要保证。导致危机发生的要素，并不一定等同危机控防的要素，但两者之间构成必然的内在关联。通过控制危机发生的关键要素防控危机的发生，这是防控校园危机发生的重要手段、基本方法。

（1）危机要素控制法。

对于具体学生而言，或者通过控制危机发生的关键要素防控危机在具体学生身上的发生，或者通过提升学生的危机应对能力遏制危机的发生。对于第一种情况，因为导致危机发生的不可控要素过多，辅导员因欠缺必要的资源配置能力和条件，一般难以形成全面的、具操作性的有效措施和手段予以防控。但是，对于第二种情况，辅导员则可以从学生的心理特性层面取得突破。基于心理特性的危机问题解决方式，其关键之处在于提升学生的危机应对能力。

危机应对能力，是人在危机中通过最小代价解决某种危机难题的能力，个体知觉、认知、情绪和行为等方面的适应性起决定性作用。同时，根据校园危机的事前、事中、事后三个阶段，学生应对校园危机的能力分别包括事前阶段的预防能力、事中阶段的控制能力、事后阶段的恢复能力。由此，预防能力、控制能力、恢复能力是学生应对校园危机的关键要素。其中，学生对于危机的基本认知、危机认知的影响、相关政策等要素的理解和掌控与否，表明其是否具备相应的危机意识。学生的危机意识和防范能力属于危机前的预防能力，学生的心理应激、理性评价、应急技能属于危机中的控制能力，学生的心理调适能力和秩序恢复能力属于危机后的恢复能力。“显性危机或隐性危机是由学生自身问题要素和切身问题要素所引起，所以它并不仅仅受单一要素的影响。”[①] 帮助学生预防危机或者化解校园危机对学生的影响，是促进其获得针对危机的预防能力、控制能力、恢复能力。这一做法的具体操作方式，是引导学生从自身的知觉、认知、情绪和行为要素出发，促进学生本人针对危机能够理解和掌控以下具体要素：征兆察觉、基本认知、认知影响、理性评价、情绪稳定、信息反馈、抗压能力、自救能力、互救能力、心理调适、相关政策、资源利用和秩序恢复。换言之，提升学生的危机应对能力，就是提升其知觉、认知、情绪和行为等方面对于潜在危机的适应性。或者说，从学生的知觉、认知、情绪和行为要素出发，可以帮助辅导员建构各种可行方法化解学生面临的潜在危机。

（2）危机要素控制法，需要综合考虑时间成本及决策成本。

校园危机发生后，在反应时间短、决策压力大的情况下，短时间内无论是从社会因素、学校内部因素、学生因素、教师因素还是自然因素方面彻查危机发生的真实原因，从危机管理角度而言都不具合理性。对于学校而言，则可从校园危机的现象性要素加以管控。校园危机发生后，以下现象一般会伴随出现：①事出意外及突然；②非理性行为及恐慌情绪较为普遍；③反应时间短促及应对压力大；④社会及舆论关注度高；⑤负面影响大。基于上述现象性要素的基本特征，管控校园危机，一要控制住事态，遏制其扩大、升级、蔓延的各种可能性。此做法是处置校园危机的关键所在。因此，及早发现校园危机，迅速反应，及时控制事态，有利于校园危机的妥善解决和降低人身财产伤害。二要迅速做好隔离措施，通过主体、对象、工作隔离，从人的思想意识及教育教学工作机制上视校园危机处理与维持学校正常教育教学秩序为关联性不大的并行性工作。据此

① 康伟，孙德梅，吕冬诗．学校突发危机事件管理研究：以生成、演化与控制为视角［M］．北京：人民日报出版社，2016：213.

实施必要的、有效的安全隔离，预防校园危机事件干扰学校正常的教育教学秩序，以及师生工作、学习和生活秩序。三要立场鲜明、决策果断、态度明晰、情理并举，妥善处置危机事件。校园危机一旦发生，无论其情况如何，宜在短时间内针对事件的起因、事件的责任、事件的可能发展趋势及事件的显隐性影响，做出明确评估及相关跟进处置。

三、危机事态管控法

校园危机在发展过程中，事前、事中及事后阶段依次表现为潜伏状态、爆发状态及完成状态三种形式。“公共危机事件通常具有突发性的特征，来势凶猛、发展迅速、后果难以预测。……必须在第一时间采取紧急处理手段，及时控制危机事态的发展。”① 危机事态管控法，就是依据三种事态并建立与之相应的校园危机管理机制，即包括危机爆发潜伏期的预防机制、危机爆发过程期的应对机制、危机爆发结束期的恢复机制。

第一，对于危机爆发潜伏期的预防机制，需要将预防危机视为危机管理工作的关键战略。凡事预则立，不预则废，预防是解决危机的有效方法。合理、恰当的做法就是将危机管理视为学校常态管理内容的重要组成部分，而不是仅仅着重于在校园危机发生后根据应急需要临时形成强时间压力、高决策成本的一种应急管理状态。据此，应收集、分析危机爆发潜伏期的各种相关信息，识别各种危机预警信号，预测可能发生的危机，并制定相应的危机应对预案。

第二，对于危机爆发过程期的应对机制，需要采取程式化处理方式应对校园危机事件。一要在内部形成及时报告机制，以资决策之需。二要实行分级管理、分类管理，并在部门间维持畅顺沟通、协调机制，共同决策、统一行动，形成整体性的危机应对合力。三要即时及适度管控危机现场环境、网络舆论信息环境、新闻媒介环境、事件中心的社会生态环境，防止校园危机的蔓延及次生性伤害。四要视危机事态的具体情况，与教育行政部门、公安机构、消防机构、医护机构、法律机构、执法机构、交通机构等保持良好的专业联系与应对沟通，以获得必要的社会援助。

第三，对于危机爆发结束期的恢复机制，需要围绕事后安抚及疏导工作、危机事件后的解读性分析与反思性总结、校园危机应对经验及教训的迁移性应用等确定机制性管理要求。

四、危机信息管控法

危机信息管控法，需要从预防、应对、管控、解读等层面认识和理解相关危机信息的意义和价值。“‘应对危机信息传播’成为控制危机事态的重心。”② 继而针对处置校园危机的预防需要、应对需要、管控需要、解读需要，围绕危机信息的收集、整理、分析及应用等形成系列化的处置方法。

第一，预防校园危机，需要掌握关键的预警信息。预防校园危机事件的发生，关键

---

① 赵艳霞. 公共管理学［M］. 哈尔滨：哈尔滨工程大学出版社，2016：265.

② 程惠霞. 危机管理：从应急迈向前置［M］. 北京：清华大学出版社，2016：81.

之处在于止之于始萌，绝之于未行。建立健全校园危机信息收集、整理及分析机制，重视危机信息的预警价值，对于化解校园危机具有举足轻重的意义。一是充分利用网络媒体等各种有效渠道，依法依规及时发布政策信息、决策信息、教育信息、管理信息和服务信息等，满足并回应师生的知情权、参与权、监督权，做好教育、管理及服务工作，发挥宣讲宣教、释疑解惑等作用，实现校本教育目的。二是充分利用网络媒体等渠道，做好危机预警信息的收集、整理、分析、甄别与判读，完善校园危机的预警功能。

第二，应对校园危机，决策依赖准确的危机信息。社会信息化时代，校园危机决策前所未有地仰仗高质量的、全面的危机信息。处置校园危机，无论是在危机潜伏与预警阶段、危机爆发及应对处置阶段，还是危机结束及善后阶段，支撑决策的最重要组成部分必然包括信息。进一步说，危机决策尤其需要以信息为基础和依据。危机决策是处置校园危机的关键环节，但是由于校园危机的生成原因、发生过程复杂，而且其发展态势难以根据常理做出准确的判断和预测，因此，危机决策的信息约束、信息依赖特别突出。“信息畅通是正确决策的前提，也是采取迅速行动的前提。”① 概言之，校园危机决策受制于危机信息来源的真实性、信息传递的及时性、信息质量的可靠性、信息表达的准确性。显然，危机信息的可靠性、及时性、准确性程度直接决定危机决策的科学性、合理性及正确性。此外，海量危机信息的短时汇聚，导致危机信息工作的难度持续增大。因此，建立健全校园危机信息传播机制，制定危机信息传送、报告制度，制定信息举报制度和信息披露制度，完善校园危机信息反馈机制，有助于提升校园危机决策水平。

第三，管控校园危机，需要全面的反馈信息。校园危机发生后，次生性危机的发生对大学的社会声誉、社会形象可能造成新的伤害。因此，信息管控的目的在于防止次生性危机的叠加共振。但是，做出怎样管控的决策，必须依赖于全面的反馈信息。

第四，解读校园危机，需要全面的预警、危机、反馈信息。校园危机事件的结束，并不意味着应对危机工作的全面完成。妥善处理危机善后事宜，需要立足于应对现实新的潜在危机，从中吸取教训和经验。通过对事前、事中及事后处理过程进行客观评价，全面分析校园危机的发生因由、利弊得失等，总结应对校园危机的经验教训，从中挖掘危机公关机遇、机会，想方设法化危机为契机，为促进社会声誉的恢复、高校形象的重塑提供转机。概言之，健全的校园危机善后机制，依赖于对全面的预警、危机、反馈信息的整理、分析、综合及应用。

五、危机程式处理法

危机事件一旦发生，必须迅速处理。可以根据事态相关因素的轻重缓急及科层管理机制，以程式化方式处置校园危机。②

第一，在事发后的第一时间向学院及领导报告校园危机发生的基本情况。报告的主要内容包括：危机事件发生的时间、地点、概况及采取措施的情况、进展和下一步做法

① 赵艳霞. 公共管理学［M］. 哈尔滨：哈尔滨工程大学出版社，2016：265.

② 郑子云，司徒永富. 企业风险管理［M］. 北京：商务印书馆，2002：53.

等。学院及领导根据校园危机事件的等级，向学校职能部门及分管领导报告。由上级部门或者领导通过应急决策机制，做好指挥、协调工作，并依应急机制启动、执行校园危机事件处理应急预案。必要时，主要相关人员必须在第一时间赶到事发现场，按应急预案开展危机应对工作。

第二，严格遵循“以人为本，安全第一”的原则，根据校园危机的性质因时、因地、因人制宜地加以妥善处理。诸如火灾、交通事故等突发事件发生时，造成器质性的人身伤害可能性很大。因此，更要沉着冷静采取必要措施，除组织抢救疏散外，要及时向消防、交警等有关单位报告，设法将伤害、损失降至最低限度。

第三，危机事件的事态发展基本控制后，应配合职能部门做好校园危机的发生原因、经过、相关责任等调查工作，确定事件性质，形成调查报告。根据上级要求及有关处置工作需要，对事件的处置等提出处理建议、整改措施。

第四，及时报送、报告信息。一般突发事件 2 小时内向上级主管部门报送，重大突发事件必须即时报告，具体为先口头报告，再书面报告。同时应及时续报事件发展情况、原因、后果及对事件的处置情况。

第五，做好善后的总结反思工作。校园危机发生后，辅导员应配合学校、院系或者职能部门等单位及时分析事件发生的具体原因、处置过程、造成的危害等，就事件本身进行认真评估，总结经验教训，形成校园危机应对的长效机制，“前事不忘，后事之师”，避免类似事件的再度发生。

六、危机心理干预法

人的发展危机或者危机行为的发生，深受以下因素的影响：①人的知觉特点；②思维定势或者功能固着；③已有知识经验；④情绪与动机；⑤个性差异（能力、气质、性格）。当事人遭遇危机后，所产生的心理应激结果存在四种可能情况：①顺利渡过危机，且获得处理危机的方法；②渡过危机但留下心理创伤；③承受不住强烈的刺激，继而引发次生性的自伤自损行为；④无法渡过危机，继而引发次生性的严重心理障碍，即创伤后应激障碍。对于发生心理危机的当事人学生应辅以必要的心理干预，以助其走出心理困境是辅导员的育人职责。

《普通高等学校辅导员队伍建设规定》（中华人民共和国教育部令第 43 号）的第五条第五款指出，辅导员的工作职责包括“心理健康教育与咨询工作”。对学生实施必要的心理干预并使其恢复心理健康，是辅导员落实心理健康教育与咨询工作的重要途径。心理危机是指当事人因突然遭受重大事件或面临重大困境而承受巨大思想、精神或者心理压力，并诱发当事人的应对无力感。根据心理危机的上述界定，心理危机包含两种情形：一是指超出当事人心理预期的突发事件；二是指人处于危急的困境之中。实施危机心理干预法，即对人的精神、思想、心理状态实施有效干预，以期遏制危机的发生。这一干预方式的有效性，源于人的精神、思想、心理与行为之间的内在关联。

第一，对于潜在危机的当事人，实施危机心理干预法，关键在于事前干预。对当事人学生做出有针对性的危机干预，需要全面掌握学生的具体情况，对其各项细节了然于心。在潜在危机事件发生前，当事人一般会表现出不同寻常的焦虑感，适时对其做出合理的心理干预，会起到阻止危机发生的作用。对危机当事人的心理干预过程主要包括以下几个方面：首先，认真倾听求助者或者需要心理救助者的内心感受。学生存在潜在危机时，一旦其主动寻求帮助，辅导员要做好倾听者的角色。其次，梳理、分析当事人的学习、生活、工作和家庭教育、学校教育及社会教育等各项细节性信息，把握潜在危机事态的演变趋势、发展情况。再次，帮助分析危机问题形成的原因。最后，对症下药，对于棘手的心理障碍问题，视情况引导当事人学生寻求专业机构的帮助，或者主动做好转介工作。校园危机事件不仅可能对学生造成财产或者人身伤害，还可能造成不同程度的负性心理影响。辅导员根据学生所受影响程度采取适当措施，以谈话、陪护等方式、方法展开心理干预，化解或者缓解其心理创伤；或者适当安排心理咨询专家，通过心理咨询或者治疗过程加大危机心理干预程度，减轻、缓解或者消除其心理紧张情绪，化解其心理压力，抚平他们的心理创伤，开示或者引导其逐步化解心理危机，恢复其学习、工作和生活常态。

第二，对于校园危机的非当事人，重在事中或者事后实施危机心理干预。“在危机之后进行有效的心理干预不仅可以及时化解危机所带来的心理伤害，避免相关人员在危机之后的心理创伤及相应的反常行为倾向，而且可以加强对校园中潜在社会矛盾的引导，解决校园中存在的潜在矛盾。”① 对危机非当事人进行心理干预的技巧体现在以下几个方面的细节性处理：①获取与危机有关的各种事实性信息，在征得学校许可的情况下准确地、诚实地用适合学生认知水平的方式，向非当事人学生解释危机事件。②随时向受过危机干预训练的专业人员请教或者咨询心理干预技术。③辅导员对于危机的自我感觉及情绪的表达，要积极为学生做出榜样示范，同时允许及引导学生用肢体、口头或者书面语言等方式表达其正在经历的感觉。④在帮助学生处理各种情绪反应过程中，辅导员对自我情绪要始终保持克制。⑤要向学生表达或者强调：学生在危机中的各种反应都可能是“对不正常情景的正常反应”。⑥对那些不愿用语言表达自己感觉、感受的学生，应允许其用其他方式加以表达。⑦始终对那些强适应困难学生保持工作警觉，或许需要对其实施单独的心理危机干预。⑧应该明白人对危机情景所产生的应激反应，通常需要经历一段较长时间才能逐渐恢复常态。

第三，危机心理干预途径包括三种方式。一是采用个别咨询与小团体治疗的形式。二是采用团体疏导形式。三是当事人的自助心理干预方式，即引导当事人通过阅读心理自助读物实现自我心理干预。实施危机心理干预，需要注意以下几个环节及其相关问题：①确定并理解当事人的具体问题。②确保当事人自我及对他人不引发生理、心理风险，即具备安全性。③通过话语、语调或者身体语言对当事人给予心理支持及帮助。④引导当事人展开积极思维，启发其搜索环境支持资源，探索危机应对方式、解决方法。⑤引导当事人制订自愿行动计划及行动步骤。⑥引导当事人做出明确的行动承诺。

总体而论，心理干预或者治愈性成功体现在以下几个方面：①当事人可以自我控制

---

① 李余华，李黎青，丁阳喜. 高校突发事件应急处置机制研究［M］. 成都：西南交通大学出版社，2007：130.

对创伤事件的反应。②当事人感觉到该创伤事件是可以接受的。③当事人可以自我控制自己的思维。④当事人的自尊获得恢复，即其能自我感觉有价值。⑤当事人的人际关系得到修复或者恢复。⑥当事人发现危机事件对其生活的意义。⑦当事人能够完整地叙述整个危机过程，同时伴随适当、合理的情绪。简而言之，通过心理干预，开示或者引导当事人学生在精神、思想及心理层面重构一个能够自我观照、自尊与健康的精神、思想及心理自我。即是说，心理危机干预的意义在于“通过调动他们自身的潜能来重新建立和恢复其危机前的心理平衡状态，简言之，就是及时帮助处于危机中的人们恢复心理平衡”①。因此，心理重建，即是协助当事人学生重建并且接纳创伤经验，并在心理咨询或者治疗过程中开启个人潜能，以提升其自我胜任或者社会胜任能力。

七、危机教育疏导法

相较于西方或者其他国家的育人模式，又或者与中国传统教育模式相比，思想政治教育具有强大的思想动员、引导舆论、沟通思想、化解矛盾、鼓舞士气、意志维持等教育功能及疏导作用，是当代中国高等教育实现教育育人、管理育人目标的工作优势。思想政治教育对校园危机的处置具有举重若轻的功能。其在事前的潜伏期可以起到教育预防作用，对于事中的爆发期可以起到妥善处置作用，对于事后的善后期可以起到警示教育作用。换言之，“思想政治教育疏导是预防、应对与处置突发事件的重要‘软武器’，不仅能为预防、应对和处置突发事件提供可靠的思想保证和精神动力，而且它本身就是一种独具特色的‘柔性’处置手段”②。

辅导员作为处置校园危机的人力资源重要组成部分，参与并跟踪处置校园危机事件的全部过程，在总结校园危机处置经验、完善校园危机管理机制方面有着积极的意义和当仁不让的教育、管理责任。辅导员从自身工作职责出发，既需要对校园危机的处置经验进行及时总结，也需要为预防、预警新的学生校园危机事件，做好经验教训的借鉴及迁移性应用。“预防及控制高校突发事件不仅要从管理角度预防和应对校园危机，更要从思想政治教育的引导角度预防和控制校园危机。”③ 简言之，思想政治教育可以而且应该始终贯穿于处置校园危机的全过程。尤其在危机结束的善后处理阶段，采用危机教育疏导法，即启动教育疏导机制，强化思想政治教育的育人价值，激活思想政治教育的导向功能，对于引导、调控学生对危机信息的认知路径、信息加工方向及导引价值取向，稳定学生情绪，提高学生的校园危机认识水平，具有重大的教育管理价值。

八、网络舆情危机的应对建议

1. 网络舆情危机的特点

第一，网络舆情危机形成的社会因素诱发性。网络与社会现实环境之间是联动的。

① 孔令栋，马奔. 突发公共事件应急管理［M］. 济南：山东大学出版社，2011：126－127.

② 黄冬福. 高校突发事件思想政治教育疏导研究［M］. 厦门：厦门大学出版社，2014：27.

③ 李新仓. 高校突发事件的防范体系及防范机制的实证研究［M］. 北京：人民日报出版社，2014：309.

网络舆情危机的爆发，一般与社会具体因素有关，并由其诱发。了解网络舆情危机形成的社会因素诱发性，有利于在事发初期做好危机的防范、化解工作。第二，网络舆情危机应对的高度紧迫性。网络传播速度快，影响范围广。网民对具体事件的迅速聚焦，对网络舆情危机管理主体造成极大的社会压力、精神压力、思想压力、心理压力及时间压力。第三，网络舆情危机状态的虚实结合性。网络舆情危机状态的虚拟性由网络空间的虚拟性决定，主要在网络空间发生、传播、演化，但是，网络舆情危机与现实社会不是隔绝的，而是关联的。网络舆情危机一般由某项具体社会因素或者事件引发，其传播与演化过程也与特定事态的发展演变相关联，甚至可能反向影响现实社会空间的事态发展及公众的社会行为。即是说，萌生于现实社会的舆情危机要素，在网络空间发酵聚变并形成网络舆情危机后，可能反作用于现实社会并引发次生性的社会舆情危机。第四，网络舆情危机的演变不确定性。网络舆情危机存在较强的演变不确定性，而且这种演变不确定性业已成为当代应对危机传播的重大挑战。这是因为网络空间存在虚拟性，网络主体存在隐匿身份，常态情况下绝大多数人无法确知究竟有多少人在何时通过网络发表言论，而且网络互动的即时性极强，次生性危机可能随时爆发乃至持续恶化，也可能不知不觉间偃旗息鼓，甚至随时发生社会所期望的正向逆转。正因为很难准确预测网络舆情危机的发生及其事态发展的趋势，遭遇网络舆情危机的具体组织或者个人因为网络舆情危机压力，容易产生应对无力感，甚至可能陷入茫然无助的恐惧、焦虑状态。

2. 网络舆情危机的线上回应策略

处置网络舆情危机，必定以实现危机管理目标为导向，又要考虑网络舆情危机自身的特点，危机管理的一般目标首先是初步解决问题、缓解压力，最终是通过善后处理方式全面解决并消解危机，同时重建社会形象及恢复社会声誉。换言之，对于网络舆情危机的应对，其线上回应应以有效缓解危机为目标，并结合网络舆情危机的特点而使用合理的线上回应策略。基于语用学的分析，有效缓解危机，必须促进网络空间的直接或者间接的会话合作。因此，线上回应的语用学策略应该基于促进会话合作的实现。相关语用学策略的应用机制分析如下。

（1）基于语态的心理应激效应的线上回应策略。线上回应，属于隔空的话语交往，必须考虑语态（即语言信息中内隐的应对态度）所可能引发的心理应激效应。语态不被网民认可，可能由此引发新的次生性危机。因此，态度优先在网络舆情危机管理初期不失为好的线上回应。网络舆情发酵初期，网络舆论最关注的既包括事情的真相，还包括危机管理主体对事件的处理态度。在无法即时澄清事件真相的情况下，管理主体的相关态度调控网民对澄清事件真相的心理预期。因此，快速、优先对事件做出正确、适宜的表态，既是对网民的心理预期的及时回馈，也能弥补真相滞后的不足。管理主体的应对态度与网民对管理主体所期待的应对态度相契合，可以有效激发网民关于澄清事件真相的信任心理。基于态度优先的语用学应对策略，其所提供的事件信息虽然不够，与会话合作原则中的量准则不相符，但是管理主体的语态，符合网络话语交往中的关系准则及质准则，满足即时情境下直接或者间接的网络会话需要。因此，采取态度优先的语用学策略，即使没有即时给出事件真相，但回应及时，态度诚恳，承担而不推诿责任，可部分满足网民的心理预期。以此为基础，可以尽量争取多数网友的理解和信任，实质地缓解网络舆论压力，可以为澄清事件真相部分化解舆论及时间压力。

（2）基于分段结论发布方式的持续线上回应策略。澄清网络舆情危机的事件真相，需要必要的调查时间做保证。但是，网络舆论空间中网民对事件真相的追问持续发生，网民对知情权的坚持所造成的舆论及时间压力持续补强。网络舆情危机管理中，及时的合理回应是必须做到的，但是，如何回应则需要基于周全的语用学策略，比如基于分段结论发布方式的持续回应策略。分段结论发布方式的持续回应策略，其实施要旨在于：根据舆情诉求与调查情况，做出合适的阶段性结论。这一回应策略主要符合会话合作的量准则及关系准则，即信息提供者能够满足网民关于事件的部分信息需要且符合舆论的期待。同时，基于分段结论发布方式的持续线上回应策略，必须持续满足会话合作的质准则，即基于分段结论发布方式所提供的阶段性结论，必须为真。或者说，阶段性结论应该符合逼近事实真相的存在真及逻辑真，即阶段性结论既能够回应特定阶段的舆论诉求，又要符合事理逻辑，经得起推敲，否则这些回应可能引起新的次生性舆论危机。

（3）基于隐身性意见领袖的线上回应策略。网络舆情危机发酵后，网络舆论空间存在组织机构难进、思想政治工作难进、国家强制力量难进的“三难进”现象。一旦发生“三难进”现象，如何化解“三难进”难题？采取基于隐身性意见领袖的线上回应策略，强化隐身性意见领袖在舆情舆论中“看不见的手”的引导价值。隐身性意见领袖是网络舆情舆论引导中，可以借力的一股重要力量。隐身性意见领袖的及时介入，能以内线信息为基础有效梳理千头万绪、纷繁复杂乃至杂乱无章的网络舆情信息，并以非官方立场投放起到解疑释惑、缓解网民信息饥渴并蕴含官方意图的舆论信息，以此促进网络会话合作，引导舆论朝向理性、可控的方向发展，防控网络舆论恶化或者发生次生性危机。即是说，隐身性意见领袖既可以配合组织展开舆情引导行动，也可在传统舆情引导方法无法发挥作用时，以隐身方式为网民提供舆情信息并施加有效影响。但是，为我所用的隐身性意见领袖必须在危机发生前，完成相关培养、培训工作，其后以隐身性方式长期活跃于网络舆论环境中，才能真正实现养兵千日用兵一时的战略目的。

（4）基于话语同盟的线上回应策略。采取网民认为具有对抗性立场的回应方式缓解网络舆情危机时，必须注意两点：一是话语反击时要保持精准发力，既要明确真正的异议者，也要团结联合话语同盟者；二是反击必须做到有理有据。话语商榷、质疑乃至博弈过程中，为消解异议者的话语压力，需要寻求话语同盟者的话语支援。因此，基于话语同盟的线上回应策略，就成为化解舆论压力的有效语用学措施。这是因为第三方话语的有效介入，可以部分避免因直接的话语交锋而引发不必要的正面话语交往冲突。当然，提供话语支援的第三方需具备公正、权威等特性，才具有居中发表公允论断的资格及能力。具备良好社会形象的媒体、专家、专业机构等在合适条件下，可以充当话语同盟者，其适时介入，可以有效引导网民采取理性思维方式思考相关问题，或者促使其网络表达更加理性化。据此，可以部分消除偏见或者误解，也可以缓解部分话语冲突或者舆论压力。

（5）基于低姿态的线上回应策略。正所谓“金无足赤，人无完人”，问题的关键在于自身态度，以及如何在网络舆论质疑中自我纠偏。在存在过失或者行为失当的情况下，以自欺欺人方式回应网民的舆论质疑，不但无法平息网络舆论，反而会引发更大的质疑声浪。因此，危机发生后，一旦无法确认自己是否有明确过失或者行为失当，又或者不确定自己的过失是否被他人掌握，敢于承认错误并承担责任，是应对网络舆论质疑的常识回归。语态上的适度示弱，未尝不是缓解网络舆论压力的一种策略。这种语用学策略符合会话合作原则的质准则。

（6）基于模糊表达的线上回应策略。网络会话效果与语用策略紧密相关。危机发生时，因主客观原因不适宜以果断、明确方式做出满足网民心理需求的回应时，需要寻求另一种有效方式加以应对。即是说，在危机本身存在不确定性条件下，模糊表达的线上回应策略可以发挥独特作用。这种语用学策略符合会话合作原则的量准则、质准则和关联准则。比如，在危机情境本身依然不够明朗，迫于舆论或者利益相关方的压力，必须即时对当前事态做出解释或者说明时，就需要采取策略性的模糊表达方式，予以处置。这一方式即为基于模糊表达的线上回应方式。这样，既可以合理应对当前的沟通需求，也可以避免因仓促回应而进退失据。即是说，使用一些与当前不确定情境相适应的模糊性表达方式，添加一些诸如“从当前现有的情况来看……”“据目前掌握的相关信息……”“大家清楚，具体原因还需等待……”等经过技术性处理的话语标记。同时，为了化解网民的不满，还可以适当加上诸如“一旦有最新消息，将第一时间告知……”等补救性话语标记，以维护网络会话目标的一致性，增强网络会话的合作度。基于模糊表达的线上回应策略，虽然违反会话的方式准则（即要求避免模糊），但其表达方式既已涉及当前会话话题，也同时排除当前表达的虚假性并为添加新证据信息保留必要的话语空间，能够满足当前情境下的网络会话需要。因此，基于模糊表达的线上回应策略，属于面向特定情境下的特殊话语会话合作方式，也是处置网络舆情危机的重要语用学策略。

案例分析

网络空间有界限，勿让言语成利剑①

A、B、C三位同学，女，大二学生，同住一间宿舍。女生A家庭环境较为复杂，经济条件好，喜欢以自我为中心，性格方面较为孤僻，极少参与班级活动，同学关系处理较差，但是日常在网络上较为活跃，喜欢上传一些好看甚至较为私密的照片，拥有的粉丝基数较大。女生B、C来自同一个地方，她们之间拥有的共同话题多。性格方面，B同学心思缜密，较为敏感，心理承受力较差，C为了照顾她，每天会与之结伴上下课，两人在宿舍相处时间也更长。随着彼此相处的日子渐长，不断加深了解，A、B、C三位同学之间摩擦不断，A同学觉得B、C在有意地疏远排挤她，甚至会在背后联合班上其他同学讲她的坏话。因为少于沟通，导致宿舍矛盾日积月累，误会持续加深。

有一天，A同学在B、C两人不在宿舍的时间里，无意间看到B同学电脑的一个微信聊天群记录，聊天群里的内容是B同学在跟朋友们吐槽A同学的一些情况，A同学瞬

① 案例由广州华商职业学院教育与艺术学院李佩静提供。

间很生气，马上在她的各种社交软件包括微信朋友圈、抖音、微博粉丝群上断章取义地诉说该事件，引发网友们的不满。与此同时，A 同学还把 B 同学的各种社交软件账号公诸于众，一边在诉说自己的遭遇，一边煽动网友们对 B 同学开始“人肉搜索”并不断地对其发表攻击性言论。仅用了半天时间，该事件就发酵起来了，将近两百多个网友不停地发信息骚扰谩骂 B 同学，与此同时，一些在校学生采取背后议论，甚至采用疏远及孤立等各种手段针对 B 同学进行冷暴力对待。网络“骂战”越演越烈，引起了波动。B 同学更是遭受不住网络暴力，心理防线接近崩溃。辅导员收到信息后，及时赶到宿舍，首先安抚好双方情绪，单独了解事件缘由，并进行妥善的干预以及科学的心理疏导，危机得以成功化解。

【启示】

此为一项“由于同学宿舍人际关系相处问题，通过网络暴力作为导火索，引发校园欺凌”的复杂危机事件。短时间内事件不断发酵，影响范围广，暴力行为由线上迅速转移至线下。辅导员掌握情况后，通过以下措施及时干预引导，将影响降到了最低：

一是及时到场安抚情绪。辅导员及时进行人群疏散，设法将 A、B 两名同学隔开，分别了解事情来龙去脉。在单独沟通过程中，帮助并引导学生发泄情绪，交流内心想法，鼓励积极思考，了解二人的解决意愿。

二是尽快删除内容控制网络影响。辅导员开展法制教育，让当事人意识到未尊重对方名誉权、隐私权以及个人信息保护权，假如执迷不悟将直接触碰法律红线。教育她们立即删除社交软件上不实言论以及影响较大的言论，将散播出去的个人信息最大程度地撤回。

三是敞开心扉力促握手言和。辅导员成为二人关系纽带，借助谈心工作的技巧性以及艺术性，以谈心目的为准绳，帮助二人敞开心扉化解问题所在。成功帮助二人化解矛盾，最终握手言和，不再计较，实现了相互理解。

四是开展网络使用普法主题宣讲。为了帮助更多的同学意识到网络暴力带来的危害性后果，树立起学生牢固的法律观念，帮助学生文明上网，打造优良的网络环境，避免类似网络暴力事件的出现，辅导员基于“拒绝网络暴力，争当守法青年”这一主题，借助主题班会的机会进行网络使用的相关普法教育工作。

五是家校联系巧用心理咨询。辅导员和家长联系，讲述事件缘由，希望家长能够与教师一起努力，给予学生更多在校期间学习与生活、交友的关注。并及时寻求学校心理咨询中心的帮助，借助专业人士建立二人的同伴、宿舍、班级等在内的社会支持系统，对她们导致的心灵创伤进行弥补。

思考题

1. 新时期高校校园危机有哪些类型？展现出哪些特征？
2. 处理好高校校园危机有何重要的意义？
3. 处理好校园危机要达到什么样的目标？
4. 处理好校园危机有哪些重要的方法？

第九章
学生工作理论与实践问题研究

第一节　学生工作研究的意义

学生工作又被称为学生事务工作、学生日常管理工作等，它是高校辅导员面对在校大学生所开展的各类日常管理与服务工作的总称。学生工作研究是探索高校辅导员日常管理与服务工作基本规律的实践活动，包括学生工作的理论问题与实践问题研究两个方面。开展学生工作研究对于学生工作本身和高校学生工作者（辅导员）来说，具有十分重要的意义。

一、学生工作研究对高校学生工作的意义

1. 增强学生工作的科学性

长期以来，学生工作一直被认为是一个经验性的活动。许多人错误地认为，高校辅导员所从事的工作就是“打杂”，没有所谓的科学性可言。因此，在过去很长一段时间里，学生工作往往采取“师傅带徒弟”的传承模式，学生工作的经验传承一度取代了对学生工作本身的研究。不可否认，20 世纪 50 年代，在高校政治辅导员设立初期，这种“手把手”的经验传承模式发挥了其优势。譬如，它能够使新任职的辅导员更快、更直观地学习和掌握解决学生工作现实问题的直接方法，避免由于工作不熟悉可能出现的失误，这适合当时学生工作存在和发展的实际情况。但我们也应当看到，与新中国建立之初的高校学生工作相比，当前高校学生工作在工作目标、工作内容、工作方法、工作对象、工作环境等方面已经发生了重大的变化。特别是进入 21 世纪以来的十多年间，高校学生工作不仅涉及诸如马克思主义理论、哲学、政治学、教育学、社会学、心理学、管理学、伦理学、法学等学科的基本原理和基础知识，而且涵盖了大学生思想政治教育的各种实践技能和相关法律法规。在这一背景下，传统的以经验主导的学生工作模式已经无法适应现实。新时期新背景要求学生工作者运用多学科的知识、技能、方法，在实践中发现问题、分析问题、解决问题，探索学生工作现象背后的规律，形成学生工作的基本理论，并用这些理论去指导实践工作。因此，学生工作研究对于增强学生工作的科学性具有重要的现实意义。

2. 增强学生工作的实效性

中共中央、国务院颁布的《中共中央　国务院关于进一步加强和改进大学生思想政治教育的意见》（中发〔2004〕16号）指出，要努力提高思想政治教育的实效性和感染力。对于学生工作而言，实效性和感染力就是指学生工作的举措能够解决学生所面临的实际问题，能够有效回应学生所关心和关注的现实困惑，能够真正将思想政治教育工作做到入心入脑。然而，当前高校学生工作面临着日益复杂的国际和国内形势，各种舆论杂音、社会问题都给高校学生工作带来这样或那样的挑战。只有对学生工作开展理论与实践的研究，才能够客观地分析各种问题背后的原因，正确研判学生工作所面临的国内外形势并及时提出具有针对性的解决措施，从而增强学生工作的实效性。

3. 增强学生工作的前瞻性

科学研究的任务不仅仅局限于解决现实中存在的各种问题，科学研究的另一项重要内容是发现某一领域的潜在问题，并通过一定的实验和实践手段来验证上述问题出现的可能性，并提出相应的预防对策。学生工作的理论与实践问题研究，同样承担着发现和预测学生工作某一领域潜在问题的任务。学生工作的理论实践研究能够跟随着时代变化的脉络，不断地探索和研究现实中出现的新问题，运用多学科的知识寻求新的解决方法，解决学生工作中的新问题、新情况。譬如，近年来随着移动互联网的普及，高校学生工作者开始关注技术发展对于学生工作的机遇与挑战问题并在实践中探索如何更好地利用这些技术提升学生工作的实效性、吸引力和感染力。

二、学生工作研究对于学生工作者的意义

1. 提升学生工作者的理论分析能力

学生工作研究的主体是高校辅导员（即学生工作者），他们不仅要在一线工作中发现学生工作中的各种问题，而且需要在解决问题的过程中进行理论思考和理论提升，总结和提炼出各类现象背后的规律。高校辅导员在开展学生工作研究的过程中，需要从错综复杂的现象中找到具有关联性的数据和资料。他们为了解决这些问题，需要借鉴不同专业学科的知识和方法。研究的最终阶段，需要辅导员以书面的形式将学生工作的研究成果呈现出来。这个过程可能持续几个月，甚至更长的时间。对于高校学生工作者而言，进行学生工作的科学研究，可以不断提升自身的分析能力、归纳总结能力，有利于高校辅导员形成科学的思维方式。

2. 增强学生工作者的问题意识

科学研究的首要任务就是发现问题。学生工作的理论与实践研究，就是要带着一双“发现问题的眼睛”，在实际工作中形成“问题意识”。作为学生工作的研究者，以问题为中心进行研究选题的思考，以问题为目标探索解决方案，以问题为导向检验方法是否正确。《中共中央　国务院关于进一步加强和改进大学生思想政治教育的意见》提到：“辅导员、班主任是大学生思想政治教育的骨干力量，辅导员按照党委的部署有针对性地开展思想政治教育活动。”该文件高度地概括了高校辅导员工作的主要内容就是“开展思想政治教育活动”。但在实践中，学生的“思想问题”并不是凭空产生的，所有的

“思想问题”都是来源于学生在日常生活和学习过程中所碰到的具体问题。所以，对高校辅导员而言，其主要任务就是在学生的日常生活和学习中，在为学生解决各类具体问题的过程中开展思想教育工作。这些具体工作主要包括三个方面的内容：一是学生事务管理与服务工作，如新生适应性教育、学生学习能力指导、学生心理问题疏导、就业指导、奖助学金管理、学生贷款评审、班级管理、宿舍协调、党员发展等工作。二是学生社团的指导工作，包括学生社团的申报审批工作、社团具体活动的指导及社团关系的协调等。三是从事具体的课堂教学活动。辅导员一般通过“思想道德修养与法律基础”课堂教学，对大学生的世界观、人生观、价值观加以引导，使学生充分了解一定时期党和国家的基本路线方针政策。因此，学生工作的理论与实践问题研究能够增强学生工作者的问题意识，在研究中工作，在工作中研究，做到理论与实践紧密结合，提升学生工作的有效性和感染力。

3．提升学生工作者的专业化和职业化水平

长期以来，人们常常用“两眼一睁，忙到熄灯”“十年政工，两手空空”来形容高校学生工作者。这一方面反映了高校辅导员的敬业和奉献精神，但另一方面，也折射出高校辅导员在专业发展和职业认同中所产生的些许困惑。缺乏专业研究能力和研究意识，最终就会导致高校学生工作者在长期重复的日常管理和服务中形成职业倦怠感。笔者记得几年前有个网络热帖在某省高校网站上流传，话题是：“谁能告诉我，辅导员是干吗的?”不少网友指出，辅导员的主要职责应该是作为大学生学习、生活的指引者和领路人，但在现实中，也有部分网友对辅导员有着较为“极端”的评价，譬如：“辅导员只会上拍领导马屁，下训导学生，在我看来是个可有可无的角色……”这些对辅导员队伍的评价即使不那么客观，但至少反映出，高校辅导员队伍的专业能力和职业认同所面临的挑战。2010 年末，笔者参加了美国密歇根州立大学学生事务工作研修培训项目，在这里我们没有找到任何一个特定的被称作“辅导员”的人，但这里有着一个高度专业化的工作团队，有人负责职业指导，有人负责心理辅导，有人负责招生录取，有人负责学业指导，有人负责奖助贷办理，等等。这个团队所从事的工作被打包之后，团队成员被统称为“学生事务管理者（咨询者）”。他们都有着各自的研究领域，并且这些研究内容与学生们的成长发展密切相关，但区别于大学教师和行政人员所承担的职能。由此可见，学生工作的理论与实践问题的研究，能够提升学生工作者的专业化和职业化水平，从根本上提升高校学生工作者的职业认同感。

第二节　学生工作研究的主要内容

中共中央、国务院颁布的《中共中央　国务院关于进一步加强和改进大学生思想政治教育的意见》指出，大学生思想政治教育要以理想信念教育为核心，深入进行树立正确的世界观、人生观、价值观教育，以爱国主义教育为重点，深入进行弘扬和培育民族精神教育，以基本道德规范为基础，深入进行公民道德教育，以大学生全面发展为目标，深入进行素质教育。高校学生工作是大学生思想政治教育的重要内容之一，据此，笔者认为，高校学生工作研究的主要内容应当包括以下四个方面。

一、关于理想信念教育的研究

理想信念教育是高校学生工作的核心，学生工作所开展的各项活动最终都要围绕着理想信念教育这一主题。在2016年12月召开的全国高校思想政治工作会议上，习近平总书记提出：青年大学生要正确认识时代责任和历史使命，用中国梦激扬青春梦，为学生点亮理想的灯、照亮前行的路，激励学生自觉把个人的理想追求融入国家和民族的事业中，勇做走在时代前列的奋进者、开拓者；正确认识远大抱负和脚踏实地，珍惜韶华、脚踏实地，把远大抱负落实到实际行动中，让勤奋学习成为青春飞扬的动力，让增长本领成为青春搏击的能量。

理想信念教育的落脚点就是确立在中国共产党领导下走中国特色社会主义道路，实现中华民族伟大复兴的共同理想和坚定信念。高校辅导员要在实际工作中积极引导大学生不断追求更高的目标，使他们中的先进分子树立共产主义的远大理想，确立马克思主义的坚定信念。以目前各高校所开展的“青马工程”等育人项目为例，通过组织大学生到井冈山等红色革命老区体验实践，形成“以一带动十百”的引领、教育功效，使参与项目的学生不仅是被动的理论接受者，更能够通过实践活动将理论转化为主动的情感接受，并内化为个人的思想与行为。

理想信念教育谈起来容易，但真正去落实却是难上加难，但这也是从事高校学生工作的理论研究者和实践者必须反思和回应的问题。当前，对于高校学生工作者而言，理想信念教育的核心内容是研究如何激发学生学习的内在动力问题。2012年11月29日，习近平总书记在国家博物馆参观大型展览“复兴之路”时发表了关于中国梦的重要讲话，指出“实现中华民族伟大复兴是一项光荣而艰巨的事业，需要一代又一代中国人共同为之努力”，并用“空谈误国、实干兴邦”八个字点明了实现梦想不仅需要目标，更需要切实的行动。对于当代青年大学生而言，中国梦的现实意义在于引导大学生树立崇高的理想信念，将个人事业的发展与国家的命运紧密地联系在一起，将个人梦想与脚踏实地的行动联系在一起。从这个意义上说，个人的理想信念是激发大学生学习的内在动力，而高校学生工作者的研究目标，就是为学生注入“理想信念”的种子，使之成为为实现个人梦想而不断努力学习的原始动力。

然而，近年来高校大学生学习目标缺失、学习动力不足的现象却较为普遍，这也是高校学生思想政治教育工作面临的挑战。笔者曾经看到过一个较为典型的案例。2014年2月11日，新闻媒体报道了一条题为《理科状元中科大毕业四年未找到工作　流浪街头》的新闻，讲述了凉山某县的理科状元刘宁以近650分的高分考入中国科技大学，但四年后却由于学习成绩问题延缓一年毕业，毕业后又无法找到“理想”的工作，便开始沉迷网络、四处流浪。当被记者问到“为什么自己的生活会像现在这样”，他的回答是：“从小学到中学，我的成绩都一直很不错；考进中科大的时候带着万分之一的希望，有没有可能像爱因斯坦、霍金一样，成为伟大的科学家，甚至能影响整个世界；但进入大学之后，学习成绩一般，和同学们比起来也只是平凡普通的一员，而且感觉自己也没有天才的聪慧和疯狂。但在现实生活中，让我像大多数人一样，找个工作结婚生子、挣钱养家，我觉得很无聊很没意思。”当谈及对“人生意义的困惑时”，他的回答是：“（我）感觉现在一般人的生活方式让我看不到意义、找不到目标，一切都很平庸。”从刘宁的经历可以看出，进入大学之前一直表现优秀的学生之所以在大学四年及毕业后表现得“平庸”，与其自身人生目标和学习动力的缺失有着非常紧密的联系。从这个案例可以看到，这不仅是刘宁个人人生发展道路上所碰到的问题，也是我们高等教育要回应的问题。

二、关于爱国主义与民族精神教育的研究

爱国主义与民族精神教育是高校学生工作研究的重点，它既是一种崇高的道德情操和道德规范，也是一项重要的政治原则。爱国主义与民族精神教育的主要内容涉及深入开展中华民族优良传统和中国革命传统教育，开展各民族平等团结教育，培养团结统一、爱好和平、勤劳勇敢、自强不息的精神，树立民族自尊心、自信心和自豪感。要把民族精神教育与以改革创新为核心的时代精神教育结合起来，引导大学生在中国特色社会主义事业的伟大实践中，在时代和社会的发展进步中汲取营养，培养爱国情怀、改革精神和创新能力，始终保持艰苦奋斗的作风和昂扬向上的精神状态。当前，爱国主义与民族精神教育研究的主要内容是通过各种类型的校园文化活动，使大学生认知中华民族悠久的历史和灿烂的文化，树立民族自尊心、自信心和自豪感。

三、关于基本道德规范与法治精神培养的研究

基本道德规范与法治精神的培养是高校学生工作研究的重要内容之一。在 2016 年 12 月召开的全国高校思想政治工作会议上，习近平总书记指出，要坚持不懈培育和弘扬社会主义核心价值观，引导广大师生做社会主义核心价值观的坚定信仰者、积极传播者、模范践行者。一方面，高校学生工作者要深入进行公民道德素质教育，贯彻《公民道德建设实施纲要》，以为人民服务为核心、以集体主义为原则、以诚实守信为重点，广泛开展社会公德、职业道德和家庭美德教育，引导大学生自觉遵守爱国守法、明礼诚信、团结友善、勤俭自强、敬业奉献的基本道德规范；坚持知行统一，积极开展道德实践活动，把道德实践活动融入大学生学习生活之中；修订完善大学生行为准则，引导大学生从身边的事情做起，从具体的事情做起，着力培养良好的道德品质和文明行为。另一方面，高校学生工作者要加强民主法制教育，增强遵纪守法观念；加强人文素质和科学精神教育，加强集体主义和团结合作精神教育，促进大学生思想道德素质、科学文化素质和健康素质协调发展，引导大学生勤于学习、善于创造、甘于奉献，成为有理想、有道德、有文化、有纪律的社会主义新人。

四、关于学生工作实务的研究

学生工作实务是高校辅导员在学生的日常管理与服务中所开展的各类行政事务的总和。根据不同的分类标准，学生工作实务可以分为不同类别，其内容也会根据不同高校

的性质和特色而产生相应的差异性。学生工作实务研究是指对高校辅导员在学生的日常管理与服务中所开展的各类行政事务的规律性的认知与探讨，旨在从学生工作实务的效率、程序、效果入手，提升学生工作实务的有效性。笔者根据学生工作的性质不同，将学生工作实务研究划分为八个类别：一是新生教育研究，重点研究新生教育的目标、内容、形式、效果评估等，旨在研究如何使大一新生更好地适应大学校园的环境；二是党团组织建设研究，重点研究大学校园中各类党团组织的运作程序、组织凝聚力等问题，旨在研究如何提升党团组织的外在形象与内在凝聚力问题；三是各类奖助贷工作研究，重点研究各类奖助贷工作中的程序公平、公正、公开问题，旨在研究如何做好学生资助育人问题；四是社会实践问题研究，重点研究社会实践的内容、形式、组织过程、效果评估等问题，旨在研究如何开展实践育人工作；五是网络思想政治教育工作研究，重点研究网络思想政治教育工作的发生机制、疏导机制、评价机制问题，旨在研究如何通过网络阵地开展大学生思想政治工作；六是校园危机事件管理研究，重点研究各类影响校园政治安全、人身安全、社会安全的事件的预警、防范、危机处理等问题，旨在对重点事件、重点组织人员、重点时段进行危机事件的前置介入管理；七是对近年来校园特殊群体的研究，重点包括学生社团组织负责人、少数民族学生群体、港澳台地区学生群体等，旨在帮助和引导此部分学生群体能够顺利完成学业；八是学风建设研究，重点研究学风建设的目标、内容、形式、效果评估等方面，旨在激发学生的内在学习动力，营造优良学风，提升大学生在学习中的自我教育、自我管理、自我服务意识。

第三节　学生工作研究的目标

一、以问题意识为先导服务学生成长成才

高校辅导员围绕实际工作开展学生工作研究，能够增强学生工作者的问题意识，以问题为中心开展研究，有利于更好地服务于学生的成长与发展。高校辅导员处于学生工作的最前沿，具有丰富的实践工作经验，长期在一线开展学生的教育、管理与服务工作。应该说，随着高等教育改革的不断深入，学生工作的内容变得十分丰富，涉及党团组织建设、班级日常管理、学业规划与指导、心理健康教育与咨询、就业与职业规划指导、网络思想政治教育工作、危机事件应对等多方面。[①] 辅导员每天要面对和处理大量的问题，解决来自学生各方面的诉求，同时还要在这一过程中融入和渗透思想政治教育。如果辅导员能够在处理这些问题的过程中深入调查研究，就能够在实际工作中增强问题意识，将各种琐碎的事务性工作进行科学归类，形成学生工作中的“问题”，并针对这些“问题”提出相应的解决方案，在突破“问题”的基础上，更好地服务于学生的成长与发展。

---

① 引用自《高等学校辅导员职业能力标准（暂行）》（教思政〔2014〕2 号）。

譬如，智能手机已经成为多数大学生的“标配”。智能手机的使用方便了使用者之间信息的沟通，为学生提供了更多的交流和娱乐方式，但随之而来的问题也波及大学生群体。如有些学生（特别是男生）过度沉迷于手机游戏，导致学习成绩迅速下降，学习动力不足；有些学生过度依赖手机进行人际间的交流和沟通，导致实际生活中的人际交往能力逐渐弱化。如果辅导员在解决这些具体问题的过程中能够做更为深入的调查研究，有利于增强辅导员的问题意识，将与“移动互联网”“智能手机”相关的学生学业发展、人际交往的问题进行深入剖析，在分析原因的基础上给出相应的解决对策，必然能够从根本上促进学生的成长与发展。

二、以职业发展为保障防止职业倦怠

高校辅导员围绕实际工作开展学生工作研究，有利于防止辅导员个体出现职业倦怠，逐渐提升辅导员的专业化水平，从而促进辅导员的职业发展。在实际工作中，一方面由于过多的繁杂事务，辅导员无法抽身开展科学研究工作；另一方面，一些辅导员受制于专业背景，又缺乏在实际工作中的自我学习和提升，导致其在研究意识和研究能力上有所欠缺。因此，部分工作 5 ~8 年的辅导员，在周而复始的重复性工作中开始出现了职业倦怠。但我们可以欣慰地看到，近年来，党和国家非常关心高校辅导员队伍建设和辅导员个人的成长，为了解决这些问题，党和国家出台多项政策，为这支队伍未来的职业发展提供了重要的政策保障。《普通高等学校辅导员队伍建设规定》（中华人民共和国教育部令第 43 号）指出：高等学校要把辅导员队伍建设作为教师队伍和管理队伍建设的重要内容，整体规划、统筹安排，不断提高队伍的专业水平和职业能力，保证辅导员工作有条件、干事有平台、待遇有保障、发展有空间。该文件同时指出：专职辅导员专业技术职务（职称）评聘应更加注重考察工作业绩和育人实效，单列计划、单设标准、单独评审。将优秀网络文化成果纳入专职辅导员的科研成果统计、职务（职称）评聘范围。因此，对于高校辅导员而言，在实际工作中开展研究，能够不断完善个人的知识结构，在重复的事务性工作中寻找工作和研究的兴趣点，从而避免可能出现的职业倦怠感，提升辅导员的专业化水平，促进辅导员的职业发展。

三、以总结规律为目标强化理论指导

与任何学科领域的科学研究一样，学生工作研究的另一个重要目标就是在实际工作中总结一般规律，强化理论指导，为相关部门提供决策依据。高校学生工作虽然是一个实践性很强的工作，但不能离开基本理论的指导。《高等学校辅导员职业能力标准（暂行）》要求辅导员应具备宽广的知识储备，了解马克思主义理论、哲学、政治学、教育学、社会学、心理学、管理学、伦理学、法学等学科的基本原理和基础知识。学生工作一方面强调事务性、实践性；另一方面也要求辅导员掌握党的创新理论教育相关知识，大学生党团、班级建设的相关知识，职业生涯规划与就业指导相关知识，困难资助、奖罚管理等学生日常事务管理内容知识，校园文化建设、社会实践等学生日常思想政治教育的知识，网络思想政治教育相关知识，危机事件、突发事件应对与管控的相关知识，等等。学生工作研究就是要求辅导员充分学习和利用这些理论知识，在工作实践中总结一般规律，进一步强化科学理论对实践工作的指导，为党和国家的相关部门提供重要的决策依据。

长期以来，我国高校虽然成立了专门的学生工作部门和专门的学生工作队伍，但是辅导员更多地忙于繁重的事务性工作，学生工作明显滞后于学生发展的需要。譬如，高校学生工作者可以运用学生发展理论，指导学生如何培养各种能力、帮助学生更好地理解自己的人格定位；在专业学术咨询方面，高校学生工作者也可以帮助学生了解课程选择的内容，了解学生是怎样理解课程内容的，以及不同学科的知识是如何连成一体的。为了更好地指导学生的学习和发展，满足学生学习和发展的多元化需求，高校学生工作者必须研究大学生发展的特点，熟悉大学生的学习理论、发展理论、认知结构理论等，使高校学生工作不断地走向专业化，并结合我国大学生发展的特点逐渐构建适合大学生发展的理论体系、研究范式、发展模式。

我国高校的学生工作与教务工作长期以来是分开的，有时甚至是矛盾的，这样就人为地将学生的发展分割成两部分，即学生工作负责学生的思想道德、情感培养等方面的发展，教学工作负责学生的认知发展，这并不利于学生的全面发展。学生的学习和发展是不能分割的，它们不是两个相互独立的过程，而是一个过程的两个方面。因此，学生工作部门必须改变传统的观念，与教务部门和其他部门建立良好的沟通协调机制，充分利用校园内外的各种资源，逐渐形成有利于学生学习和发展的全员育人、全校育人环境，共同为学生的学习和发展创造条件。

第四节　学生工作研究的原则与方法

一、学生工作研究遵循的原则

1. 始终遵循以人为本的原则

学生工作研究要坚持“以人为本”的原则。从研究对象来看，学生工作是以学生的思想、行为作为研究客体，因此，研究过程不能脱离学生群体，研究者不能高高在上，要深入扎根到学生群体之中，准确把握研究对象的基本特征，深入探究研究对象的成长规律。只有准确把握研究对象的基本特征，才能够最大限度避免学生工作研究的盲目性，在实际工作中做到有据可依；只有深入探究研究对象的成长规律，才有助于在纷繁复杂的现象中抓住问题的本质，在处理问题时做到“对症下药”。因此，这就需要学生工作研究者更加关注学生，不做“悬空”的理论研究者。这说明，只有真正做到“以人为本”，才能够在学生工作的理论和实践问题研究中掌握第一手资料；只有关注学生的“切身感受”，才能够真正了解学生是否“满意”。开展学生工作的研究，必须坚持“以人为本”的原则，做到贴近学生、贴近现实、贴近生活，只有这样才能使研究具有理论意义和现实价值。

2. 始终遵循与时俱进的原则

时代的发展与变化是学生工作研究的宏大背景，高校大学生作为研究对象同样随着时代的推进发生着变化，因此，学生工作的理论与实践问题研究必须紧密围绕着“立德树人”的根本任务，始终遵循与时俱进的原则。

当前，学生工作研究面对着复杂多变的现实环境，一方面各种社会矛盾、社会问题随着改革的进一步深化开始逐渐凸显出来，有些问题呈现日益严重的趋势。例如，近年来，我国社会矛盾明显增多，教育、就业、社会保障、医疗、住房、生态环境、食品药品安全、安全生产、社会治安、执法司法等关系群众切身利益的问题较多，部分群众生活比较困难。在社会矛盾多发、各种新情况和新问题层出不穷的时代背景下，部分青年学生对社会产生过于消极的评价，对政府产生严重的不满情绪，对个人的成长和发展感到悲观失望，等等。这就要求学生工作的理论研究和实践工作者能够及时了解社会矛盾产生的源头、客观分析社会矛盾发生的机理、正确评价社会矛盾的主次方面，采取积极有效的措施引导学生树立社会责任意识。

另一方面，伴随着网络传媒的兴起，多元文化中的“负面因素”不断挑战着社会主义核心价值观。近年来，因微博、微信、小红书、抖音等新媒体的广泛应用，各类信息的传播速度更快，传播范围更广，传统模式下数以亿计的信息受众已经转变为信息传播主体，一条信息一旦进入网络空间，就可能会在短时间内以惊人的速度为全球网民所共享。可以说，网络传媒的多变性将思想政治教育推至一个更为开放的环境中，如何在不断变迁、纷繁复杂的网络媒体中将极可能被“扭曲”的信息及时“矫正”，如何借助网络媒体增强思想政治教育的实效性，如何有效把握网络媒体变化的规律，这是思想政治教育前沿问题界定过程中必须考虑的要素。

3. 始终遵循科学化原则

笔者认为，学生工作研究必须始终遵循科学化原则，形成研究的标准意识、规范意识、问题意识，以科学的视角审视学生工作的理论和实践研究。“实现科学化，就是要按照精确化、规范化的标准来创造和提升思想政治教育学的新范畴，否则就很难称得上是真正的科学”，“现在有相当一部分人不承认思想政治教育学是科学，其中一个极其重要的原因就是，其范畴不够精确、不够规范，结构不够合理，层次不够清晰，体系不够严密”。① 与此同时，有些研究者问题意识不强，喜欢“钻进文本堆里”，结果就是反复论证文本的合理性、有效性、针对性，却解决不了学生工作实践中遇到的问题；有些实践研究者则常常“两眼一睁，忙到熄灯”，缺乏在反复出现的问题中探索规律的意识，不愿调查研究，不会分析论证，不擅提炼总结，结果就是“十年政工，两手空空”。从研究者的角度来看，“思想政治教育理论和实践创新的过程就是一个不断提出问题、回应问题、研究问题与解决问题的过程。只有在问题意识的引导下，我们的理论、我们的实践

① 张耀灿. 思想政治教育学前沿［M］. 北京：人民出版社，2006：62.

才会不断进步”[①]。学生工作研究的科学化，一方面能够推进思想政治教育学科内在结构的完善；另一方面也促进了辅导员问题意识的形成，在理论研究中探索实践问题，在实践中修正理论偏差，从而使学生工作研究真正服务于教育对象，从根本上提升“立德树人”的实效性。

二、学生工作研究的基本方法

（一）学生工作研究的根本方法

马克思主义辩证唯物主义与历史唯物主义是学生工作研究的根本方法。辩证唯物主义是马克思主义哲学的重要组成部分之一。用辩证唯物主义的观点和方法观察、分析和处理问题，对于开展学生工作具有极其重要的指导意义。辩证唯物主义的唯物论告诉我们，物质决定意识，意识对物质具有能动的反作用。因此，要在尊重客观规律的基础上，充分发挥意识能动作用，促进学生工作的开展。辩证唯物主义的认识论告诉我们，实践是认识的来源，实践是检验真理的唯一标准，认识过程经过两次飞跃。因此，在实践中坚持辩证唯物主义认识论，即在实际学生工作开展的过程中，需要掌握大量材料，分析材料，运用理性，运用专业知识，把日常学生工作的材料上升为规律性的把握，通过学生工作的实践开展，掌握学生的特殊性，把握工作的规律。最后，我们开展学生工作需要经得起实践和时间的考验。坚持辩证唯物主义，还需要坚持唯物辩证法。唯物辩证法的总特征是发展和联系的观点，核心是对立统一规律。因此，我们在开展工作的时候，需要用联系和发展的观点看待问题，坚持两点论和重点论的统一，对问题实行具体问题具体分析，寻找原因，“对症下药”。

历史唯物主义是科学的社会历史观和认识、改造社会的一般方法论。历史唯物主义认为人类社会发展具有客观规律，人民群众是历史的创造者，要坚持群众观点，从群众中来，到群众中去。历史唯物主义指出：现实的人无非是一定社会关系的人格化。因此，我们需要坚持历史唯物主义观点，以学生为本，多和学生沟通交流，整体把握他们的现实情况和身心规律及情况，从学生的立场出发，辩证地、历史地分析问题，开展学生工作。

（二）学生工作研究的具体方法

1. 文献研究法

文献研究法指通过多种途径查阅、搜集整理各种记载的经验事实和理论成果的文献资料，摘取与学生工作研究有关的信息进行分析得出规律性结论或认识的研究方法。该方法在学生工作研究中具有普遍适用性。

该研究方法不用接触研究对象，而是去搜集和分析现存的，以文字、数字、图片、符号及其他形式存在的第二手资料，是以间接的形式获取资料。通过这种途径所获得的资料不会对搜集者的主观好恶做出任何反应，相对来说比较客观、真实、可靠。但该研

① 把握前沿问题 推动思想政治教育创新发展：访教育部思想政治教育工作司冯刚司长［J］．思想教育研究，2012（7）：5－8.

究方法所涉及的资料往往是历史的积累，可能存在滞后性，不一定能正确反映新时代新形势下学生工作所面临的种种新情况，资料的来源或理论成果的科学性也难免会参差不齐，需要我们在研究过程中进行把握。

2. 问卷调查法

问卷调查法简称问卷法，它是调查者运用统一设计的问卷向被选取的调查对象了解情况或者征询意见的一种调查方法。该研究方法简单方便，易于操作和施行，也便于后期资料的统计处理和定量分析，同时，还具有节省调查时间、提高调查效率的特点。

问卷调查法是学生工作中使用频率最高的一种方法，是用书面形式收集资料的有效途径。如在开展新生教育时可以设计问卷了解学生思想、学习、心理、生活等各方面的情况；在开展毕业生就业指导课程设置时，可以通过问卷了解学生需求；等等。问卷调查的主要步骤为：设计调查问卷、选择调查对象、发放问卷、回收和审查问卷。

3. 案例分析法

案例分析法是指对真实发生的案例进行深入调查，运用多重证据材料对案例进行研究、分析、概括和总结，进而发现新的知识和理论的实证研究方法。在学生工作的开展过程中，往往会有很多具有典型意义的人物和事件，这些都是学生工作研究很好的案例。如一些典型的校园文化品牌活动、奖学金评比风波、学生就业受骗等都可以进行案例分析，以小见大。该研究方法具有特殊性、整体性、描述性、诠释性、归纳性、启发性等特点。

案例分析法的操作主要划分为四个步骤。第一，案例研究设计。它包含四个方面的重要内容：定义研究问题、确立先验的理论命题、定义分析单位和选择案例。第二，案例研究资料收集。分为资料收集准备阶段和资料收集来源阶段。资料收集准备阶段主要包括案例研究学习与培训、案例研究计划书及案例研究试点调研三个方面。案例收集来源阶段主要是收集具体的数据资料。第三，案例研究分析。结合科学的分析方法，如流程图、排序等，对资料进行检查、分类、制表，以便更加直观地回应研究者最初提出的理论命题。第四，案例研究成果。遵循一定的标准和程序进行案例报告写作，主要包括确定报告的读者、确定报告的写作结构两个部分。

4. 比较研究法

比较研究法是指根据一定的标准把彼此之间有着某种联系的多个事物加以对照，从而确定其相同与相异之处，由此对事物做出初步的分类。在分类的基础上，我们可以认知和把握不同事物的共同或共异的表象特征和本质特征，进而达到对特定事物的理解和解释。

比较研究法被广泛运用于研究实践，但比较研究的对象必须具备同一性和可比性。同一性是指进行比较研究的对象必须是同一范畴、同一标准、同一类事物。可比性是指被比较的对象具有一定的内在联系。如在比较的视野下分析中美高校学生事务管理在运行机制、管理理念等方面的差异和共性，比较粤港澳高校在志愿服务活动中开展的理念与机制，等等，这些属于横向比较；以学生科技创新创业为主题，对不同时期的开展情况进行比较，这些属于纵向比较。

比较研究法的步骤通常划分为五步：第一，选定比较研究的主题。根据研究计划确定研究主题，如果主题过于宽泛，要将主题缩小到一个特定的研究问题上。第二，收集资料。锁定焦点后着重查找相关资料并进行描述，对现状尽可能周密、完整、客观地描述出来，通过描述，得以全面把握不同个案之间的相似之处和差异之处。第三，对个案进行分类。在获得了有关的背景知识后，接着要建立概念性的分类，将所研究的事物等变量归类为各种可以区别并具有共同特征的类别。第四，解释。通过统计、问卷调查等方法，或者通过建立一个包含因果机制的抽象模型，来说明所涉及的变量及变量之间的关系，从而以清晰、系统的方式对所研究的现象进行解释。第五，形成结论。对并列阶段提出的假设按照“同时比较”来证明正确与否，然后得出一定的结论。

5. 个案访谈法

个案访谈法指由研究者或者访谈员访问被研究者并且与其进行交谈的一种研究活动。访谈法是指研究者或访谈员通过有目的的口头谈话的方式从被研究者处获取第一手资料的研究方法。该方法获取资料内容更丰富，获取资料更详细、生动，调查方式也更为灵活。

在学生工作中，访谈对象主要包括校级领导、学生工作者、学生等，访谈是了解情况、搜集材料的一种最亲切、最深入的方法。需要指出的是，个案访谈法的实施必须依赖具有较高素质的访谈员，以保证调查的质量，否则就可能产生较大的访问误差。

个案访谈法的实施主要分为前、中、后三个步骤：第一，访谈前的准备。包括培训访谈员、设计访谈提纲、选择访谈对象、建立良好关系、确定访谈的时间和地点。第二，正式访谈，做好访谈记录。在访谈开始后，访问者应详细说明研究目的，包括研究主题的范围，并介绍整个访谈大致内容。同时，要做好访谈记录，如果征得受访者同意，可以选择使用录音工具。第三，结束访谈。采用恰当的方式做好访谈的收尾和道别工作，访问者应对受访者付出的时间和精力表示真诚的感谢，如果研究需要多次访谈，访问者也可以利用这个机会与对方约定下次见面的时间和地点。

三、学生工作研究中应把握好的两对关系

1. 把握好“解决问题”与“理论引导”的关系

学生工作研究具有理论性与实践性相统一的特点，因此，在研究中既不能缺乏解决问题的能力，也不能就事务谈事务，偏离了理论引导的主业。学生工作研究的理论与实践问题内容丰富，有些问题，如辅导员的工作体制机制问题、网络思想政治教育问题、辅导员队伍的问题、资源配置的问题都可以列入前沿问题。① 但在研究这些现实问题的过程中，必须要把握思想政治教育改革和发展的正确方向，学生工作研究不能搞指导思想的多元化，马克思列宁主义、毛泽东思想、邓小平理论、“三个代表”重要思想、科学发展观、习近平新时代中国特色社会主义思想等是学生工作研究的指导思想，必须旗帜鲜明地坚持这一方针。有学者指出，思想政治教育必须警惕泛意识形态化和去意识形态化两种错误倾向，既要做到“老祖宗”不能丢，也要做到讲马克思主义要有“新话”，

---

① 把握前沿问题　推动思想政治教育创新发展：访教育部思想政治工作司冯刚司长［J］. 思想教育研究，2012（7）：5－8.

不断丰富和发展马克思主义。[①] 这也体现了学生工作研究中的政治观点、政治立场问题。

2. 把握好“研究目的”与“实现手段”之间的关系

学生工作研究需要借助一定的方式方法，这就要求学生工作者充分尊重教育规律、严格遵守法律程序，不能够为了达到研究的目的而不考虑方式方法的合理性、合法性。有些研究者认为，只要出发点是好的、结果是对的，过程怎样、手段如何并不重要。随着国家法治进程的推进，公民法律意识、权利意识也逐步增强，这就要求学生工作研究者必须在法律制度的轨道上运行，在管理和服务过程中充分保障学生的正当合法权益，用规范的制度清晰界定校方与学生各自的权利和义务关系。

案例分析

案例一

高校辅导员围绕工作开展科研，努力实现辅导员的“三化”

小张2005年毕业于广州某重点高校，本科及研究生阶段都读中文专业，毕业后通过考试，非常顺利地成为该校文学院的辅导员。小张目前已经工作了5年的时间。5年间，小张全身心投入工作之中，不仅负责了所在学院两个年级的学生日常管理工作，而且还配合学院做好学生党务工作，并担任一个学生社团的指导老师，这些工作都得到了学院领导的肯定和所带年级学生的好评。

但是，小张近来在工作中产生了一些困惑：看到许多辅导员同事都去报考博士、发表论文、申报科研课题、撰写工作中的调研报告等，小张觉得自己好像有点落伍了。小张认为，辅导员只要把自己手头的工作做好这就足够了，根本没有时间和精力再去做研究；况且自己原来是学中文出身，所以自己也不想再“转行”学其他专业了。这么一想，小张就把读书深造、科研申报、发表论文的事情放到了脑后。然而，2013年，当工作进入到第八年的时候，小张明显感觉在学历和学识上都有欠缺，自己原来所学的中文专业似乎也忘得差不多了。特别是2018年年初，学校专门针对本校辅导员专业设立了专门的职称评审机构。看到一个个和自己一起留校的同事，有些已经成为学生工作研究领域的专家，这让小张后悔不已。她不断地问自己：“我究竟应该怎么样结合自己的特点做好未来的职业发展规划？”

【启示】

高校辅导员处于高校学生工作的第一线，是学生日常学习、生活的管理者与服务者，也是大学生成长成才路上的导引者、帮助者。从这个意义上讲，辅导员是高校思想政治工作的重要力量之一。辅导员除了做好日常管理与服务工作之外，围绕学生工作开展理论与实践问题研究，是当前高校辅导员职业发展与规划的重要路径之一。国家相关部门专门出台政策，要求地方教育职能部门和高校必须充分落实中央文件要求，确保高校辅导员队伍

---

① 康秀云. 新中国成立以来思想政治教育的基本经验［J］. 思想政治教育研究，2012，28（1）：13－16.

的稳定，提升辅导员队伍的专业化水平。《普通高等学校辅导员队伍建设规定》（中华人民共和国教育部令第43号）指出：高等学校应当结合实际，按专任教师职务岗位结构比例合理设置专职辅导员的相应教师职务岗位，专职辅导员可按教师职务（职称）要求评聘思想政治教育学科或其他相关学科的专业技术职务（职称）。专职辅导员专业技术职务（职称）评聘应更加注重考察工作业绩和育人实效，单列计划、单设标准、单独评审。将优秀网络文化成果纳入专职辅导员的科研成果统计、职务（职称）评聘范围。

高校辅导员进行科学研究有利于做好实践工作。笔者曾经做过12年的辅导员，深刻体会到，如果大学辅导员没有必要的知识储备和理论基础，是很难开展好各项工作的。笔者认为，辅导员在从事科研工作中，一是要增强科学化思维，在工作中扎实研究，把自己的工作当成自己研究的一个领域，投入较大的精力去学习、去研究。要善于发现、识别工作中的问题，并分析问题背后的原因，找出解决问题的方法。这也就是说，大学辅导员的科研工作必须围绕自己的工作领域进行，把如何促进学生的成长成才当作自己的研究目标。如果辅导员去从事与大学生自身成长无关的科研工作，则会误时、误人。二是将研究成果放到工作中去检验。当我们把自己的科研成果应用到工作之中，我们就会发现辅导员的眼界宽了，针对性强了，学生信服了，效果明显了。根据个人经历，笔者认为，辅导员只有切身从科研中体会到工作的价值、方法，才能真正理解学生，做好学生工作，成为学生的良师益友。

案例二

专业背景差异与专业化发展的困惑

小李2011年本科毕业于广州某重点高校，学习计算机专业。毕业后到广州某职业院校财务会计专业从事辅导员工作，目前已经工作了5年多。小李刚参加工作时工作热情十分高涨，不仅承担了所在年级300多名学生的日常管理与服务工作，而且还担任该院的团委书记和学生党务工作秘书。虽然工作比较辛苦，但小李觉得，作为辅导员，能够看到学生的成长与发展，自己的职业成就感就得到了满足。然而，这几年，小李在工作中也有着不少的困惑。譬如，一方面，由于自己本科所学的是计算机专业，而其所带学生都是财务会计专业，小李往往无法及时解决学生在学业规划上的困难和问题，这使他有一种“挫败感”。另一方面，目前学校的人事制度正在进行改革和调整，政工干部专业化、职业化、专家化的职业发展成为一种趋势。这也给小李带来了不少的压力和困惑。在职业化方面，经过这些年的工作，小李对这种按部就班的工作节奏开始产生一些倦怠感，工作热情逐渐消退。在专业化方面，小李不知道自己未来要从事哪个领域的研究。一是担心自己所学专业长期闲置，今后可能就荒废了；二是对自己从事学生工作研究的信心不足，毕竟对他而言，思想政治教育是一个完全陌生的领域，不知自己究竟能否做好这方面的研究；三是目前自己所在这所职业院校的许多辅导员都对自己目前的工作环境和收入状况比较满意，觉得学历职称的提升没有必要，又会耽误自己的闲暇时间。这一系列的问题和困惑总是萦绕在小李的脑海中，导致他无法集中精力完成手头上的工作。小李不断地问自己：“我当初选择辅导员这个职业难道错了吗？对于理工科专业的辅导员，怎么才能够走好专业化、职业化、专家化的职业发展道路？”

【启示】

高校辅导员的专业化发展是其职业规划的重要内容和基本方向，然而，当前高校辅导员的专业化发展确实存在一些制约因素，主要表现在辅导员队伍专业背景差异大、从事相关研究的理论基础薄弱等方面，这就导致辅导员的专业化发展存在一定的瓶颈。同时，高校管理部门对辅导员专业化发展的认识仍存在一些误区，认为辅导员只要掌握实践技能就足够了，并没有把这支队伍看成是思想政治教育工作的重要组成部分，导致一些高校的学生工作并没有落实到“立德树人”的根本上来。

《普通高等学校辅导员队伍建设规定》（中华人民共和国教育部令第 43 号）明确规定辅导员是高等学校教师队伍和管理队伍的重要组成部分。然而，一方面，辅导员有着更多重的角色定位，他们既是思想政治教育的一线工作者，也是学生事务的管理者和服务者，同时还是从事学生工作的专业研究者。面对多重角色的定位，许多高校辅导员在工作中产生了自我角色的冲突。另一方面，由于高校辅导员具有不同的专业背景，他们在个人专业化发展过程中容易产生这样或那样的困惑，特别是一些理工科专业出身的辅导员，认为自己的思想政治教育理论基础相对薄弱，固有的专业思维模式可能会影响其从事学生工作研究。同时，许多高校辅导员一线工作的负荷较大，无暇抽出更多的时间从事科研工作，这也影响了辅导员走专业化、职业化的道路。在本案例中，小李就是由于上述这些原因，导致在个人专业化发展过程中产生了许多困惑。

其实，对于高校辅导员而言，专业化发展需要思想政治工作的基本理论，但辅导员专业知识体系的建构却不是仅仅局限在思想政治教育学科领域，而要突出问题意识，借用不同学科的理论知识和实践成果推动思想政治工作的研究。《高等学校辅导员职业能力标准（暂行）》要求高校辅导员“具备宽广的知识储备”，了解马克思主义理论、哲学、政治学、教育学、社会学、心理学、管理学、伦理学、法学等学科的基本原理和基础知识。同时，对于不同专业背景的辅导员来说，应该依托于思想政治教育学科体系，选取教育学、心理学、社会学、管理学等方面的知识，并结合个人专业兴趣背景，构建起辅导员工作的理论体系，使自己朝着学生工作的某一领域开展学习和研究。

思考题

1. 高校辅导员从事科学研究面临的机遇和挑战有哪些？
2. 高校辅导员如何选择自己的研究领域和研究方向？
3. 高校辅导员在有限的时间内如何平衡工作与科研的关系？

第十章
内地高校少数民族学生教育与管理

第一节　内地高校少数民族学生教育管理的意义

教育强则国家强，教育兴则民族兴。内地高校少数民族学生教育管理工作作为高等教育的重要组成部分，是当下高校思想政治工作的重要领域和现实课题，承担着为民族地区培养中国特色社会主义合格建设者和可靠接班人的根本任务；既是民族教育工作，又是民生保障工作；既是思想政治教育工作，又是民族宗教工作；既是改革发展工作，又是民族团结、政治稳定工作。做好内地高校少数民族学生教育管理工作，对促进学生的全面成长具有极强的现实意义。

一、落实中央民族政策，服务国家战略大局

随着中国特色社会主义进入新时代，经济社会发展进入新的历史时期，民族工作呈现出新的图景：总体上，在党的正确领导下，各项民族政策稳步推进落实，全国各民族交流交融，互敬互爱，团结奋进，为实现中华民族伟大复兴的中国梦和社会主义现代化目标共同努力奋斗；中西部少数民族地区经济、社会、文化诸方面取得快速发展，成绩喜人，不断缩小与内地的差距。同时也应看到，民族工作仍面临着一些新的特征，整体表现为：改革开放和社会主义市场经济带来的机遇和挑战并存，民族地区经济加快发展的势头和发展低水平并存，各民族交往交流趋势增强和涉及民族因素的矛盾纠纷上升并存，等等。发展中的问题只能在发展中解决，也只能依靠发展来解决。民族地区经济社会要想实现快速、持续发展，必须要在高层次人才培养上下功夫。内地高校由于具有相对的办学资源优势，为做好少数民族学生教育管理工作打下了坚实基础，从而能够更好地服从国家战略大局，落实中央民族工作，为推动民族地区的发展提供智力支持。

长期以来，通过加强青少年思想政治教育，努力构筑培育中华民族共同体意识，积极支持和推动少数民族地区教育事业优先发展，是中央民族工作的重要经验和成功做法。从 1989 年开始，国家启动了“内地普通高校支援新疆培养少数民族人才协作计划”（以下简称“协作计划”），对新疆的少数民族人才培养和经济社会进步起到了重要作用。2003 年，教育部会同国家民族事务委员会、新疆维吾尔自治区人民政府召开了内地高校支援新疆协作会议，确定了内地有关高校支援新疆培养少数民族本科生招生计划。2006

年开始，国家又实施了“少数民族高层次骨干人才计划”（以下简称“骨干人才计划”）。2011 年起，国家决定在 9 个东中部省（市）27 个城市的 33 所国家重点中等职业学校（包括高职院校中专部）举办内地新疆中职班（以下简称“内职班”）。“内地新疆、西藏高中班升学计划”（以下简称“内高班”）与“骨干人才计划”“协作计划”“内职班”一并构成了我国内地学校少数民族人才培养的完整体系。2015 年，国务院颁布《关于加快发展民族教育的决定》，对民族教育改革和发展做出了全面部署，推动民族教育在新的历史起点上实现科学发展。

二、实现民族平等，促进教育公平

教育是民族振兴和社会进步的希望所在。实现社会主义现代化建设和中华民族伟大复兴的中国梦，必须优先发展教育。我国自古就是一个多民族国家，各民族人民享有平等的受教育权利。中国共产党历来重视少数民族教育工作，致力于减小因地区经济发展不平衡产生的教育水平差距问题。发挥发达地区教育资源和条件优势，帮扶和支援少数民族地区的教育发展是缩短教育差距的重要途径。自 1989 年以来，国家先后通过“协作计划”“内高班”“骨干人才计划”等各种教育政策和计划的推行，建立了相对完整的帮扶支援体系，实现了从“招进来”到“培养好”的顺利过渡。

从内地高校毕业的少数民族大学生绝大多数都回到了民族地区工作，已成为各行各业、各条战线的骨干力量，有的走上了领导岗位，有的成为高级专业技术人才，为民族地区经济社会发展进步和繁荣稳定做出了积极贡献。这些举措使每一名少数民族学生在大学期间获得应有的教育资源，接受平等、公平的教育，实现全面成长成才，很好地体现了民族平等和教育公平。

三、实现立德树人根本目标

习近平总书记在全国高校思想政治工作会议上指出，高校要把坚持立德树人作为中心环节。少数民族学生是民族地区经济、社会、文化发展的建设者和主力军。因此，对少数民族学生进行思想政治教育，关乎培养什么人、为谁培养人这个根本问题，关乎国家统一和民族团结，关乎各民族文化的融合与发展。内地高校少数民族学生教育管理工作的根本任务，就是要贯彻以立德树人为根本，以理想信念教育为核心，以社会主义核心价值观为引领，加强少数民族学生的思想政治教育工作，帮其筑牢中华民族共同体意识的思想基础，引导学生形成正确的世界观、人生观、价值观这个“总开关”，不断加强对伟大祖国、中华民族、中华文化、中国特色社会主义制度和道路的认同，促进各民族间的交流交往，为民族地区培养新时代的建设者和接班人。

高校思想政治教育工作肩负着教育大学生树立正确的国家观、政治观、民族观、文化观，弘扬和培育民族精神，培养良好的道德品质和思想意识，促进大学生德智体美全面发展的重要任务。少数民族大学生是民族地区未来社会发展的重要力量，当前，近 300 万少数民族学生正在各级各类高校就读，少数民族大学生思想政治教育工作的有效开展，关乎广大少数民族大学生对中国特色社会主义事业和道路的认同，关乎广大少数民族学生对中国特色社会主义制度的认同，关乎广大少数民族学生对中国特色社会主义文化的认同，关乎广大少数民族学生对实现中华民族伟大复兴的中国梦的认同，关系到祖国统一，关系到中华民族大家庭的团结稳定，关系到各民族文化的共同繁荣与发展。加强内地高校少数民族学生思想政治教育，引导他们正确认识世情国情党情，正确认识我国独特的历史、独特的文化、独特的道路现状，提高教育针对性和实效性，积极培养内地高校少数民族学生中华民族共同体意识，切实增强学生的“五个认同”①，探寻在现代高校管理中培养少数民族大学生主人翁精神，促进各民族学生交往交流，对我国高校思想政治教育理论与实践的发展具有重要意义。

第二节　内地高校少数民族学生教育管理工作的主要职责

一、基本要求

内地高校肩负着全面贯彻党的教育方针和民族政策，认真落实党中央关于民族教育的决策部署，服务管理教师队伍建设，提高教育服务管理水平，筑牢各民族学生反分裂反渗透的思想防线，促进学生全面发展和健康成长的时代责任和使命。相关教师肩负着对少数民族学生开展思想政治教育、学生日常事务管理和指导服务等职责。总体上体现在以下方面：首先，贯彻落实党中央决策部署。严格按照党中央战略决策，认真落实党中央关于新疆工作的各项部署，全面贯彻党的教育方针和民族政策。紧紧围绕“为谁培养人、培养什么人、怎样培养人”这个核心问题，以立德树人为根本任务，以社会主义核心价值体系和社会主义核心价值观为引领，以民族团结教育和公民意识教育为基础，以制度机制建设为抓手，以服务管理教师队伍建设为重点，坚持教育培养与服务管理并重，不断提高教育服务管理水平，筑牢各民族学生反分裂反渗透的思想防线，促进学生全面发展和健康成长，为维护新疆社会稳定和长治久安做好打基础利长远工作。其次，规划和组织。负责少数民族学生特别是新疆、西藏少数民族学生教育和管理工作阶段性规划和工作计划，具体负责新疆、西藏少数民族学生相关民俗节日庆祝活动的组织工作。再次，加强监测预警。加强对少数民族学生教育管理相关突发事件势态监测、评估和预警工作，及时、认真、客观、全面地收集汇总并向主管部门报送突发事件信息。最后，协调沟通。与相关职能部门、学院共同做好对少数民族学生违规违纪情况的处理工作；负责与民族事务管理部门及上级主管部门的联系和沟通，开展高校对口部门的交流与合作，开展少数民族学生教育与管理的研究工作；完成上级部门交办的其他工作。

① 五个认同，指对伟大祖国的认同、对中华民族的认同、对中华文化的认同、对中国共产党的认同和对中国社会主义道路的认同。

二、基本职责

1. 教育职责

（1）做好少数民族学生的思想理论教育和价值引领。引导学生深入学习习近平新时代中国特色社会主义思想，深入开展中国特色社会主义、中国梦宣传教育和社会主义核心价值观教育，帮助学生不断坚定“四个自信”[①]，加强马克思主义“五观”[②]“五个认同”和“三个离不开”[③]教育、法制教育、民族团结教育和反分裂反渗透教育，科学运用党的民族政策、宗教政策做好工作。积极向少数民族大学生宣传党的惠民政策、民族宗教政策、民族区域自治政策、学生家乡所在地经济社会发展情况，特别是改革开放以来取得的辉煌成就等。

（2）关注和掌握少数民族大学生的思想行为特点及思想政治状况，加强与学生的交流与沟通，发现问题提前预判。有针对性地帮助学生处理好思想认识、价值取向、学习生活、择业交友等方面的具体问题。

（3）做好少数民族学生的网络思想政治教育。运用新媒体新技术，推动思想政治工作传统优势与信息技术高度融合。构建网络思想政治教育重要阵地，积极传播先进文化。加强学生网络素养教育，积极培养校园好网民，引导学生创作网络文化作品，弘扬主旋律，传播正能量。创新工作路径，加强与学生的网上互动交流，运用网络新媒体对学生开展思想引领、学习指导、生活辅导、心理咨询等。

（4）做好少数民族学生的心理健康教育。协助学校心理健康教育机构开展心理健康教育，对学生心理问题进行初步排查和疏导，组织开展心理健康知识普及宣传活动，培育学生理性平和、乐观向上的健康心态。

2. 管理职责

（1）做好少数民族学生的日常事务管理。遵循“爱严相济、务实创新”的管理理念，从学习习惯养成、日常行为管理等方面对少数民族学生开展相关教育管理工作。组织评选各类奖学金、助学金。指导学生办理助学贷款。组织学生开展勤工俭学活动，做好对少数民族困难学生的帮扶工作。

（2）党团、班级与学风建设。开展少数民族学生骨干的遴选、培养、激励工作，开展少数民族学生入党积极分子培养教育工作，开展学生党员发展和教育管理服务工作，指导学生党支部和班团组织建设。熟悉了解学生所学专业的基本情况，激发学生学习兴趣，引导学生养成良好的学习习惯，掌握正确的学习方法。指导少数民族学生开展课外科技学术实践活动，营造浓厚的学习氛围。

（3）校园危机事件应对。对少数民族学生组织开展基本安全教育。参与学校、院（系）危机事件工作预案制定和执行。对校园危机事件进行初步处理，稳定局面，控制

---

① 四个自信，指道路自信、理论自信、制度自信、文化自信。

② 五观，指国家观、民族观、历史观、文化观、宗教观。

③ 三个离不开，指汉族离不开少数民族、少数民族离不开汉族，各少数民族之间也互相离不开。

事态发展，及时掌握危机事件信息并按程序上报。参与危机事件后期应对及总结研究分析。坚决抵制“三股势力”和各类错误思想对内地高校新疆籍学生的渗透影响，认真贯彻落实自治区党委关于学校抵御和防范宗教渗透“两个不得，五个严禁”[①] 要求，主动做好校园“去极端化”工作，协助内地高校做好少数民族大学生的心理健康教育和疏导工作，自觉维护校园安全稳定。

3. 服务职能

（1）做好少数民族学生的就业服务和心理帮扶工作。为少数民族学生提供科学的职业生涯规划和就业指导以及相关服务，帮助学生树立正确的就业观念，引导学生到基层、到西部、到祖国最需要的地方建功立业。为遭遇就业和情感等挫折的学生提供心理咨询服务，助其渡过难关，培育乐观平和的心态。

（2）协助学校做好少数民族学生的生活服务工作。根据少数民族学生生活学习中遇到的实际困难，帮助协调解决清真食堂服务和管理工作、少数民族家庭经济困难大学生的资助工作。

第三节　内地高校少数民族学生教育管理方法

一、高校少数民族学生教育管理的基本原则

1. 宗教与教育相分离的原则

民族与宗教有着天然的联系。受家庭影响，诸多少数民族学生一方面具有较强的宗教意识；另一方面又因身处世俗化社会，极易出现价值冲突和选择迷惘。如何看待民族与宗教的关系，区分民族习俗与宗教行为，正确看待宗教的社会功能，需要正确的引导和教育。首先，应站在国家安全的战略高度看待少数民族学生的宗教问题。其次，加设宗教观和宗教史教育，对学生进行相应的教育和引导，去除宗教的神秘面纱，避免学生被宗教极端分子误导和影响，提高他们辨别是非的能力。最后，避免出现谈宗教色变和放任自流两种极端。

2. 公平公正，平等客观

对待各民族学生要平等公正，感情天平不能偏向任何一方，尤其在日常管理和评奖评优资助等方面，应遵循平等客观、公平公正的原则。一方面，作为高校学生，少数民族学生在校期间同样受到法律法规和校规校纪的约束，学校应当一视同仁，依法依规管理。另一方面，作为需要重点关注的学生群体，高校需要建立健全机制体制，运用科学

---

① 两个不得，指任何人不得利用宗教进行妨碍国家教育制度的活动，任何组织和个人不得在学校进行宗教活动。五个严禁，指严禁在学校传播宗教思想、发展教徒，严禁在学校设立宗教活动场所、举行宗教活动，严禁师生建立宗教团体和组织，严禁师生在校内外参加或组织参加宗教活动，严禁穿戴宗教服饰、佩戴宗教标志。

化、精细化的手段重点加强管理。

3．爱严相济，奖惩结合

在实际的教育管理中，要充分尊重少数民族学生作为主体人的合理需求和正当权益，注重人文关怀和情感教育，尊重他们的自主权和选择空间，理解和关心他们；针对违纪违规学生，要进行严格教育、管理和引导，将对学生的严格管理建立在法律法规的基础之上，尊重和遵守教育教学规律，遵循学生的成长成才规律，避免简单粗暴，避免“标签化”和“特殊化”的倾向。要做到了解底数，守住底线；爱严相济，平等融合；德才兼备，全面发展。

二、内地高校少数民族学生教育管理主要方法

当前少数民族大学生总体情况良好，各民族交往交流增强趋势在教育领域充分体现，学生爱国热情强烈，思想健康向上，要求进步，渴望成才。但随着形势发展，近年来，内地高校少数民族学生教育管理工作也面临一些新的挑战。在内地就读的少数民族学生不少具有学业基础薄弱、家庭经济贫困、融入内地文化环境困难、自尊与自卑情绪矛盾交织等特点，这给内地高校少数民族学生管理工作带来不少挑战。针对暴露出的问题，内地各高校在少数民族大学生教育管理工作上进行了一系列探索，形成了一些行之有效的做法，梳理如下。

（一）将高校思想政治教育宣传工作与民族团结教育相结合，提升思想引领有效性

思想政治教育宣传工作是内地高校少数民族学生教育管理工作的出发点和落脚点。民族团结教育是民族工作的题中之意。在实际工作中，应坚持立德树人，将民族团结教育融入思想政治教育，通过多种多样的教育形式和潜移默化的引导工作，打牢各族师生的中华民族共同体思想基础。

1．强化思想引领，坚定理想信念

坚持立德树人，大力加强高校思想政治教育宣传工作。弘扬社会主义核心价值观，坚持不懈地在少数民族学生中进行中国特色社会主义和中国梦的教育宣传，引导各族学生不断提高“四个自信”。结合形势要求和信息技术发展趋势，把握思想传播规律，开展社会主义核心价值观和中华优秀传统文化进教材、进课堂、进课外、进网络、进教师队伍建设和进评价体系，并与学校思想政治教育工作有机对接、有效转化，力求打造课内课外、网上网下互相贯通的全方位育人空间，切实增强学生抵御渗透的“免疫力”。

2．充分发挥思想政治理论课的主渠道作用

突出抓好马克思主义民族理论和党的民族宗教政策教育课程建设，培养一批“能讲、敢讲、会讲”的思想政治理论课教师骨干，用马克思主义中国化的最新理论成果，和我国民族、宗教事业发展的生动实践相结合，联系少数民族大学生的思想实际，回答他们关心的热点、难点、疑点问题，增强马克思主义民族观、宗教观、人生观、价值观教育的吸引力和感染力，帮助学生树立正确的民族宗教观和积极的民族意识和公民意识，引导学生正确对待宗教信仰。

3．加强法制教育，增强公民意识

一小部分少数民族学生对一些违法犯罪行为认识不清，对宗教极端主义渗透还存在

模糊观念。因此，要重视在少数民族学生中开展法制教育和公民意识教育，教育引导他们知法懂法，对原则问题不能含糊遮掩或选择性回避。同时应积极引导各族学生树立自觉维护民族团结和国家统一的意识。

4. 增进民族交流和团结，着力营造多民族文化和谐共生的校园文化氛围

注重搭建各种平台促进各族学生的交往、交流及交融。在校园活动中积极为少数民族大学生提供展示自我和发挥才干的舞台，促进各民族学生之间的交往，引导少数民族大学生融入校园，促进多民族学生相互了解、相互尊重、相互包容，进而升华为对中华文化的认同和爱国主义情感。注重以重大节日为契机，开展主题班会、民族美食节、文艺体育活动、座谈会等，增进各民族教师和学生的情感沟通，提升民族团结教育的亲和力和针对性、实效性。

5. 榜样宣传和典型示范引领

开展少数民族学生的教育管理工作要善于创新工作模式，转换话语体系，注重采用少数民族学生容易、乐于接受的方式，提升工作的针对性和有效性。在工作中，注重挖掘少数民族学生的先进事迹，用他们的事迹辐射带动更多的少数民族学生积极上进、奋发有为。擅长发挥高年级学生的榜样引领示范作用，增强同辈教育效果。

6. 选优配强思想政治工作队伍

加强辅导员配备，选派优秀教师担任少数民族大学生辅导员，在民族地区选派政治素质过硬、德才兼备的少数民族教师赴内地担任辅导员。建立全方位的少数民族大学生思想政治教育工作培训体系，建立健全少数民族大学生思想政治教育研究智库，打造一支懂民族教育工作、热爱民族教育工作的队伍。加强民族学生骨干的培养力度，积极发展学生入党，选聘优秀学生党员担任少数民族大学生兼职辅导员。

（二）严格精细化管理与以人为本相结合，促进学生全面发展

习近平总书记指出，思想政治工作从根本上说是做人的工作，必须围绕学生、关照学生、服务学生，不断提高学生的思想水平、政治觉悟、道德品质、文化素养，让学生成为德才兼备、全面发展的人才。要加强主动关怀，拓宽少数民族大学生通过教育改变命运的发展轨道，以中国梦引领学生实现个人梦想。

1. 坚持依法治校，加强校园规范管理

秉持一视同仁的原则，对涉及学生衣食住行学的各个环节明确管理规定，以校纪校规为抓手进行前置约束。首先，规范校园民族宗教活动管理。科学区分民族和宗教，尊重学生信教自由，同时也尊重学生不信教的自由，坚持以教育和宗教相分离的原则加强校园管理，以校纪校规的形式明确各项管理规定，校园内禁止传教、禁止宗教活动，对违反管理规定的行为必须依法依规进行惩处。其次，规范校园后勤服务管理。明确校园食堂内不得有任何宗教色彩的宣传品。加强学生宿舍管理，严格实行多民族学生混合住宿。严格规范学生出入境备案、护照申请管理等。再次，严厉惩处违法行为。对错误思想要旗帜鲜明地进行批评，开展深刻的思想教育，引导学生树立正确的民族宗教观和人生观；加强与公安等部门的信息联动，违法学生移送公安机关依法处理；加强学生法治教育和安全教育，开展反对“三股势力”警示教育活动，引导学生自觉抵御错误思想的渗透。

2．注重以人为本，合力育人

高校作为教育的主导，开展少数民族学生教育管理时要体现“以人为本”的理念。在日常管理和教育中，应坚持以人为本，用真心、爱心、诚心、细心“四心”去公平关爱每一位少数民族学生。在实际工作中不仅关注少数民族学生的家庭经济情况，保证经济物质的及时帮扶，还要在思想和情感上下功夫，深入关心关怀关照学生的情感和生活。家庭是孩子的第一所学校，家庭教育是学校教育的基础，对学生成长成才起着至关重要的作用。由于少数民族学生的宗教信仰和文化差异，家庭教育显得尤为重要。因此，加强家校联系，建立家访制度等长效联通机制，形成教育合力，对于做好少数民族学生的教育管理工作大有裨益。

3．重视心理健康教育

广泛宣传心理健康知识，通过专题心理讲座、主题心理报告、心理沙龙等，传授心理健康知识和心理调适方法，增强学生适应社会和自我调适的能力。深入开展心理调查和咨询活动，及时发现因学业、就业、人际交往等实际问题而引发心理不适应问题的少数民族大学生，有针对性地进行心理辅导与疏导，优化排解消极情绪的渠道和方法，帮助学生树立正确的人生态度，引导学生健康发展。

4．加强帮困工作，促进学生成长成才

做好经济帮困的同时注重行为帮困。学习方面，帮助少数民族大学生客观认识学业基础存在的差异，树立战胜困难的信心和决心，杜绝分数变相打折的倾斜政策，增强课业辅导，鼓励学生通过多次考试达标，适当降低少数民族大学生申请奖学金的成绩门槛。还可设立专项助学金，通过激励和资助育人等综合举措，促进少数民族学生实现全面发展。就业方面，加强与民族地区当地政府、大型国企、事业单位的联系，强化就业工作服务水平，利用现代信息技术打破面试难的招聘困境，帮助学生拓展就业渠道。采用个性化生涯辅导，帮助学生树立正确的就业观念，合理制定个人生涯规划。资助方面，变现有的申—评资助模式为岗位适配性资助，引导学生通过勤工俭学获取酬劳，在完成学业的同时锻炼能力，融入校园生活。

（三）解决思想问题与实际问题相结合，推动服务精准化

少数民族地区由于历史和区域因素，经济社会发展水平较内地相对滞后。学生整体家境经济状况一般，受教育水平低，学业基础差，适应问题突出。对少数民族学生来说，大学期间遇到的主要问题包括学业顺利完成、生活保障、人际关系建立、就业机会获得、民族自尊及权益得到满足等方面。这要求我们在开展思想教育的同时，要注重对学生现实问题和困难的解决，增强思想教育的时效性和针对性。这样，我们的思想政治教育才不至于脱离实际、陷入空泛化。如果只讲大道理，不解决实际问题，教育工作就成了“无根之木，无源之水”。

1．新生适应

抓紧少数民族学生新生入学的关键节点，提前开展各种准备工作，如赴对口预科高校开展座谈，了解他们的需求，未雨绸缪，进行学前教育，帮助他们提前适应大学生活。

2．学业帮扶

对学习困难的少数民族学生开设各类辅导讲座、小组答疑，通过“一帮一、结对子”、成立帮扶小组等方式切实帮助他们提高学习能力和成绩。实行学业预警，及时关注学生学业和成绩动态，做到有警示，早预防。

3. 经济资助

贯彻落实国家助学政策制度，努力构建新型资助育人体系。除了落实国家既定的各项资助政策以外，还可结合区域经济优势广泛挖掘开拓资源，吸引有爱心的企业家设立专项奖助学金，帮助家庭经济困难的少数民族学生顺利完成学业。

4. 生活保障和生涯指导

我们要用心做好少数民族学生的教育管理工作，切实关注他们的成长，解决他们思想上、生活上、学业上、情感上的各种困难，同时在解决实际困难和服务学生成长中实现育人效果。在生涯指导和生活保障等方面进行主动关怀，关心他们的实际需求和现实困惑，创新帮扶服务形式，建立长效机制，实现教育效果最大化。如帮助少数民族学生建立校企联系，为少数民族学生回原籍工作创造条件。每年召开少数民族学生毕业生座谈会、企业反馈洽谈会等，从而精准提供就业资源和对接服务。

案例分析

入乡如何随俗

内地某高校新疆籍少数民族大一新生古丽入学后，思乡心切，情绪低落，后又因饮食习惯与室友两次发生争执，觉得室友在宿舍吃汉餐味道难闻刺鼻，不尊重自己的民族习惯和信仰。加之课程学习吃力，种种情况累积，加剧了焦虑情绪，遂向辅导员申请长假回家“疗伤”。

【启示】

这是一起较为典型的少数民族学生新生适应问题，并由此引发情绪情感挫折的事件。事件发生原因如下：第一，该生入学后，未能快速适应大学生活，实现角色转变；第二，缺乏人际沟通和交往技巧；第三，情绪控制能力和抗压抗挫折能力较弱；第四，民族自尊心强，情感脆弱，对权利义务等缺乏全面正确的认识。

处理对策：第一，全面掌握该学生信息（性格、家庭环境、成长背景），了解矛盾情况。第二，有针对性地开展谈话，共情接纳，疏导情绪，矫正认知和错误观念。第三，引导宿舍室友之间的相互理解和尊重，帮助化解宿舍矛盾。第四，建立帮扶小组和关怀机制，帮助其尽快适应大学生活，同时做好家校联系和沟通，缓解思乡焦虑。第五，引导该生树立正确的民族观念、权利观念和人际交往观念。第六，长期关怀，定期回访，巩固成效。第七，抓住契机开展以民族习俗与文化为主题的班会或其他集体活动，促进交流交融。

启示：该案例反映的问题的核心在于学生不能及时融入和适应大学生活，产生较大的心理负担，同时引发宿舍矛盾，进而导致该生希望通过申请长假来暂避和“疗伤”。辅导员应抓住问题的核心与本质，及时引导，纠正观念，给出建议，鼓励执行，帮助其快速适应融入大学生活，建立和谐人际关系。

思考题

1. 内地各高校如何更好地实现少数民族学生与汉族学生的融合与心灵契合？

2. 辅导员在对少数民族学生教育管理实践中如何把握好“一视同仁”与“重点关注”的关系？

3. 如何认识和把握“教育与宗教相分离原则”？

第十一章
工作素养提升

第一节　辅导员工作素养结构

辅导员作为思想政治教育的组织者、实施者和指导者，其工作开展必须要建立在拥有良好的个人工作素养之上。这些素养有别于作为公民的基本素养，是辅导员在作为思想政治教育主体，体现思想政治教育工作创造性和超越性的特殊要求和必备法宝。辅导员在自身建设方面，要尤其注重从以下六方面入手，扎实开展工作的基本功。

一、政治素养

思想理论教育和价值引领是辅导员工作的首要任务。政治素养是教育者从事思想政治教育活动所必需的政治条件和政治品质，是教育者政治信念、政治观点、政治立场、政治品德、政治鉴别力和政治敏锐性的综合表现。① 成为一名辅导员的首要基本条件就是具有较高的政治素质和坚定的理想信念，坚决贯彻执行党的基本路线和各项方针政策，有较强的政治敏感性和政治辨别力。②

首先，要拥有坚定的共产主义理想信念，并能够将之与中国特色社会主义共同理想相结合。这不仅要求辅导员从思想上入党，更从行动上入党。师者，传道授业解惑也。辅导员作为高校教师队伍的重要组成部分，在思想引领上要率先垂范，凸显身为党员的价值追求和精神动力，引导学生深入学习习近平总书记系列重要讲话精神和治国理政新理念新思想新战略，深入开展中国特色社会主义、中国梦宣传教育和社会主义核心价值观教育，帮助学生不断坚定中国特色社会主义道路自信、理论自信、制度自信、文化自信，牢固树立正确的世界观、人生观、价值观。③ 大学生在成长过程中思想存在不稳定性，容易受到不良意识形态的侵蚀，但这恰恰也反映出其可塑性的一面，为我们开展思想政治教育工作提供了契机。辅导员尤其要注重持续的自我教育，以共产主义理想信念武装头脑，以科学的最新理论成果作为行动指南，强化自身政治建设，坚决抵制理想信

---

① 陈万柏，张耀灿．思想政治教育学原理［M］．北京：高等教育出版社，2015：155.

②③ 中华人民共和国教育部．普通高等学校辅导员队伍建设规定［EB/OL］．（2017－09－29）［2018－06－25］．http://www.moe.gov.cn/srcsite/A02/s5911/moe_621/201709/t20170929_315781.html.

念模糊甚至动摇的错误行为。

其次，坚决贯彻执行党的基本路线和各项方针政策，要求辅导员在任何时候都要坚定政治立场，拥有较高的政策解读能力。辅导员在开展工作处理问题时要坚定不移地走中国特色社会主义道路，一切从人民群众的立场出发，面对大是大非能够做到头脑冷静，紧密团结在党中央周围，时时刻刻跟党走。高校坚持社会主义办学方向，要紧密围绕解决好为谁培养人、培养什么样的人、怎样培养人这个根本问题。只有牢牢把握住正确的政治立场，才能保证所培养出来的学生在面对纷繁复杂的社会思潮时，思想和行动能够符合人民群众的集体利益；只有准确理解并解读宣传党的政策和方针，确保这些政策方针在思想政治教育工作中得到正确贯彻落实，才能更好地帮助学生解决思想问题和实际问题，进而培养他们成为又红又专的社会主义合格建设者和可靠接班人。

最后，较强的政治敏感性和政治辨别力要求辅导员具备较高的政治水平。网络思想政治教育和维护校园稳定与安全都是辅导员工作职责的重要内容。辅导员要在日常工作中保持高度的政治敏感性和政治辨别力，线上线下均时刻关注学生思想和行为动态，强化提高自身处理政治问题的能力，将不利于校园稳定的各种因素扼杀在萌芽状态，以正确的政治导向开展思想价值引领。当然，政治水平的提升并非一朝一夕之事，需要长期的历练来实现经验积累。在用马克思主义中国化的最新理论武装自己的同时，还要不断强化和提升以历史唯物主义的观点看待和处理问题的能力，“以史为镜，可以知兴替”，多读书、读史书，在历史中寻找解开现实谜题的答案。

二、道德素养

不同的生活领域，在遵循普遍性的道德要求的前提下，存在不同的道德品质要求和道德规范标准，个人私德、家庭美德、社会公德、公民道德、职业道德、政治道德、文化道德构成一个社会的道德体系的主要内容。① 针对辅导员群体来讲，其道德素养主要表现为个人道德修养、职业道德和学术道德三方面。

良好的个人道德修养意味着辅导员要具备高尚的思想品格。高尚的思想品格要求辅导员不断加强自身的思想道德修养，用高尚的精神教育、激励、鞭策自己，形成高尚的价值取向和人生追求。特别是在自我与他人、自我与社会的关系上，能够始终把他人、群体和社会的利益置于个人利益之上，在思想政治教育中，既能以理服人，以情感人，又能以德服人，以行导人，体现高尚的思想情操和道德境界。② 辅导员个人道德修养在某种程度上决定了其事业所能达到的高度，正所谓“正心以正事，修身以致远”。在高尚思想品格的指引下，我们能够践行出正确的道德行为并彰显出优秀的人格魅力。辅导员肩负着帮助学生树立正确的世界观、人生观和价值观的重任，其个人道德修养在潜移默化当中会对学生带来巨大影响。辅导员良好的个人道德修养势必能为高校德育工作的顺利推进打下坚实基础。

---

① 魏则胜. 职业道德理论与实践［M］. 广州：中山大学出版社，2017：12.

② 教育部思想政治工作司. 思想政治教育原理与方法［M］. 北京：高等教育出版社，2010：84.

职业道德是指个人的职业活动应该遵循的正道，即职业之道，以及个人在职业活动中所具有的德性，即职业之德。职业之道以各种职业道德规范来表达，职业之德的表现形式为个人在职业活动中所具有的职业良心、职业正义感、职业奉献精神和职业道德意志。[①] 2011 年 12 月 30 日由教育部、中国教科文卫体工会全国委员会印发的《高等学校教师职业道德规范》（教人〔2011〕11 号），由爱国守法、敬业爱生、教书育人、严谨治学、服务社会、为人师表 6 个部分组成。辅导员队伍作为高校教师队伍和管理队伍的重要组成部分，这一规范是辅导员在职业活动中必须遵守的。若要无愧于高校教师的崇高身份，辅导员就要具备良好的职业道德，具备“身正为范”的师德师风，具备立德树人的育人底气。

辅导员是与学生接触最多的教师群体，而这份频繁与人打交道的职业难免会面对各种难以推脱的人情和各种物质诱惑。倘若随波逐流，对自己疏于管理，当在处理学生推优入党、评先评优或保研等涉及学生切身利益的工作时，就容易有失公允，不仅为个人发展乃至学校稳定埋下风险点，更会给高校辅导员队伍的整体声誉带来严重影响，谈何为人师表？《关于加强和改进新形势下高校思想政治工作的意见》（中发〔2016〕31 号）强调要完善教师职业道德规范，实施师德“一票否决”制。我们要明确自身定位，理顺工作关系，严守工作纪律，恪守工作职责，做到有所为有所不为，以饱满的热情和对党的事业的高度忠诚投入到学生工作中去，言传身教，真正做到为了一切学生，为了学生的一切，一切为了学生。

学高为师要求辅导员队伍必须保有渊博的学识和保持终身学习的动力，同时也反映出辅导员承担着学术研究的职责。教师的学术道德作为教师道德的重要组成部分，反映了教师的学术声望、社会威信，体现了教师个体的道德素养。[②] 学术道德包含在职业道德中。辅导员具备良好的学术道德是大学教师职业道德的内在要求，是培养合格创新人才的需要，有助于净化社会学术风气。[③] 学术研究本身是枯燥孤独的，是复杂的创造性劳动，任何劳动成果都必须得到尊重。辅导员进行学术研究要严守学术道德、追求真理、大胆创新，杜绝急功近利的心态，端正学风，坚决抵制剽窃伪造等学术不端行为。

只有具备良好的道德素养，辅导员才能把自己肩负的责任和使命内化为自己的信念，把工作的压力转化为日常工作的强大动力，以饱满的热情、无私的爱心和高度的责任心承担起大学生成才引路人的使命。[④]

三、法律素养

在当今中央“四个全面”战略布局下，全面依法治国成为中国特色社会主义国家民主法治进步的重要标志。作为立德树人、人才培养的高校，更要全面推进依法治校，严格按照国家各项法律法规开展教育工作，防范法律风险，为学生成长成才构建健康的法

① 魏则胜. 职业道德理论与实践［M］. 广州：中山大学出版社，2017：21－22.
② 魏则胜. 职业道德理论与实践［M］. 广州：中山大学出版社，2017：82.
③ 魏则胜. 职业道德理论与实践［M］. 广州：中山大学出版社，2017：82－83.
④ 黄签名. 辅导员价值论［M］. 天津：天津大学出版社，2013：24.

制环境。法律素养应当是公民后天习得的，包括法律常识、理念、原则、意识和能力，将之内化为自身的一种观念和信念，并且在现实生活中能自然、自觉地以此来规范、指导自己的行为实践。[①] 具备与思想政治教育工作相关的法律法规知识，具有较强的纪律观念和规矩意识以及遵纪守法是辅导员选聘的基本条件，而将法律素质提升到法律素养的高度则是辅导员引导学生树立正确的法制观和保障学生合法权利的内在要求，更是高校构建法治校园的微观保障。

当今大学生维权意识日益强烈，他们客观上要求辅导员能帮助他们明辨法律权利和义务，对高校辅导员提供法律咨询服务的能力也表现出更高的期待。在开展学生管理工作处理各类关系时，辅导员要牢固树立法律意识，提升处理问题时的法律敏感性；工作做到程序严谨，有法可依，有章可循，确保无法律安全死角；要将涉及学生利益的所有工作做实做细，确保公平公正公开，工作程序和结果要能经得起广大同学监督；要有维护学生隐私权、财产权、人格尊严等基本权利的意识，尊重大学生的知情权、选择权、建议权和申诉权[②]，避免侵犯学生权利现象的出现。

辅导员还要增强法律法规的理论学习能力，熟悉《普通高等学校学生管理规定》(中华人民共和国教育部令第41号)、《国家教育考试违规处理办法》（中华人民共和国教育部令第18号)、《学生伤害事故处理办法》（中华人民共和国教育部令第12号）等与大学生思想政治教育相关的法律法规条文规定；要通过实践锻炼来提升自身法律应用能力，坚守法律规范，增强底线意识，确保学生从事一切的活动都在法律允许范围内，做到遇事找法，解决问题用法。[③] 学生群体的每一次突发事件都伴随着相关的法律问题，都存在着最终借助法律途径解决的压力和趋势。这不仅仅考验着辅导员实施应急预案的基本素质，更考验辅导员利用法律武器来保护学生、维护校园秩序稳定和教育培养学生法律习惯的能力。辅导员法律素养的提升是高校教师群体素质全员全方位进步的缩影，其每一次法律素养的体现，都会对学生的成长起到积极的示范效应，都将对学生价值观、法律思维和法律行为习惯的塑造带来难以估量的影响。

四、专业素养

辅导员的专业素养体现在其自身拥有专业知识的存量以及运用专业知识解决实际问题的能力。但目前辅导员应具备怎样的专业知识并没有明晰的概念界定。根据《高等学校辅导员职业能力标准（暂行)》（教思政〔2014〕2号）规定，辅导员所需掌握的专业知识主要由三大部分组成。

1. 思想政治教育专业基本理论、基本知识、基本方法

辅导员工作的核心内容是思想政治教育，学生既是我们进行思想政治教育的客体，

---

① 彭盼盼. 论我国公民法律素养的提升［D］. 南昌：江西师范大学，2014：6.

② 浦纯钰，黄风琼. 论提高高校辅导员的法律素养［J］. 经济研究导刊，2009（35）：231.

③ 中国共产党第十八届中央委员会第四次全体会议. 中共中央关于全面推进依法治国若干重大问题的决定［EB/OL］.（2014－10－28)［2018－06－25］. http://www.xinhuanet.com/politics/2014－10/28/c_1113015372.htm.

也是主体。辅导员开展工作时只有做到贴近实际，贴近生活，贴近学生，强调自身在教育者和受教育者之间不断转换角色，才能做到深入了解学生，增强我们思想政治教育工作的吸引力，切实保障思想政治教育工作的针对性与实效性。思想政治教育本身是门科学，学生思想政治素质的形成与发展也具有内在规律，辅导员只有遵从这些规律，努力提高个人理论素养，才能把了解学生思想实际的优势转化为增强思想政治教育实效性的现实。辅导员的教师身份使得辅导员必须主动掌握思想政治教育相关理论知识，提高个人理论素养。①

2. 马克思主义中国化相关理论及知识

《中共中央　国务院关于进一步加强和改进大学生思想政治教育的意见》（中发〔2004〕16号）指出，加强和改进大学生思想政治教育工作的主要任务要“以理想信念为核心”“要坚持不懈地用马克思列宁主义、毛泽东思想、邓小平理论和‘三个代表’重要思想武装大学生”。这要求辅导员必须掌握马克思主义和毛泽东思想相关理论知识，坚定不移地帮助学生树立共产主义信念。“使大学生正确认识社会发展规律，认识国家的前途命运，认识自己的社会责任，确立在中国共产党领导下走中国特色社会主义道路、实现中华民族伟大复兴的共同理想和坚定信念”则是要求辅导员对学生开展中国特色社会主义理论体系的教育工作。“以爱国主义为重点，深入进行弘扬和培育民族精神教育”“深入开展中华民族优良传统和中国革命传统教育”要求辅导员全面学习了解中华人民共和国史和中国共产党党史，大力培育和践行社会主义核心价值观。

3. 大学生思想政治教育工作实务相关知识

这些专业知识基本涵盖了辅导员工作的其他重要内容。如大学生党团和班级建设、职业生涯规划和就业指导、学生日常事务管理、校园文化建设、社会实践、网络思想政治教育以及危机事件应对等方面。辅导员日常工作的开展和推进离不开工作实务理论知识的指导，而琐碎的工作内容又考验着辅导员的耐心与恒心。辅导员发现问题、解决问题的能力在某种程度上是衡量其优秀与否的实践标准。辅导员必须要在具体的工作实践中积累实战经验，做到勤于整理工作记录，以案例或理论凝练等形式回顾和反思自身工作，从看似孤立琐碎的工作实践中归纳出共性特征，寻求适合自己的研究方向进行纵深探索。

需要特别强调的是，以上三大方面专业知识会随着时间的推移不断地变化。辅导员要秉着终身学习的态度持续更新知识结构，尤其要对党的最新理论成果保持高度敏感，做到与时俱进，不断推进自身教育理论向教育实践转化，努力提升自身专业素养，向着辅导员专业化方向前进。

五、人文素养

辅导员的人文素养是指辅导员所具有的人文精神及其在日常工作中体现出来的思想、

① 江沈红. 高校辅导员教师身份内涵及身份实现路径研究［M］. 武汉：武汉大学出版社，2016：54.

道德、情感、心理、性格、思维模式等方面的气质和修养。具体表现为：对做学生工作有责任感和成就感；以学生为本，遵循学生成长成才的规律，尊重学生、相信学生、关爱学生；在学生管理中渗透人性化管理，注重人文关怀；具备宽泛的人文知识和素养。① 由此可见，辅导员的人文素养强调的是人文科学知识所内化形成的知识涵养，以及在正确价值观指引下体现的行为规范。内化于心，外化于行，所谓知行合一，表里如一，此乃是否真正具备人文素养的体现。② 《高等学校辅导员职业能力标准（暂行）》（教思政〔2014〕2 号）规定辅导员应具备宽广的知识储备，了解马克思主义理论、哲学、政治学、教育学、社会学、心理学、管理学、伦理学、法学等学科的基本原理和基础知识。在这些人文科学知识的熏陶下，辅导员往往拥有独具特色的人格魅力，体现出饱满的精神状态和丰富的精神世界，彰显着高校教师健康高雅的精神气质。

辅导员具备良好的人文素养，在日常工作中便可展示出良好的工作作风和工作理念，直接或间接地影响学生的心灵和行为，从而引领和帮助学生树立正确的人生观、价值观，使之内化为学生稳定的素质和自觉的行为，增强抵御腐朽思想侵蚀的能力。③ 大学生在成长过程中，往往由于自身知识结构和知识存量的局限性，无法正确或较为透彻地看清和理解事物，由此产生的各种各样的学生思想政治教育问题。辅导员传道授业解惑有赖于丰富合理的知识贮备。具备较高人文素养的辅导员在实际处理问题过程中能够展现出良好的教育艺术性，其深厚的文化底蕴、高品位的人文素质和广博的眼界能够帮助学生了解丰富多彩的客观世界，能够为传统枯燥说教式的思想政治教育工作带来全新的感召力和震撼力。

辅导员个人发展也许并非一帆风顺，依然可能面临事业上的挫折失意，面临各种人生落差带来的心态失衡。良好的人文素养恰恰是辅导员进行自我教育、重构健康内心世界的必备法宝。也许辅导员没有充足的物质待遇，但却能享受人文素养带来的丰富精神世界。当身处逆境时，它让我们以“天高云淡，望断南飞雁”的高远正视得失；当面对孤独时，它让我们以“怀器在身，潜居待时”的沉稳磨炼毅力；当取得成就时，它让我们以“今日长缨在手，何时缚住苍龙”的豪迈培育自信。

提升人文素养，辅导员首先要做到立足中国传统优秀文化，打造多学科共建的学习方式，拓展知识结构的广度与深度，实现自身文化底蕴的沉淀。这需要我们坚定终身学习的意识，做足持之以恒的心理准备，着重实现人文社科知识的内化。其次，要在工作实践中注重教育的人文关怀，体现人文精神，增强提炼体验感悟的能力。辅导员要以身作则，为人师表，以体验式教育感染和教化学生，在思想政治教育实践中通过人文素养彰显个人魅力，树立教育权威。

六、学术素养

科学研究是高校的基本职能。辅导员身处的高校是知识密集型领域，其教师身份要

---

① 宋红霞. 高校辅导员人文素质培养刍议［J］. 中国成人教育，2008（3）：48.

② 梅敬忠. 回望国学经典：领导干部提升人文素养的“捷径”［J］. 人民论坛，2016（30）：55.

③ 余钦. 高职院校辅导员人文素养培养路径探析［J］. 广西职业技术学院学报，2013（12）：34.

求辅导员必须具备较高的学术素养，在工作中体现较强的教育引导能力和调查研究能力。知识的生产与再生产、知识的更新迭代以及大学生对咨询管理服务日益增长的需求客观上要求辅导员工作不能仅仅停留在表面，要破解层出不穷的大学生思想政治工作难题，必须进行深入探索研究，挖掘深层原因并提出有针对性的解决对策，推动具体工作实践向理论成果的转化，实现从感性认识到理性认识的飞跃。

《高等学校辅导员职业能力标准（暂行）》（教思政〔2014〕2 号）明确了辅导员初级、中级和高级三个发展阶段。中级辅导员要具备一定工作经验，培养了较强研究能力，积累了一定理论和实践成果。高级辅导员要具有丰富的实践经验、较高的理论水平和学术修养，在思想政治教育工作某一领域有深入的研究并具备有影响力的成果，成为该领域的专家。职业能力标准强调了辅导员科研能力和学术素养在职业发展中的重要性，若不加以重视，较低的学术素养往往成为制约辅导员发展的瓶颈。

从个人层面来讲，辅导员提升自身学术素养首先要树立科研意识，增强参与科学研究的积极性和主动性。机械式的常规重复工作不会对辅导员的能力带来持续提升，但科学研究却能通过日积月累为其带来质变，从而使辅导员切身感受到身为高校教师的职业成就感，强化辅导员职业认同感与归属感。科研意识的树立实质上要求辅导员克服自身惰性，理清成长方向；明确思想政治教育这一工作核心，从大量事务性工作中抽身，强化自身定位，促使自身从“保姆型”辅导员向“科研型”“专家型”辅导员转变。其次，辅导员要强化问题意识，从具体的工作实践中善于发现问题，通过独立思考抽丝剥茧，探索问题背后的内在规律。“没有问题”恰恰反映了辅导员不思进取、回避推脱的工作态度。有了问题，我们才有研究的热情、创新的激情。在实际工作中，我们针对大学生思想政治教育工作中的问题，想方设法予以解决，才能推动实际工作的创新；在理论研究中，我们只有提出问题、回答问题，才会有理论探索的创新。[①] 辅导员要强化问题意识，坚持问题导向，保持寻求科研方向以期解决问题的主动性，这是坚持马克思主义认识论和辩证法的具体表现，也反映出辅导员作为党政干部后备军的进取精神。最后，辅导员要强化自身实践意识。我们在科学研究中总结出的理论需要在实践中得到应用，并接受实践的检验。新时期的学生管理工作更注重辅导员的教育实践能力，而不是简单地停留在理论的层面。有些政治理论枯燥而且抽象，需要辅导员将理论与实践结合，在实践中引导学生的思想进步。[②] 在日常工作中，辅导员经常会担任学生科研立项和社会实践指导老师，也会指导学生参加各类竞赛，这实际上便是理论联系实际的绝佳机会。辅导员在通过实践增长才干的同时，还能够更新自身教育服务理念，有效提高辅导员科研成果的实际价值。除理论研究成果作为基本业绩外，工作实绩也常作为辅导员职称评审的重要考核依据。因此，辅导员在提升学术素养的道路上，通过理论指导实践，通过实践检验理论，做到理论与实践并重。

---

① 沈壮海．辅导员如何做科研［J］．思想政治教育研究，2012（6）：100.

② 刘海彬．高校辅导员专业化素质和能力培养研究［D］．天津：天津师范大学，2014：34.

案例分析

案例一

在自卑中自省，在自省中超越

谢同学，湖北省黄石市西塞山区人，视觉传达设计专业本科生。谢同学是我负责年级主要学生干部，连续四年任副级长一职，一直勤勤恳恳，在学生工作中表现出十分强的管理协调能力和责任心，同时很受同学们欢迎。大二的时候，我与级委组成了大学英语四级考试学习小分队。每周二、周四花一小时时间共同进行英语学习。大部分级委都积极响应，唯独谢同学对此毫不上心，几乎没有出现在我们的自习会上。于是我跟谢同学进行了单独谈话，期望了解他的未来打算。

谢同学的成绩在年级一直处于中下水平，虽然没有挂科，但也与奖学金无缘。谢同学告诉我，其实他高中是一个成绩优秀的学生，上大学后过得太懒散以至于成绩一落千丈。由于落差，导致他每次谈到学业都显得十分自卑，他本来有读研的打算，同时这也是家人的期望，想多学一些专业知识再走进社会，但是一直懒散惯的他已经提不起精神来静心学习，如果可以再读一次大学，他希望可以重新认真起来。

了解到他的想法，我跟他一起分析了现状，并告诉他现在开始并不迟，如果不改变懒散，即使再重来一遍结果还是一样，因为你仍然是你。接下来，根据他的期望，我们共同制订了考研学习计划。鉴于他想攻读本校研究生的愿望，我首先要求他不可以再随便翘课，多与专业教师探讨学科前沿。其次，鼓励他报一个考研复习班，这是考虑到谢同学英语基础十分薄弱，加上自学需要很大的耐力，报班可以帮助他更好地进行复习。最后，我们整理了一份考研计划表，并要求他每个月跟我谈一次话，分享进展和心得；同时每晚跟我分享一句英语，里面包含一个新单词。

一开始，谢同学干劲很足。按时上课，课余时间跟着考研复习班学习，每晚还用英语给我换花样说“晚安”。持续了三周，一天谢同学来到我办公室跟我发牢骚。说这样的生活实在太苦太累了，而且也没有觉得作用很大。通过一轮开导，我也开始给谢同学一些奖励和激励。就这样，谢同学进入了第二轮奋斗阶段。一年下来，谢同学有不断到我办公室发牢骚的时候，但渐渐地，牢骚变成了心得和感悟。我从他的变化中感受到，他从最开始的自卑到不断反省，在反省中不断发现自己的问题，在解决问题中不断超越过去的自己。跨年那天，我拉上几个级委一起吃饭，并且一起写下了愿望清单和新年计划。那天，我看到谢同学满脸笑容，似乎看到了顺利考研后的自己。

最后，谢同学考上了本校美术专业研究生，读了自己喜欢的研究方向——视觉传达设计！毕业的时候还给我送了一支他亲自设计的书签。那一刻看到的谢同学，不再是从前那个自卑的他了。

（资料来源：北京大学心理与认知科学学院　邓英欣）

【启示】

这是一个典型的学习生涯规划案例。世上无难事，只怕有心人。想到和达到之间还需要做到。成长，从认清自己、认清目标开始。然后在制订计划阶段，需要以对自身的深入认识为基础，需要明确自己所急需的，确定后用有限的时间和精力完全投入，心无旁骛完成眼前的目标。此后的计划实施阶段，更需要的是持续的执行力和强大的自控力，必要的时间管理、方法选择、潜力激发也不可缺少。

成长路上，我们要避免成为“语言上的巨人，行动上的矮子”：目标再伟大，计划再周全，落实不到位都只是空中楼阁；海市蜃楼，不是现实太骨感，而是没有全力以赴。就业市场中毕业生竞争激烈，如没有明确目标，没有制订相应的学习计划和职业生涯规划，整天不知所为，碌碌无为，是很难在毕业时取得明显的优势的。辅导员在面对学生升学还是就业的困惑时，都要帮助他们尽早谋划，尽早准备，才能做到胸有成竹。同时，要及时帮助学生结合自身实际情况进行阶段性总结反思，才能促进目标朝着预期方向实现，最终成为自己想要的自己。作为辅导员，我们可以做的，就是持续的陪伴和正能量的引导。

案例二

思维紊乱的微信朋友圈

——研究生突发精神分裂症案例处理

精神分裂症是一组病因未明的重性精神疾病，患者会表现出在感知、思维、情感和行为等多方面的障碍以及精神活动的不协调。因精神分裂症多在青壮年起病，因此，在高校学生群体中并不鲜见。

赵某，女，29 岁，2013 年本科毕业，2017 年入学本校就读硕士研究生。该生系连续五年考研，首次被录取。

2017 年 9 月 21 日，辅导员发现赵某在微信朋友圈频繁发布状态，文字内容较凌乱且指向不明，带有较强烈情绪，无任何配图和链接。室友反映该生近日表现异常：日间饮食极不规律，夜间失眠严重伴有哭泣，不愿交流。辅导员与赵某面谈未发现异常，但赵某拒绝讨论自身的负面情绪。随后赵某持续高频发布情绪较为激烈的微信朋友圈状态。导师亦反馈该生课堂注意力不集中，线上线下讨论常出现莫名语句。校心理咨询中心的新生心理普查结果显示赵某需要追踪关注。心理咨询师根据赵某情况描述，初步判断该生疑似精神异常，须密切关注并尽快进行专业诊断。通过电联，赵母否认赵某曾出现类似情况，并表示该生是因为学习压力大，可自行疏解，拒绝对赵某进行进一步的咨询诊断。

鉴于校心理咨询中心赵某疑似精神异常的初步判断，以及赵某曾向室友自述接受过电击治疗的情况，学院决定请赵某家长尽快来校陪同该生前往做专业咨询诊断。赵父到校后，否认赵某有相关病史。学院建议将赵某带往专业机构进行咨询诊断并回家调养。赵父 9 月 29 日将赵某带回家后，认为其表现正常，未前往专业机构进行诊断，并让其于 10 月 9 日独自返校。

10 月 20 日，赵某开始对某一室友表现出厌烦情绪和行为。23 日，赵某突然向室友表示宿舍有“鬼”，辅导员约谈后发现其将生活中的偶然现象认定为“鬼”操纵的必然结果，同时伴有明显的行为异常情况。情况在 24 日进一步恶化：赵某制造各种噪声阻止室友入眠，并反复表达有“鬼”跟随；因认定手机和身份证是“鬼”监视控制的工具而丢弃，并出现破坏办公室设施的暴力行为和试图攻击他人的行为。学校紧急联系其家长尽快到校，并多次召开紧急工作会议商讨处理方案。25 日凌晨，赵某在历经 7 个多小时的贴身陪护后，对辅导员、导师及陪护同学皆表现出被害妄想，出现严重的幻听、幻视，并伴有自杀倾向。学校在征得家长授权和警方协助下，将赵某及时送往广州市脑科医院住院治疗。经了解，赵某 2016 年在该院曾有住院治疗记录。医生诊断赵某患有精神分裂症。

赵父到校后，辅导员第一时间陪同前往医院补办入院手续。赵父向学院坦承赵某病史，但拒绝休学。辅导员逐一向赵父解读教育部和学校相关管理规定中赵某个案的处理办法，有理有据有节地劝说，赵父最终为赵某办理了休学手续。11 月 20 日，赵某临床指标治愈出院后，多次返校以各种理由要求立即复学。辅导员通过交谈发现，赵某仍坚称有“鬼”存在，状态明显尚不稳定，便耐心劝导说服赵某回家休养。

（资料来源：华南师范大学　钟文苑）

【启示】

在校大学生突发精神疾病事件预防和处置工作政策性强、情况复杂，需要多方协同配合、共同干预。

多措并举，充分掌握学生动态。辅导员在日常工作中应保持高度敏锐性，善于通过包含社交网络在内的各种途径及时、充分掌握学生状态，强化信息的广泛收集和及时研判；对情况异常、状态不明学生实行建档和跟踪制度，并提前做好事件处置的应急预案。这是掌握主动权，做好突发事件应对工作的前提；但在工作过程中要坚持保护学生隐私和外松内紧的原则，以维护学生权益，避免引起群体恐慌。

预测评估，及时上报隐患信息。辅导员要对所收集的可能引发校园危机事件的信息迅速进行初步梳理与识别，采取有效方法与途径进行核实，对隐患信息及其发展趋势进行简要分析评估，做出预测性判断。在此基础上，坚持防患于未然的原则，立即将相关信息客观、翔实、准确地向主管领导汇报，以便完善事件处置的应急预案，并进行必要的应对工作准备。

多方联动，健全应急响应机制。快速有序地处理在校大学生突发精神疾病事件必须有健全的应急响应机制。这就要求学校在突发事件发生后，启动事先制定的应急管理工作预案，学生工作处、心理咨询中心、校医院、保卫处等相关部门按照预案协同响应，根据实际情况及时采取有效措施，共同实施干预。

选择策略，积极争取家长配合。由于家长是突发精神疾病在校大学生的监护责任主体，因此，在事件处理时，需要第一时间联络家长，说明情况，争取家长的支持与配合。学校应选择合适的策略，积极沟通，争取从家长处获得学生病情病史等相关信息，以免学生错过最佳治疗时机。对应予以休学或退学处理的学生，学校应坚持态度诚恳、方法得当的原则，从关心爱护学生的角度出发进行充分的沟通解释与劝导说服，严格按照相关规定做好管理工作。

跟进疏导，开展事后心理辅导。此类事件发生后，受事件影响的同学往往会产生较大的心理压力。因此，在事件处理后期应及时开展相应的安抚疏导与心理辅导。学校可根据实际情况，适当采取团体或个体心理辅导的方式，积极消除事件对相关学生的负面心理影响，积极引导学生稳定情绪，恢复正常的学习、生活秩序。

启示：回顾本案例，辅导员在处理初期具备职业能力所需的高度敏感性，保证了对特殊案例的早发现和早干预，并能协同相关部门共同处理，展示了良好的专业素养。在学生发病失控期间，在启动校内应急预案的同时，辅导员保持了清晰的思路，面对失控局面能及时通知医院和警方，送医过程中第一时间取得家长授权；能够迅速调用该事件所需的各项法律法规政策以及高校规章制度，做好家长的解释工作，确保了整个工作有法可依，有章可循，增强了辅导员推进工作的自信与底气，展示了良好的法律素养。

当前高校面临的学生个体情况较为复杂，尤其是学生精神疾病等特殊事件的处理，极大地考验着辅导员的专业素养和法律素养。辅导员在成长过程中，要切实注重优化自身素养结构，有效推进职业能力的提升，为工作实践提供坚实的素质保障。

第二节　辅导员个人发展与事业追求

高校辅导员作为高校教师群体的重要组成部分，其整体素质决定着高校思想政治教育工作的水平，关系到能否为中国特色社会主义事业培养出可靠建设者和接班人。加强高校辅导员队伍建设，促进辅导员个人发展是高校思想政治教育贯彻以人为本教育原则的理论实践，是构建高校思想政治教育工作科学主客体关系的先决条件，对探寻思想政治教育内在规律，化解思想政治教育矛盾，具有深远且紧迫的现实意义。

一、辅导员个人发展的意义

(1) 促进辅导员个人发展是马克思个人全面发展理论的现实表现。人的依赖关系是最初的社会形态，在这种形态下，人的生产能力只是在狭窄的范围内和孤立的地点上发展着。以物的依赖性为基础的人的独立性是第二大形态，在这种形态下，才能形成普遍的社会物质交换、全面的关系、多方面的需求以及全面的能力体系。建立在个人全面发展和他们共同的社会生产能力成为他们的社会财富这一基础上的自由个性，是第三个阶段。① 这是马克思针对人的发展所做出的三阶段论述。马克思认为，实现人的全面发展和自由发展要突破各种不利条件，是人类社会追求的价值目标。促进人的全面发展，这是马克思主义关于建设社会主义新社会的本质要求。推进人的全面发展，同推进经济、文化的发展和改善人民物质文化生活是互为前提和基础的。②

促进辅导员个人发展就是坚持马克思历史唯物主义，贯彻以人为本的科学发展观，是马克思个人全面发展理论的具体实践。共产主义的目标是解放人，实现一个以各个人

---

① 马克思，恩格斯．马克思恩格斯全集：第46卷上［M］．北京：人民出版社，1979：104.

② 江泽民．论“三个代表”［M］．北京：中央文献出版社，2001：179－180.

自由发展为一切人自由发展的条件的联合体，共产主义是个人发展与社会发展的高度统一，是每个个人与社会的存在和发展直接统一的社会。个人的发展既是社会发展的手段，也是社会发展的目的，个人的发展是衡量社会进步的重要尺度。① 人类社会的进步取决于生产力的发展，而在生产力三要素中，劳动力即人的因素是表现最为活跃的。辅导员肩负着大学生思想理论教育和价值引领的重任，要通过开展有效的思想政治教育，激发学生爱国爱党的热情，引导学生自觉将个人前途同国家命运紧密联系起来。促进辅导员个人自由全面发展，能够极大地调动该群体的生产积极性，为开辟有效的思想政治教育途径，坚守高校思想政治教育工作主阵地，实现学生全面发展创造良好的先决条件，达到以个人之发展推动社会之进步，实现社会之稳定的根本目的。

（2）促进辅导员个人发展是落实中央政策的重要举措。辅导员个人发展离不开国家的政策支持，更离不开各级教育部门及高校对政策的具体落实。教育部明文规定，高等学校要坚持把立德树人作为中心环节，把辅导员队伍建设作为教师队伍和管理队伍建设的重要内容，整体规划、统筹安排，不断提高队伍的专业水平和职业能力，保证辅导员工作有条件、干事有平台、待遇有保障、发展有空间。高等学校应当制定专门办法和激励保障机制，落实专职辅导员职务职级“双线”晋升要求，推动辅导员队伍专业化职业化建设。②

2007 年教育部公布了首批 21 个教育部高校辅导员培训和研修基地。设立教育部高校辅导员培训和研修基地，是要搭建辅导员培养培训的平台，进一步整合各方面力量，加大辅导员培训力度，加强辅导员工作研究和交流，科学规范地提升辅导员工作水平，为进一步贯彻落实《中共中央　国务院关于进一步加强和改进大学生思想政治教育的意见》（中发〔2004〕16 号）文件精神，加强和改进大学生思想政治教育工作提供有力组织保证。③ 要把高校辅导员队伍建设放到高等教育改革发展稳定的大局中来谋划和推进，坚持质量导向和内涵发展，按照立标准、建机制、提质量、促发展的总体思路，努力提高辅导员队伍建设科学化水平。④

当前高校在提升辅导员队伍管理水平、完善落实辅导员队伍发展的相关制度保障方面都做出了积极的努力。在完善辅导员职称单独评审体系、构建辅导员科研发展平台、建立健全科学合理的分配制度和工作制度等层面均取得了显著的创新成果，为辅导员个人发展扫除了一定的制度障碍，解决了辅导员的某些后顾之忧，使其能够全身心投入到思想政治教育的本职工作中。加快落实中央关于辅导员队伍建设的相关政策对高校辅导

---

① 张凤莲. 马克思的个人发展理论及其当代价值［J］. 哲学研究，2006（5）：24.

② 中华人民共和国教育部. 普通高等学校辅导员队伍建设规定［EB/OL］.（2017 - 09 - 29）［2018 - 06 - 25］. http://www.moe.gov.cn/srcsite/A02/s5911/moe_621/201709/t20170929_315781.html.

③ 教育部思政司关于教育部高校辅导员培训和研修基地建设工作会会议纪要［EB/OL］.（2007 - 09 - 30）［2018 - 05 - 02］. http://old.moe.gov.cn//publicfiles/business/htmlfiles/moe/s3018/201001/76858.html.

④ 冯刚. 在教育部高校辅导员培训和研修基地工作会议上的讲话［J］. 高校辅导员学刊，2012（10）：1.

员个人稳定发展以及思想政治教育工作的顺利开展具有重要意义。

（3）促进辅导员个人发展是实现高校立德树人中心环节的必由之路。高校辅导员制度是我国教育制度的创新，具有显著的中国特色。这一制度从诞生之初发展至今，始终遵循高校人才培养的内在规律，保障了高校坚定不移地沿着社会主义办学方向前进。促进和实现辅导员个人发展，是高校强化学生思想政治教育工作主阵地的必然要求，为高校实现立德树人中心环节提供有力的组织保证。只有每位辅导员充分发展，高校辅导员队伍建设才可能获得源源不断的人力支持。①

党的十九大报告提出，要加快一流大学和一流学科建设，实现高等教育内涵式发展。这是党在新时期新形势下对高等教育发展提出的新要求。高校内涵式发展必然需要更高质量的思想政治教育工作。辅导员要顺应时代大势，认真反思自身不足，增强提升自我谋发展的主观意识和责任意识，不断提升工作质量与水平，创新工作模式与理念，通过向学生提供优质管理和贴心服务等方式，帮助学生解决思想问题和实际问题，进而将思想政治教育工作落到实处。

（4）促进辅导员个人发展是满足自我需求的内在驱动。根据马斯洛需求层次理论，人类需求自低向高分为生理需求、安全需求、社交需求、尊重需求和自我需求这五个层次。其中社交需求和尊重需求强调的是人对于归属的渴望，自我需求强调的是个人对成长的渴望。辅导员通过定位自身所处的发展阶段，分析自己的核心需求就能深入挖掘自身的内在驱动。

高校教师历来被认为是最具社会地位的职业之一，受到来自社会各行各业人士的尊重。辅导员虽然是高校教师队伍和管理队伍中的重要组成，但却会面临不一样的尴尬。相信大家有着这样的经历，当被问及在高校从事哪个岗位时，回答为辅导员总觉得自己缺乏自信，似乎低专业教师一等。当面对“你们辅导员做行政一定很辛苦吧”这样的关怀时，我们却又无法厘清行政岗位与辅导员工作的内容区别；即便是在高校内部，辅导员仍然面临着“上面千条线，下面一根针”的工作局面，似乎任何一个部门都可以支配和命令辅导员。这样的现状造成的直接后果是辅导员缺乏对自身职业的归属感，对社交、尊重以及自我需求怀有强烈的渴望。

辅导员个人发展是辅导员培育职业归属感，谋求自我价值实现的内在驱动。辅导员需要实现社会认可的被动接受到主动追求的转化，通过高显示度的工作成果来增强职业自信，增强社会关注与认同，遵循专业化专家化的发展路径，契合当今高校对教师群体的总体要求。辅导员社会尊重的提高以及自我价值的实现历来都不是靠他人施舍得来的，必须依靠整体队伍的艰苦奋斗与锐意进取，内强素质，外树形象来获得；还要精确定位自身发展阶段，将自身需求的渴望转化为个人发展的不竭动力。辅导员要在科研中提升理论素养，通过显著的科研项目、高级别的论文以及个人专著等成果展示作为高校教师的学术涵养；要在学生管理中凝聚实践经验，通过辅导员职业能力大赛、大学生课外学术科技作品竞赛等项目彰显作为学生事务管理者的能力素养。这些成果的点滴积累会在

---

① 贝静红. 高校辅导员队伍专业化发展研究［M］. 武汉：武汉大学出版社，2014：71.

马太效应积极的作用下，为辅导员个人发展开辟更为宽广明朗的前景。

二、辅导员个人发展的维度

个人发展主要指个体的社会化和个性化过程。个体的社会化是指个体在生活实践中适应社会环境和通过接受教育、接受社会文化并被社会文化同化而成为一个合格的社会成员的过程。个体的个性化主要指个人性格特征的形成，个人稳定的心理品质和行为特征的形成和发展，个人能力的形成和发展，个人自我价值和社会价值以及个人自由的实现。[①] 根据此定义，辅导员个体的社会化过程经过常年的教育和社会交往得以实现，完成了自然人向社会人的进化。因此，辅导员个人发展主要是指其个体的个性化发展过程，这一过程往往通过学业深造、职级晋升和待遇改善三个维度来实现。根据施恩（E. H. Schein）职业生涯发展理论，学业深造归属于内职业生涯构成要素，即在职业生涯发展中通过个体自身努力追求以提升自身素质与职业技能而获取的个人综合能力。[②] 职级晋升和待遇改善归属于外职业生涯，即辅导员在职业生涯过程中所经历的职业角色或职位以及获取的物质财富的总和。[③]

1. 学业深造

《关于加强和改进新形势下高校思想政治工作的意见》（中发〔2016〕31 号）强调，高校肩负着人才培养、科学研究、社会服务、文化传承创新、国际交流合作的重要使命。高校是知识密集型领域，其人员构成呈现高学历、高素质、高职称的特点。辅导员作为实现高校人才培养和科学研究职能微观单元的客观现实，要求辅导员继续进行学业深造，追求学历提升。如今辅导员队伍的学历层次基本由本科和硕士研究生学历组成，随着社会发展与时代进步，硕士研究生学历占有的比重呈现逐步上升趋势，而辅导员攻读博士学位也逐渐成为新常态。但与高校专业教师队伍相比较，辅导员队伍学历层次总体还处于较低水平。

从长远角度出发，辅导员无论自身当前处于怎样的学历层次，都必须将攻读博士学位作为自己学业深造的目标。现如今，在国家大力推进高水平大学建设的背景下，博士学位已普遍成为高校招聘教师的最为基本的硬性条件。辅导员实现专业化专家化的进程中必须要攻克博士学位这一关卡。首先，具备博士学位是辅导员提升专业地位，构建专家身份的显性指标。它意味着辅导员接受了更为完整系统的学术训练，具备更为深厚的理论基础和更为广阔的科研视野。这是辅导员作为思想政治教育主体，在对学生开展思想政治教育工作中，体现出创造性和超越性必备的条件。其次，具备博士学位能使辅导员突破现有的各类资格限制，从而上升到更高的平台施展才能。如申报省级以上重大课题通常要求申报者必须具备博士学位或具有副高以上职称；辅导员竞聘校内某些岗位，是否具备博士学位也是高校进行资格审核的重要参考条件。最后，具备博士学位能有效

① 李国华. 论“人的发展”与“个人发展”的辩证关系［J］. 理论探索，2004（2）：19.

② 贝静红. 高校辅导员队伍专业化发展研究［M］. 武汉：武汉大学出版社，2014：65.

③ 张铤. 内职业生涯：大学生职业生涯规划的关注转向［J］. 教育探索，2010（10）：67.

拓展辅导员职业选择空间，不仅能形成进可攻、退可守的个人职业发展格局，更是有效推进辅导员个人全面自由发展的一则良策。当前高校干部流动机会减少，辅导员的发展出口也较之前收窄，长期处在辅导员岗位上难免会产生职业倦怠。辅导员在现有岗位上完成博士学位的深造，体现了优秀的学习能力和强烈的个人成功动机。在这种驱动力的指引下，辅导员倘若坚守岗位必能开拓创新，实现职业价值；倘若另择方向，亦能开辟另一番成长天地。

2. 职务与职级晋升

职务与职级晋升是指辅导员专业技术职务和行政级别的晋升，辅导员的阶段性发展由这两方面构成。“学生都是高材生，辅导员‘讲师’过一生”，这既是一些高校辅导员对自己工作的调侃，也是过去辅导员队伍建设的现实反映。这种状况，不仅影响辅导员的工作积极性，也不利于加强和改进大学生思想政治教育工作。在传统思维中，高校辅导员都是凭人格魅力以及经验积累来开展工作，不需要多高的理论水平。这种思想不仅不再适应高校新时期的教育形势，而且在现实中还阻碍了辅导员队伍整体素质以及探索新方法、解决新问题的能力的提高。

尽管《普通高等学校辅导员队伍建设规定》（中华人民共和国教育部令第43号）明确指出专职辅导员可按教师职务（职称）要求评聘思想政治教育学科或其他相关学科的专业技术职务（职称）。但当前高校实施的定岗定编人事制度改革，某种程度上迫使具备多元化专业背景的辅导员群体只能参与思想政治教育系列的专业技术职务评审，且诸多高校并未实现辅导员专业技术职务“单列计划、单设标准、单独评审”。虽然面临着些许体制障碍，但辅导员专业技术职务晋升需要靠个人努力的判断是毋庸置疑的。这要求辅导员必须克服跨学科的困难，潜心科研，逐步积累硬性条件从而掌握参与职称评审主动权。以《华南师范大学专业技术职务评审办法（试行）》（华师2017年13号）为例，思想政治教育类副教授基本业绩条件其中包括：在公开发行的刊物上公开发表本专业学术论文或出版本专业学术论著8篇（部），其中至少有1篇（部）为A层次以上，1篇（部）为B层次以上。这是对辅导员科研业绩做出的严格要求。实现高级专业技术职务的晋升，要求辅导员必须熟悉职称评审规则，要做好打硬仗的心理准备；在处理好日常烦琐的学生管理工作之余，努力提高时间管理能力，集中闲暇时间做科研；加强自身专业理论的学习与创新，注重更新知识结构，注重实践育人，努力达到职称评审所要求的科研业绩和工作实绩条件。只有这样才能紧跟形势发展的步伐，才能切实提高自身的综合文化素养和教育水平，胜任辅导员工作。

辅导员行政级别晋升是高等学校落实专职辅导员职务职级“双线”晋升要求，推动辅导员队伍专业化职业化建设的题中之意。辅导员职级晋升条件，各高校在工作年限要求方面略有差异，相对专职行政管理人员而言，总体政策呈现出倾斜辅导员队伍的趋势。设置副科级辅导员和正科级辅导员是当前高校关于专职辅导员岗位职级制的共性举措，部分高校已实现副处级和正处级辅导员职级的设置，更多的高校在这方面仍处于积极努力当中。

辅导员职级晋升理应严格贯彻执行高校党委组织部制定的干部选拔方案，按照年限有序推进，到期即兑现辅导员相应的级别和待遇，但在实际操作中会受到诸多不确定性因素的干扰。辅导员职级通常晋升到正科阶段势必会遭遇上升瓶颈。在此阶段，辅导员要在“双线”晋升的两条道路上进行认真权衡与准备，一方面可努力推进工作创新，提升工作成效，为职级晋升打基础；另一方面也要积极投入到理论科研中去，为专业技术职务的晋升积累成果。

3. 待遇改善

“操的卖白粉的心，赚的卖白菜的钱”是不少辅导员对自己收入的调侃，折射出高校辅导员待遇较低的尴尬现实。一般而言，高校辅导员工资构成由统发财政工资和学院津贴两部分组成，部分高校会发住房补贴和房屋维修津贴，这主要是对未享受福利分房教工进行的货币补贴。统发财政工资随着辅导员个人工作年限和职级的提升缓慢提升，是辅导员群体较为统一且稳定的工资构成；学院津贴属于校内工资二次分配的内容，其多寡同学院的创收能力息息相关。同一高校内不同学院的辅导员工资待遇差别更多体现在这一部分，某种程度上反映出同工不同酬的不合理分配现实。此外，通货膨胀、高企的房价以及部分高校常年近乎为零的工资增长率更是加剧了辅导员的待遇困境。

造成高校辅导员待遇较低的原因主要有两方面。第一，辅导员往往身兼数职，劳动力投入与收益不成比例。除担任年级辅导员外，学院团委书记、学生会指导老师、学生党支部书记以及工会委员等工作也基本由辅导员承担。辅导员与学生的配比也并非严格按照文件要求的1：200，实际比例往往更低于这一标准。尽管工资待遇会因超额的学生人数以及超额的工作量，在平均工资的基础上乘以某个系数以示体现，但辅导员工作的边际收益是显著递减的，即每多承担一份工作所带来工作内容以及压力的增加，同由此带来的实际工资收益是完全不匹配的。第二，尽管很多高校考虑到辅导员工作的特殊性，在工作制度层面上为辅导员制定了灵活的工作时间，但由于学生事务以及学院事务往往呈现出临时性和突发性的特征，辅导员即便不实行坐班制，也要保持高度紧张，在工作中随时待命。这点与高校专业教师工作时间安排有着本质区别。高校教师在完成授课和科研之余，能够自由支配自己的时间，有足够的灵活性去开辟创收途径。辅导员由于工作性质特殊，除固定的工资收入外，几乎没有其他额外的创收来源。

当辅导员面临职称和职级晋升困难的瓶颈时，在力保本职工作万无一失的前提下，开辟改善待遇的渠道，谋求体制外发展也是促进个人发展的重要举措。毕竟“仓廪实而知礼节，衣食足而知荣辱”，改善待遇、保障后方供给能确保辅导员心无杂念地投入到思想政治教育工作中去。辅导员一方面可以努力申报科研项目获取经费支持；另一方面可以在工作之余，利用专业或兴趣特长进行社会兼职或创业，将自身技术转化为生产力，转化为收入来源。如拥有体育专业背景的辅导员可开设体育专项运动的培训班，拥有美术设计专业背景的辅导员可以积极承接公司设计项目，等等。

需要特别强调的是，在追求改善待遇的过程中，辅导员首先要将完成本职工作作为重要前提，以免给自己带来不务正业的不良影响；再则要加强自身价值观和法制建设，切勿出现收受学生及家长贿赂等违法违纪现象，务必做到遵纪守法、洁身自好，做到君子爱财，取之有道。

三、辅导员个人发展的现实困境

在确立好辅导员个人发展维度的同时，我们还要对辅导员现阶段所面临的发展困境进行梳理。当前辅导员不仅要面临教学科研压力大、待遇普遍较低等高校教师的共性困境，其处境还存在着个性化特征。

1. 工作界限模糊，职业归属感较低

辅导员的工作性质和工作职能与学生管理密切相关，涉及大学生的学习、思想、生活、文体、社会实践等方方面面，因此辅导员的工作很难定位。无论学生还是教师，凡是与学生工作有关的都找辅导员，所以辅导员与一般行政人员往往很难区分。① 辅导员工作边界被人为扩大化，并且工作界限无法清晰界定。尽管辅导员接受学校和学院的双重领导，但在实际工作过程中，学校的各职能部门无形中也成了辅导员的“领导”，于是双重领导演变成了多头领导。他们面对学生时的第一句话可能就是“你辅导员是谁”，并且可以在任何时候给辅导员下达任务并进行工作指示。尤其是完成那些“抓壮丁式”凑数任务、消防员般的救火式工作更是导致辅导员疲于奔命。一旦工作没有如他们所愿落实完成，则诸如“不务正业”“不重视”“能力欠缺”等各类上纲上线的“帽子”与苛责便会纷至沓来。辅导员名义上是教师，实际上充当的是学生的“保姆”、学校职能部门的“勤务兵”、院系的“服务员”的角色②，弱化了辅导员对学生进行思想政治教育的本职工作。辅导员会向高校主管部门反映，也会滋生抱怨情绪，但清晰界定工作边界的努力收效甚微，亟待高校进行辅导员队伍管理模式创新。

学生不单是辅导员一支队伍的学生，高校各职能部门和专业教师同样有帮助学生解决实际问题的义务。高校未能形成全员全方位全过程育人机制的现状直接造成了辅导员职业归属感低的后果。部分高校领导对辅导员队伍带有较强的个人偏见也造成了辅导员认为自己在高校地位较低的主观感受。在缺乏职业归属感的情况下，不少辅导员对这份职业的前景并不乐观。把担任辅导员当作谋生手段或将辅导员身份作为人生跳板的职业态度成了影响辅导员队伍稳定的最大内在隐患。

2. 考核体系不健全，缺乏职业成就感

针对辅导员的考核，各高校结合自身情况制定有相应的考核标准。量化考核是各高校较多采用的方法，力求借此规范辅导员管理，促进辅导员职业素养的提高。在具体实施中却存在着不少弊端，导致辅导员倍感职业缺乏成就。

（1）考核侧重辅导员事务性工作数量，轻视工作实效。一些高校发给辅导员的工作笔记本上，明确列出了开展谈心谈话次数、主题班会次数、联系就业单位数量等指标，似乎达不到某种数量就是不称职。辅导员作为思想政治教育工作的高级专门人才，其工作性质和内容完全不同于生产企业，不能简单通过计件或计时等方式考核其工作实效。人才培养需要一个较长的时间维度，侧重数量式的工作考核只是一种短期的功利主义行为，它忽视了辅导员为达到育人目的所做出的种种隐性努力。有谁能证明与学生谈十次

①② 曾昭皓，李卫东. 高校辅导员职业化的反思与建构［M］. 桂林：广西师范大学出版社，2013：21.

话的效果一定优于只谈一次呢？只重视事务性工作账面数字的增长而忽视工作的实质育人效果，如此考核，意义何在？

（2）考核侧重辅导员工作实绩的共性特征，轻视个体差异。例如在考核辅导员班级学风建设的领域里，学生学业表现的指标通常以发表论文数量和质量为标准。但在音体美这三个学院，学生学业表现往往是通过参加专业竞赛或专业展览来显示的，学生发表论文数量相对较少。以论文为指标来进行学风考核的方式适用性并不强，一定程度上还有可能损伤辅导员工作的创造性。再如高校历来重视毕业生就业率和升研率，这种以比重为标准的考核方式实际上抹杀了绝对数量的差异。同一高校内部，有的学院一个年级仅有 100 多人，而有的学院一个年级却有近 700 人。学生人数越多，辅导员想要达到学校共性考核标准的不确定性和难度系数就越大，无法体现考核的公平性，存在挫伤辅导员工作积极性的可能。

（3）考核侧重对责任的关注，缺乏对辅导员群体的人文关怀。高校“以生为本”的学生工作理念，一定程度上会扩大辅导员的责任范围，使得如宿舍检查、课室卫生等这些本不属于辅导员工作范畴的学生事务也由辅导员承担。轻视辅导员的个人权利，导致辅导员在繁重工作压力下缺乏人文关怀。如果高校对辅导员队伍的管理模式缺乏人文精神，那它最终只会沦为泰勒式的工具主义。由于年龄、专业知识等方面因素的限制，辅导员在解决学生的心理问题和思想问题的同时，自身也存在着认识困惑、价值迷失、发展尴尬、心理压力大等问题。因此辅导员工作评价中也要考虑为辅导员的成长和发展创造良好的人文环境，以保证辅导员队伍的健康发展。①

辅导员考核是为辅导员职业发展做出的先期准备。如果考核机制不健全，也势必会影响到后续职业发展机制的完善，势必影响辅导员职业发展的公平合理性。学生群体的发展需要辅导员去引导，而辅导员的职业发展需要制度的完善与落实，辅导员职业成就感的培育需要制度来保障。职业发展的机制不健全或落实不到位，是造成高校辅导员流失的根本原因。②

四、辅导员个人发展途径的构建

（1）端正态度，以辩证唯物主义的观点正视发展困境。

辅导员谋求个人发展，要端正态度，能够熟练运用马克思主义哲学理论，能够以科学的观点去正视当前发展所存在的困境与矛盾。我们要遵循发展的基本规律，即质量互变规律、对立统一规律和否定之否定规律。

量变和质变是事物运动变化发展的两种基本形态，质变需要有一个量的积累过程，当量的积累达到一定程度，质变将成为必然结果，而质变又会引起新的量变。辅导员个人发展能够很好地诠释质量互变规律。与学生的每一次谈话都是在发挥辅导员的育人功能，每一次应急事件的处理都是在考察辅导员的实践管理能力，每一篇论文的发表都是

---

① 黄签名．辅导员价值论［M］．天津：天津大学出版社，2013：195 - 196.

② 曾昭皓，李卫东．高校辅导员职业化的反思与建构［M］．桂林：广西师范大学出版社，2013：5.

在提升辅导员的理论科研水平。在引起质变之前，辅导员要注重量的积累，要吃得了苦、耐得住寂寞；当实现了质变，辅导员又将在更高的平台上面对新的困难，迎接新的质变。这是个人从低级到高级所必经的过程。

从对立统一规律的观点来看，矛盾是推动事物发展的动力。辅导员的发展困境和发展前景是矛盾的两个方面，二者既相互依赖、相互贯通，又相互对立、相互排斥，呈现出对立统一的关系。辅导员个人奋斗过程是矛盾的发展过程，发展困境和发展前景作为矛盾的双方，二者的力量是此消彼长的。辅导员个人发展的动力来自于对自我价值实现的渴望，体现在行动上即是对发展前景的追求。这直接决定了矛盾双方力量的对比，决定了发展前景克服发展困境的总趋势。

否定之否定规律表明，事物发展的总方向、总趋势是前进的、上升的，事物发展的具体道路又是曲折的、迂回的。[①] 辅导员的个人发展必然要经历“肯定—否定—否定之否定”的辩证过程。辅导员觉察到自身的发展困境，实际上便是由肯定转向自我否定的过程。只有通过自我否定发现不足，才能推动自己去完善去进步，不断实现自我运动和自我发展，进而达到否定之否定，即完成在更高阶段上的否定。

以唯物辩证法看待自身发展困境是辅导员应具备的基本理论素质，是运用马克思主义哲学理论进行自我教育的具体实践。每一份职业都有其内在的发展规律，都会在某一阶段面临发展困境，我们只有端正态度、脚踏实地，认真审视自己，完善自己，才能为实现个人发展坚定前进方向。

（2）志存高远，从历史唯物主义的角度破解发展难题。

历史唯物主义教育是思想政治教育中世界观教育的重要组成部分，它是帮助人们运用历史唯物主义的观点去认识和分析社会历史现象，创造社会生活，引导人们认识到社会规律或历史必然性是不可抗拒的。[②] 纵观中国共产党近百年的发展，它是一部波澜起伏的成长史，是艰苦卓绝的斗争史，是不屈不挠、勇于创新的开拓史。共产党由弱到强、由幼稚走向成熟的光辉历程警醒着辅导员不能因为暂时的待遇低下就心灰意冷，不能因为暂时的缺乏认同就丧失斗志，更不能因为暂时的发展受阻就信念动摇。

辅导员所从事的思想政治教育工作，就是以马克思主义作为无产阶级的世界观和方法论，其思想政治教育的特殊本质，就是无产阶级及其先锋队的阶级意识教育，是为维护无产阶级的利益和无产阶级的政治统治服务的，它反映了广大劳动人民的根本利益和精神追求。[③] 辅导员作为无产阶级政党的一员，必须具有坚定的社会主义和共产主义信念，既然代表了先进的生产力发展方向，就应将个人发展纳入“社会进步”这一哲学范畴去考察，暂时抛开令人患得患失的一己私欲，坚定不移地履行思想政治教育的职责，服务于为国家立德树人、培养人才的大局。

从人的发展的历史形态角度来看，马克思认为人的发展过程由人的依赖性、人的独

---

① 李秀林，王于，李淮春．辩证唯物主义和历史唯物主义原理［M］．5版．北京：中国人民大学出版社，2004：190.

② 陈万柏，张耀灿．思想政治教育学原理［M］．北京：高等教育出版社，2015：178.

③ 教育部思想政治工作司．思想政治教育原理与方法［M］．北京：高等教育出版社，2010：39.

立性和人的自由个性三阶段历史形态构成。当今社会已摆脱人的依赖性为主导的历史形态，步入到以物的依赖关系为基础的人的独立性的形态，这一形态充分发展，孕育着人的发展的新的历史形态——“自由人联合体”中的自由个性。[①] 因此，辅导员要认清历史形势，抓住时代赋予的机遇，勇于变革，力求突破，不断推动高校思想政治教育工作向更高层面进步；要志存高远，不畏艰险，以“论持久战”之恒心，以克服困难之决心，努力推进个人价值和社会价值的实现，去追求超越自身现实的理想。

（3）另辟蹊径，多元化创新谋求评价体系内外双发展。

在完成哲学层面的认识构建后，辅导员还需要明确更具操作性的发展路径，明确自身发展空间，回答是在辅导员评价体系内发展还是在辅导员评价体系外发展的问题。辅导员评价体系，是指高校为了确保辅导员思想政治教育工作的实质推进，结合辅导员“德、能、勤、绩”等方面的表现，运用科学方法，对辅导员工作质量进行评价的一整套制度设计与实践过程。其目的是为高校推进辅导员队伍建设提供决策依据。在既定的评价体系内，辅导员专业化、专家化的发展思路十分清晰，其发展着力点主要包括科研业绩、工作实绩两方面。辅导员需要积累丰富的高水平科研业绩和显著的工作实绩来实现职称和职级晋升，成为评价体系内严格意义上的“政治强、业务精、纪律严、作风正”的专家。这种发展路径符合辅导员职业能力特征要求，符合高校对辅导员成长的价值期待，是主流观点认可的成功与成才标准，体现了辅导员个人发展的共性特征。

辅导员优秀与否取决于评价指标的完成情况，一定程度上会对辅导员实现“全方位、立体化”发展产生制约。辅导员立足做好本职工作，尝试跳出传统高校评价体系，探索多维个性化发展不失为一种另辟蹊径的发展取向。在高校定岗定编的人事制度改革背景下，不少辅导员选择的是专业技术岗位。《人力资源社会保障部关于支持和鼓励事业单位专业技术人员创新创业的指导意见》（人社部规〔2017〕4 号）明确指出，支持和鼓励事业单位专业技术人员兼职创新或者在职创办企业，支持和鼓励事业单位专业技术人员离岗创新创业。这为部分辅导员发挥专业特长，开拓创新注入了强心剂，也为高校实施人才“走出去、引进来”战略提供了政策依据。无论辅导员最终创新创业是否成功，当他们返回校园，都能为高校创新创业教育带来一手的商场实战素材，一改高校创新创业教师缺乏实战经验的现状。一些辅导员潜心钻研书法，致力于传承中国优秀传统文化，甚至成为省级乃至国家级书法家协会会员。这些貌似与工作无关的个人爱好与成果势必会为高校实践育人、文化育人工作带来良好成效。

评价体系外发展也许不能为辅导员在职业道路上带来实质收益，也许会为自己带来“不务正业”的误解，但其多元化的评价标准却在辅导员塑造健康人格、发挥兴趣特长、提升育人实效等方面发挥着不可估量的作用。辅导员要深入挖掘自身内在需求，正确处理好共性发展与个性发展的关系，实现评价体系内外双发展。

---

① 李秀林，王于，李淮春. 辩证唯物主义和历史唯物主义原理［M］. 5 版. 北京：中国人民大学出版社，2004：336.

五、从个人发展到事业追求的逻辑升华

在当前辅导员队伍职业化建设已基本完成的现实下，其专业化和专家化的发展趋势实质上是职业化持续进化的高级形态。这一现实反映出辅导员队伍已基本摆脱将思想政治教育工作当作谋生手段的低级阶段，开始挖掘自身工作的意义和价值，逐步向理想追求和事业追求的高级阶段迈进。

1. 个人发展与事业追求的区别

（1）辅导员个人发展的特点是多样性、阶段性，是短期易变的；而辅导员事业追求的特点是唯一性、持续性，是长期稳定的。个人发展是由多个维度构成的，当辅导员阶段性完成既定目标后，则会选择新的发展目标。无数多维度短期目标的实现构成了个人发展。当辅导员将思想政治教育工作上升为事业高度去追求时，其目标有且只有一个，即提高人们的思想道德素质，促进人的自由全面发展，激励人们为建设中国特色社会主义，最终实现共产主义而奋斗。[①] 它的实现需要辅导员队伍长期持续地奋进。

（2）个人发展侧重物质满足，事业追求侧重精神升华。辅导员在思想政治教育工作中谋求个人发展，更多追求的是物质需要的满足，坚持的是人类活动的价值原则。将思想政治教育工作作为事业追求要求辅导员必须具有坚定的共产主义理想信念，必须具备责任意识和大局意识，体现了思想政治教育工作的超越性特点，坚持的是人类活动的真理原则。

2. 个人发展与事业追求的统一

（1）个人发展与事业追求互为前提条件。缺乏个人发展的事业追求是空洞虚幻的，缺乏事业追求指引的个人发展是漫无目的的。个人发展是实现事业追求的基础，为辅导员追求事业提供物质保障和智力支持。辅导员取得个人发展是实现事业追求的初级阶段，是实现中国梦、彰显中国特色社会主义制度强大优越性的缩影，是促使其不懈奋斗的动力源泉。实现事业追求是个人发展的最高表现，能够最大限度激发个人潜能，促使个人在更高的平台上完成自我超越。只有为推动人类社会进步做出贡献才能求得个人发展。

（2）个人发展实现的是辅导员的个人价值，事业追求实现的是辅导员的社会价值，二者统一于人的价值这一哲学范畴。辅导员是大学生成长成才的人生导师和健康生活的知心朋友，其个人发展同高校的人才培养密不可分，是为实现“两个一百年”奋斗目标、实现中华民族伟大复兴的中国梦，培养又红又专、德才兼备、全面发展的中国特色社会主义合格建设者和可靠接班人。[②] 从事辅导员职业的意义就在于，为国家培养人才和为共产主义事业奋斗的同时，既能实现自己的个人价值，又能实现自己的社会价值。

为达到实现从个人发展到事业追求逻辑升华的目的，我们辅导员必须坚定理想信念，提升职业忠诚度，以丰富的科研成果推动辅导员队伍管理体制的完善，将职业成就感与

① 陈万柏，张耀灿. 思想政治教育学原理［M］. 北京：高等教育出版社，2015：79.

② 中共中央，国务院. 关于加强和改进新形势下高校思想政治工作的意见［EB/OL］.（2017-02-27）［2018-06-25］. http://www.xinhuanet.com/2017-02/27/c_1120538762.htm.

归属感催化成追求事业的内在动力；要在思想政治教育的工作实践中，把握育人规律，以强烈的创新意识开辟育人渠道，增强育人实效；要不忘初心，牢记使命，将个人发展统一到为共产主义事业奋斗终身的事业追求中去，秉承“一辈子只做一件事，一辈子做好一件事”的职业理念，脚踏实地实现长远抱负。

案例分析

谋求多元发展　打造全能之路

小邵，一个阳光帅气、仪表堂堂的小伙子。2011 年他硕士毕业后来到某著名大学担任思想政治辅导员。到了工作岗位后，他积极向上，对待工作踏实认真。“上面千根线，下面一根针”的辅导员工作，让他在岗位上得到了全方位的历练，迅速地成长。经常，他为学生工作到深夜。带了两届大一新生，面对着每届近 400 人的学生群体，他总是激情满满。军训时，他对学生的辛勤付出使得学院争得军训先进连的称号。暑假时，他牺牲休息时间带着学生去参加社会实践，实践成果受到学校表彰，成了社会实践优秀指导教师。平时即使工作再辛苦，事务再繁重，他都踏实地努力着，因为他从没忘记工作之初自己立下的誓言，那就是自己一定要在辅导员岗位得到“立体型发展，全方位提升”。

2015 年，一次偶然的机会，学校马克思主义学院在辅导员群体中选拔青年兼职教师。选拔形式是要举办一场授课大赛。他认真备课，终于在授课大赛上以第一名的身份被马克思主义学院选中。从而开始了他迄今近 4 年的马克思主义教师生涯。源于对教学的热爱，他经常是白天做辅导员工作，晚上备课到深夜。最终，他的授课获得了学生的一致好评，同样也得到了马克思主义学院领导和教师的高度认可。

2016 年，他如愿考上了思想政治教育专业的全日制博士。在自己的职业生涯又添了一个身份，就是一名致力于学术研究的博士生。由于辅导员工作很繁杂，他总是见缝插针地学习。经常是中午不休息，晚上加班加点地做科研。甚至，他把走路、开车的时间都利用上了，经常用耳机听各种文史知识音频。靠着这份努力，如今博士二年级的他，已经发表了 3 篇思想政治教育领域内的高水平论文。

除了具备较强的学术科研能力外，他还有着主持和唱歌的艺术修养。由于他大学时在中国传媒大学接受过专业的播音主持培训，靠着这项突出能力，他很快成了学校老师们心中婚礼主持人的合适人选。于是，身边的年轻教师举行婚礼或答谢晚宴，都会邀请他作为司仪进行现场主持。也正是这样，他的主持能力得到了进一步历练，逐渐形成了自己的风格，并很快成了校内外婚礼庆典的著名主持人。

谈到个人发展，他总表现得很谦和，很平静。他说：“方法总比困难多，我相信，天道酬勤。只要不懈地努力，一定会收获更多的成长和快乐！”这就是一位在工作上敬业，在教学上认真，在科研上努力，在特长上突出的全能型辅导员。他的职业之路，完美诠释了辅导员的“一专多能、全面发展”。

【启示】

立足本职，精于业务。思想政治教育是辅导员的核心工作。辅导员要全身心投入到学生的教育管理中，努力提升业务水平，贯彻落实教书育人、实践育人、管理育人、服务育人的工作机制，将具有显示度的工作成果作为检验自身思想政治教育工作实效的依据。

抓住机遇，提升自我。辅导员在发展过程中，最忌囿于一隅，沉溺于所谓的现世安稳。要在竞争中时刻保持忧患意识，注重提升身为一名教师应具备的教学能力，抓住机遇，积极承担高校思想政治课程的教学任务，牢牢把握住大学生思想政治教育的主渠道。要做好学业深造规划，完善时间管理，夯实科研基础。

发挥特长，多元发展。辅导员要正确处理本职工作与爱好特长的关系，保持良好的心态正视职业发展瓶颈；发挥自身优势，合理拓展自身职业带宽，走多元化的辅导员发展之路，做全能型的思想政治工作者。

思考题

1. 你认为辅导员的工作素养还应该包括哪些方面？这些方面对个人和社会而言有怎样的意义？
2. 如何正确处理好辅导员评价体系内与评价体系外发展的关系？
3. 结合自身实际，谈谈辅导员该如何立足个人发展，实现事业追求。

第十二章
辅导员工作评价

第一节　辅导员工作评价内容

高校辅导员作为大学生的人生导师和知心朋友，应具备广博的知识、非凡的素质和高尚的情操。可以说，一名好的高校辅导员应当是理想信念的播种者、高尚品德的践行者、仁爱的实施者。2014 年 9 月 9 日，习近平总书记在同北京师范大学师生代表座谈时的讲话中提出了做好教师的“四有”好教师标准，即“做好教师，要有理想信念，做好教师，要有道德情操；做好教师，要有扎实学识；做好教师，要有仁爱之心”①。辅导员作为教师序列的一部分，其工作评价源自于不同层面、群体对辅导员工作的多维度认知和肯定。

一、道德评价

作为高校教育管理团队中一支具有特殊力量的队伍，辅导员自身的道德修养对其能否开展好日常工作具有越来越大的影响。一名优秀辅导员，需要自身注重自我职业道德建设，并且将职业道德修养变成提高个人品质的方式和手段。职业道德不但反映辅导员的素质，也反映辅导员的能力。笔者认为应从以下两个方面来评价。

1. 遵道

遵道即讲政治、重规矩、守纪律。俗话说得好：“什么样的人带什么样的兵。”这句话用在部队带兵上，但是笔者认为辅导员带学生和部队首长带兵一样，要求辅导员首先能严格要求自己，在各方面做学生的表率。首先，辅导员要带头旗帜鲜明地讲政治，坚定不移地向中央看齐；其次，辅导员应持之以恒重规矩，带头遵守国家法律法规和学校的各项规章制度，在学生群体中起到表率作用；再次，辅导员要坚定不移守纪律，时刻保持清醒的头脑，服从各级党委领导，任何时候、任何情况下，都应贯彻落实国家教育方针，做本分人，不投机，不搞小团体，不钻营，不走歪门邪道。

① 习近平．做党和人民满意的好老师：同北京师范大学师生代表座谈时的讲话［N］．人民日报，2014－09－10．

2. 公平、公正和公开

辅导员的公平、公正主要体现在学生日常管理工作中。公平要求辅导员能够公平合理地对待和评价每一个学生，对待性别不同、智力不同、个性不同、亲疏关系不同的学生都能一视同仁；公正要求辅导员能够满腔热忱地去关心热爱每一个学生，从每个学生的不同特点出发，因材施教，讲真话、做实事、维护正义；公开是要求辅导员做任何决策要透明公开，让学生对事件有知情权，杜绝腐败和灰色交易。

3. 奉献

《普通高等学校辅导员队伍建设规定》（中华人民共和国教育部令第 43 号）要求辅导员要有甘于奉献的精神。从辅导员的工作实际出发，笔者认为辅导员的奉献应该体现在以下两个方面。

（1）牢固树立全心全意为师生服务的思想和提高服务意识。辅导员不光要为学生服务，还要做好任课教师和学生的桥梁作用，与任课教师一起共同教育管理好学生。高校辅导员应该切实提高自身的服务意识，具备“四心”，即对待学生要有爱心、细心、耐心和责任心。学生工作会细化到每一件事中，这需要辅导员对学生们的学习、生活、心理健康、身体健康等方面加以关心和关注，从而解决学生的困难和困惑。

（2）工作中不计较个人得失。学生工作是烦琐的、复杂的，辅导员的工作很大程度上都应置于爱与责任的前提之下。学生生病往往是辅导员在陪护，学生有突发事件是辅导员在协助处理，学生思想波动也是辅导员在谈心疏导。在实际工作中，只要学生存在需求，辅导员基本都会出现并尽力去协调、处理。辅导员绝大部分时间、精力都投入在学生相关工作之中，如计较个人得失，辅导员工作是做不好的。

二、政治评价

2017 年 10 月 1 起施行的《普通高等学校辅导员队伍建设规定》（中华人民共和国教育部令第 43 号）中对辅导员的工作和职责进行了明确规定，其中思想理论教育和价值引领与政治评价相关，政治评价应该从以下两点来考虑。

1. 思想觉悟

高校担负着培养社会主义合格建设者和可靠接班人的主要任务，而辅导员是大学生思想政治工作的引路人和导航者，承担着传播党的路线、方针、政策的重任。高校辅导员的思想状况对学生的思想行为有直接的影响，“教人先教己，严己后严人”，高校辅导员想要让工作得以顺利进行首先要端正自己的态度，明确自己的定位和所担任的社会责任，以学生为主体，抱着全心全意为师生服务的宗旨工作。辅导员在思想觉悟上应主要做好以下两点：一是成为理论学习的榜样。学习不仅可以提高自身素质，而且还是提升工作能力的源泉。高校辅导员的理论学习涵盖了多个方面，如马列主义、毛泽东思想、邓小平理论、“三个代表”重要思想、科学发展观、习近平新时代中国特色社会主义思想以及中央各类会议精神。辅导员在学习中应该积极主动，并且要带领学生党员和主要学生干部共同学习。二是做理论的践行者。辅导员要率先垂范，努力践行社会主义核心价值观，引领青年学生成长成才。

2. 政治素养

高校辅导员作为德育工作的排头兵，还必须具备较高的政治素养，这对培育高素质的大学生起着重要的作用。辅导员政治素养主要表现在其在政治生活中所表现的政治立场、政治态度、明辨政治是非的能力和水平。高校辅导员首先必须拥护党的领导，坚定社会主义方向；其次，必须具有坚定的政治立场，认真分析官员腐败、金钱至上等不良现象的本质及产生的原因，并以此为戒，在错误思想面前，保持清醒的头脑，有自己的原则，敢于同不正确的思想、行为做斗争。

三、组织评价

组织评价指的是高校的氛围、政策、观念对于辅导员的价值影响。随着近几年国家对高校思想政治教育工作者重视程度的加深，辅导员作为思想政治工作第一线的人员，高校对辅导员的队伍建设和发展管理也都纳入到重点工作当中。组织评价体现在辅导员从从业到培养到管理再到考核的过程之中。

1. 从业标准

高校辅导员从业标准是随着高校思想政治教育工作的发展而不断完善的。高校辅导员拥有教师和干部的双重身份，从事高校辅导员工作既要满足高校对于辅导员任用的标准，也要满足教师资格的认证。这其中包括了思想政治意识、专业素养、教学能力和学历要求等。由于高校思想政治教育工作的特殊性，相较于普通教师从业标准更为严格和谨慎。近年来，国家对于高校思想政治教育工作的高度重视，辅导员从业标准逐年提升，虽然对入行门槛提出了更高要求，但更多的是正向提升了辅导员的地位，强化了辅导员对自身工作的认同感，为辅导员职业发展的全面提升打下了良好的基础。

2. 培养计划

在辅导员从业之初，受辅导员职业发展要求的影响，相当一部分辅导员会对其职业发展前景感到迷茫，期望于自身各类专业水平的有效提升，借以满足自身的职业发展需要。近年来，相当一部分高校在国家政策支持下充分考虑辅导员自身需求和学校实际，合理利用全国辅导员研修基地和辅导员外出访学交流等培训政策，为辅导员提供具有针对性和多元化的培训内容。例如教育部的“雏鹰计划”“提升计划”和“专家计划”等专项培训、提升计划，基本满足了辅导员对于专业化、职业化发展态势的需求，激发了辅导员的职业归属感。

3. 分类管理

2014 年 3 月，教育部印发的《高等学校辅导员职业能力标准（暂行）》（教思政〔2014〕2 号）对辅导员的职业能力提出了进一步的要求，并将其划分为三个等级。部分高校开始根据该标准对辅导员角色和工作进行优化设计，逐渐衍生出分类管理的模式。分类管理的设计将有专业技能特长和兴趣的辅导员分为不同的团队，除了日常工作之外，辅导员在团队里发挥自己的潜力和特长，例如就业指导团队、心理健康教育团队、资助工作团队等。通过分类管理来评价辅导员工作价值，不仅可以搭建相互交流学习的平台，而且对辅导员工作积极性和职业成就体验有极大的促进作用。

4. 工作考核体系

辅导员作为大学生思想的引领者、成长的陪伴者、事务的管理者，身担多种责任，直接影响到大学生的成长轨迹，因此，辅导员队伍工作考核标准的提出就显得尤为必要，这也是实现《普通高等学校辅导员队伍建设规定》（中华人民共和国教育部令第43号）中辅导员“政治强、业务精、纪律严、作风正”的重要保障。①

新时期社会竞争越来越激烈，社会对高校大学生的要求越来越高，辅导员队伍需要不断更新自己的工作理念，加强自身专业素养才能紧跟时代的需求。因此，标准考核体系的建立能为辅导员晋升发展提供参考性依据，其评价标准有诸如思想政治教育工作理念、管理能力、就业创业指导能力、工作创新能力等。

四、制度评价

制度评价指的是高校在辅导员队伍建设、制度建设上对辅导员的价值影响。制度本身就具有全局性、根本性、长期性和稳定性的特点。好的制度建设能强化辅导员的德行修养，提升社会和高校对于辅导员的价值认同。当前，高校辅导员的制度评价主要体现在职称和职务以及对应的保障体系等三个方面。

1. 职称晋升

职称指的是专业技术职务，象征着具有一定的专业技术水平。根据《普通高等学校辅导员队伍建设规定》（中华人民共和国教育部令第43号）规定，我国高校辅导员具有教师和干部的双重身份。过去，辅导员在职称晋升上没有单独渠道，导致辅导员在职称评定时与其他教师共用一套标准，但在实际工作中，辅导员与教师的工作方向存在较大差异，繁重的日常工作、短缺的科研资源导致辅导员在评定过程遭遇障碍，影响了相当一部分辅导员的归属感和荣誉感。近年来，教育主管部门和大多数高校开始重视辅导员职称晋升问题，并提出相应的解决办法。例如：“岗位单列、序列单列、评议单列”的评议机制，为辅导员职称晋升开通了“绿色通道”。辅导员独立评聘制度，将辅导员依照专业技术系列分为初级、中级和高级，这与辅导员“专业化、职业化、专家化”的职业发展趋势进行了很好的结合。

2. 职务晋升

在教师职务、职称发展的过程不断演变后，现在教师职务名称制度的定义就是用以评鉴教师个人教学的地位。②

之前，部分高校辅导员在职业发展规划路径上会选择转岗调离，辅导员队伍整体流动性大，归属感较弱。但近年来，大多数高校开始逐渐重视辅导员队伍的建设，将辅导员队伍推向一条健康可持续发展的道路。由于队伍的逐步稳定，辅导员当中开始涌现心理健康教育的专家、思想政治教育方面的专家、就业指导方面的专家等。这些成绩的取

---

① 中华人民共和国教育部. 普通高等学校辅导员队伍建设规定［EB/OL］.（2017-09-29）［2018-06-25］. http://www.moe.gov.cn/srcsite/A02/s5911/moe_621/201709/t20170929_315781.html.

② 周彬. 教师职务晋升政策：演变、异化与优化［J］. 教师教育研究，2012（2）：3-7.

得，说明了辅导员队伍是一支政治纪律强、作风端正、能力全面的队伍。同时，高校也给予了越来越多的机会，将辅导员队伍作为后备干部培养的重要来源。

3. 保障体系

高校辅导员队伍建设除职称、职务晋升通道的打通以外，教育主管部门、各高校在辅导员个人成长方面也相应出台了一系列的保障措施。

（1）专项经费支持辅导员学习研究。部分高校设立专门的经费，以课题形式支持辅导员在思想政治教育、学生发展、高校党建等多方面进行研究，鼓励辅导员在学术水平提升上逐步向思想政治教育领域靠近和探索。

（2）薪酬奖励制度。教育部2005 年出台的《关于加强高等学校辅导员班主任队伍建设的意见》（教社政〔2005〕2 号）中规定："要确保辅导员的实际收入与本校专任教师的平均水平收入相当。"① 高校在执行政策时，单独将思想政治教育专款从财政创收中划拨出来用于补贴辅导员薪资待遇，切实从薪资奖励方面提升了辅导员工作的认同感。

五、学生评价

《普通高等学校辅导员队伍建设规定》（中华人民共和国教育部令第 43 号）指出："辅导员应当努力成为学生成长成才的人生导师和健康生活的知心朋友。"② 学生是学生教育管理工作的直接承载者和直接感受者，同时也是学生管理全过程的参与者。大学时期，辅导员角色对于大学生来讲是一个非常重要的存在，满足了学生如职业规划和就业指导、学习习惯养成、人际交往提升、心理健康等方面的需求，因此，学生对高校辅导员的评价主要集中在思想引领、个人成长导向、心理问题疏导等方面。

1. 思想的引领者

从学生视角来看，大学期间是青年学生思想定型的重要时期，随着经济和互联网时代的快速发展，各种新兴文化和价值观念冲击着大学生的思想，使得大学生在不同程度上存在着政治信仰迷茫、理想信念模糊、价值取向扭曲等问题。但因学生思想尚不成熟，无法自主自觉地应对这些问题，因此学生在思想政治教育方面始终处于被动接受引导的状态，需要教师在理论、实践层面进行思想政治引领教育工作。除第一课堂思想政治教育理论课教师以外，学生在思想意识形态引导方面接触的就是辅导员，由此可见辅导员在学生思想引领方面的重要作用。

在理论层面，学生希望通过简单并富有趣味性的方式进行理论学习，高校辅导员作为二级学院班级、社团、各学生党团组织的管理者和指导者，依托于各第二课堂平台开展理论教育。实践层面，学生通过辅导员组织指导的各社团活动、主题班会、主题讲座、主题党团活动等接触和了解到思想政治教育理论课以外的思想政治教育理论，深入学习

① 中华人民共和国教育部. 教育部关于加强高等学校辅导员、班主任队伍建设的意见［EB/OL］.(2005 - 01 - 13)［2018 - 06 - 25］. http://old. moe. gov. cn//publicfiles/business/htmlfiles/moe/moe_ 512/201006/88984. html.

② 中华人民共和国教育部. 普通高等学校辅导员队伍建设规定［EB/OL］.（2017 - 09 - 29）［2018 - 06 - 25］. http://www. moe. gov. cn/srcsite/A02/s5911/moe_ 621/201709/t20170929_ 315781. html.

习近平新时代中国特色社会主义思想以及习近平系列重要讲话精神，在日常学习中了解和践行社会主义核心价值观，在实践活动中不断接受爱国主义教育、文化自信教育、道德教育等主题教育并将教育理念内化于心、外化于行，增强了道路自信、理论自信、制度自信、文化自信。

2. 人生导师

辅导员不仅仅是大学生思想的引领者，还是其学习知识的引路人、职业生涯发展的引路人、成长成才的引路人。学业方面，大学的教学方式与授课方式的改变，使得大学生对于学业规划有很多困惑，其需要辅导员指导制定学习规划以及学习目标和科学的学习方法，督促完成学业，使自己能养成良好的学习习惯，辅导员在学生学业方面起着重要的督导作用。职业生涯发展方面，大学生大多数十分盲目，需要辅导员指导做好职业规划，开设职业生涯发展规划和就业指导等相关课程，介绍就业趋势、就业政策、简历制作等求职相关知识，指导规划职业发展方向，制定未来职业发展的具体目标。部分学生还希望辅导员能够进行专项辅导，多提供企业实习机会，提升其专业技能的同时帮助就业。辅导员在学生职业生涯发展过程中起着重要的指导作用。成长成才方面，大学生经常会遇到人生困惑、挫折，感到迷茫，缺乏判断力，学生希望辅导员能为自己指点迷津，根据自己遇到的情况给予解决建议，帮助自己找到人生理想和目标，培养自己独立思考的能力。辅导员在学生成长过程中起着重要的引导作用。

3. 知心朋友

在学生心中，辅导员不仅仅是自己的老师，有时更像是自己的好朋友。从大学生的立场出发，学生希望与辅导员平等相处，与辅导员建立有效沟通，受到辅导员的重视，能从辅导员这里获得生活上面的帮助以及学业上面的肯定与激励，对自己进行心理开导，成为无话不谈的好朋友。辅导员作为学生的知心朋友，首先能了解学生，尊重学生的人格、情感和个性需求，掌握在学生学习和生活上所遇到的困难；其次会加强与学生的沟通，建立良好、有效的沟通渠道，勤下课堂、下宿舍，加大与学生的接触面，拉近与学生的距离，对学生给予真诚的关怀；最后会引导激励学生，根据了解到的学生难处，结合学生的实际情况，有效开导、引导学生，寻求解决办法，积极肯定学生，鼓励其建立自信，对生活充满希望，积极为美好的未来学习、努力、奋斗。辅导员甚至是学生“心灵”的知心朋友，是大学生心理健康的守护者。辅导员在与学生谈心谈话时常常能发现学生心理健康方面存在的小问题，要及时介入对其进行心理辅导，并配合心理咨询中心做好心理辅导工作，提升对学生心理危机干预的能力，做好学生心灵的“保安”。

六、社会评价

作为一线思想政治教育工作者，辅导员承担着培养人、教育人、塑造人的重要职责，承担着较大的社会责任，高校辅导员的社会价值应从教育界、高校、学生家长等角度来进行考察和评定。高校辅导员的社会评价是基于对高校辅导员履行指定责任、义务时所有相关工作与能力的评价，如教育教学表现、师德师风以及对学校组织做出的贡献等，选取有评价意义的评价主体，遵循量化考核与质性评价相结合的原则，根据社会评价反映的现实状况，促使辅导员加强自身能力建设，增强社会认同感，从而提升社会价值。

1. 教育评价

《普通高等学校辅导员队伍建设规定》（中华人民共和国教育部令第 43 号）指出："辅导员是开展大学生思想政治教育的骨干力量，是高等学校学生日常思想政治教育和管理工作的组织者、实施者、指导者。"① 习近平总书记在 2016 年 12 月全国高校思想政治工作会议上强调："高校思想政治工作关系高校培养什么样的人、如何培养人以及为谁培养人这个根本问题。要坚持把立德树人作为中心环节，把思想政治工作贯穿教育教学全过程，实现全程育人、全方位育人，努力开创我国高等教育事业发展新局面。"② 再次验证辅导员的职位设立，是把青年学生作为国家未来发展的不竭动力培养。辅导员的出现加强了青年大学生的思想政治教育，有利于在社会各领域中形成正确的社会导向，逐步形成推动师德进步的社会合力，对于师德体系自身的健全、完善与发展有积极的推动作用，同时也为我国培养造就有理想、有道德、有文化、有纪律的社会主义建设者和接班人。

2. 高校评价

高校设置辅导员岗位是坚持社会主义办学方向的根本要求。我国高等教育肩负着培养德智体美全面发展的社会主义事业建设者和接班人的重大任务，必须坚持正确的政治方向，开展高校思想政治教育工作，辅导员的存在就是一个必然结果。辅导员作为高校一线思想政治教育工作者，对于维护和保障高校校园生活及秩序的安全和稳定具有重要意义；对推进高校大学生素质教育、促进大学生的全面发展和成长成才发挥了重要作用。

从高校期望的角度，高校希望辅导员一方面能一岗多职，既是思想政治工作和学生教育管理工作的排头兵，还能配合做好党的建设和宣传工作，根据青年学生的特征，开展理论性与趣味性并存的活动，使学生们在思想与行动上始终与我党保持一致，坚持中国特色社会主义道路，树立爱国主义观，坚定理想信念，为我国培育新一代接班人提供保障，同时保证我党社会主义事业的稳定发展。另一方面，配合各级行政管理部门，及时、有序地向学生们传达各部门工作要点，严格组织学生开展工作，做好行政部门与学生之间的沟通桥梁，保证学校各部门与学生之间的有效沟通，有效促进"三奖一助"、学风建设、公寓文明、校园安全、校园文化、就业等方面工作的稳步开展，协助建立优秀校风。同时，配合教学管理工作，通过日常生活、纪律建设等方面，协同专业教师使得学生的培养更全面化，将德育教育贯穿于课上与课下，培育学生拥有更加健全的人格以及高品质的文化素养，从而促进教学管理，提高学生学习感知力，强化接受知识的全面性。

3. 学生家长评价

辅导员除了受到教育界和高校极大的关注，还受到了学生家长的高度关注。辅导员作为在高校中与学生接触最密切的教师群体，学生家长急需从辅导员这里获取学生学业、

---

① 中华人民共和国教育部. 普通高等学校辅导员队伍建设规定［EB/OL］.（2017－09－29）［2018－06－25］. http://www.moe.gov.cn/srcsite/A02/s5911/moe_621/201709/t20170929_315781.html.

② 习近平. 全国高校思想政治工作会议讲话［N］. 人民日报，2016－12－09.

生活等方面表现的信息，并与辅导员建立密切联系。从学生家长的期望角度来看，学生家长期望建立常态化的联系沟通渠道，促进家校双方交流并及时掌握学生的日常表现，有利于对学生建立有效监督机制，帮助学校制订科学的培养计划，帮助学生在约束和监管之下健康成长。

第二节　辅导员工作荣誉与成就

一、辅导员工作荣誉

辅导员的工作荣誉与工作成就来源于外界及其自身对辅导员工作的认同与肯定。近十几年来，政府与高校高度重视高校辅导员在高校思想政治教育中的作用。为提升高校辅导员的工作积极性与创造性，提升其工作的荣誉感与成就感，政府与高校做了许多的工作，教育部先后推出了“高校优秀的辅导员”评选、“全国辅导员年度人物评选活动”、“全国高校辅导员职业技能大赛”、“全国高校辅导员优秀论文”、“全国高校优秀辅导员博客”评选等活动，为辅导员提供经验交流的平台，树立辅导员典范，充分彰显和肯定了辅导员在高校思想政治教育工作中的重要地位与作用。

二、辅导员工作成就

美国哈佛大学的戴维·麦克利兰教授的成就需要理论认为：人的成就需要是指优越感的驱动力，或参照某种标准去追求成就感，寻求成功的欲望。因此，辅导员工作成就除了来源于荣誉上的满足，还来源于对学生管理工作中学生的反馈结果，如学生的高就业质量、指导学生参加竞赛获奖、辅导的后进生有了进步等。此外，辅导员的成就感除了来源于形式上的认同与荣誉，还来源于情感上的认同，如学生对辅导员的高度评价与赞美，家人对辅导员工作的大力支持与理解，领导对辅导员工作的肯定与鼓励等。

辅导员在工作中不断获得成就感，有利于其始终保持高度的工作热情，减少倦怠期的出现，有利于其不断明确职业发展目标，有利于其自身的职业成长与发展。因此，重视辅导员的成长与发展，应增强辅导员的工作荣誉感与工作成就感。

三、辅导员获得工作荣誉与成就的途径

辅导员获得工作荣誉与成就的途径主要有两个方面：第一是自我评价与激励，第二是他人的评价与激励。

1. 自我评价与激励

辅导员首先应自我肯定自身的职业价值，建立清晰明确的职业目标。在日常工作中，辅导员应设定具体的目标，经常进行反思与自我评价，对不足的地方要有客观的认识与评价，以确立和改进目标。在德育教育工作中，要秉着高尚的信仰，奉献自己的爱心去

关心关爱自己的学生，帮助其解决学习与生活上的困难，促进其成长成才；要始终有高尚的动机驱使，让自己更有动力和信心去克服困难，克服职业倦怠。在工作之余，辅导员还应努力提升自身的理论修养与职业素养，提高自身的学术水平，做到多读书多学习，多总结多创新。

2. 他人的评价与激励

社会评价与激励：提高辅导员的社会地位与声望。有关部门应通过新媒体等渠道对高校辅导员工作在高校思想政治教育工作中的作用进行宣传，引导人们能够正确地认识辅导员的工作性质，理解并客观地评价辅导员工作难度，从而摆正对辅导员职业的期望水平，并能够积极配合辅导员的工作。

学校评价与激励：切实保障辅导员的根本利益，积极推动辅导员队伍职业化专业化建设。第一，学校是辅导员相关利益保障的最终落实者与实施者，提高辅导员的薪资待遇，落实辅导员职务职级“双线”晋升要求，建立健全辅导员考核制度是学校对辅导员最基础的尊重与认可。第二，建立健全辅导员培训计划，设立辅导员培训专项经费，鼓励优秀辅导员外出学习与交流，为辅导员素养能力提升提供平台与支持。第三，建立辅导员研修基地，定期开展辅导员相关技能竞赛，推动辅导员分类团队建设。

案例分析

学生们说“走多远，都想着她”

某高校辅导员J，从事一线辅导员工作超过15年，多次获省级高校优秀共产党员、省级社会实践先进工作者、十佳师德标兵等荣誉称号，主持国家、省级课题近10项，发表核心论文15篇，受资助赴美访学一年，并曾任团委书记，获评副教授职称，却多次放弃转岗机会，将全部的爱倾注在学生身上，倾注在辅导员工作之中。

15年来，J辅导员爱岗敬业，爱生如子，全力引导学生成长成才。其个人曾资助困难学生30余人，累计金额近10万元；指导学生在校期间获国家级奖励230人次；所带学生毕业后在工作岗位上荣获国家级荣誉16人次。数以千计的学生在毕业后都心心念念难忘师恩，总惦记着辅导员给予自己的无私支持和帮助，“不管走多远，都想着她”。

在J辅导员眼中，她认为辅导员的价值就体现在“学生需要我在哪里，我就在哪里”，这是她一生追求的事业。

2017年，J辅导员获全国高校辅导员年度人物称号。

【启示】

J辅导员以爱与责任深刻阐释了其师爱与师德的伟大和高尚。从辅导员工作评价层面来看，她对辅导员工作的爱与坚守是其对自身价值的具体化，对学生的无私大爱更是极好地展示了其优秀的道德品质与职业素养。

从J辅导员的成长轨迹中，我们可以看到：第一，十五年如一日对学生深沉的爱与责任彰显了J辅导员对辅导员工作价值的认同与评价。辅导员对她而言已不仅仅是一个岗位、一份工作，而是一项事业，一项展现自身价值、服务学生成长的事业。第二，社会与高校从荣誉、晋升、职称等方面都为J辅导员的坚守表达了肯定评价，并从环境、政策等方面给予了明确通道。第三，学生对J辅导员发自内心的尊敬、毕业后的挂怀与感激、心心念念不忘的师恩一方面是对J辅导员个人人格魅力的肯定，另一方面也是对以J辅导员为代表的辅导员职业价值的认可和肯定。

思考题

1. 请谈谈你对“在大学生中树立威信”和“与学生打成一片”这两句话的理解。

2. 高校辅导员普遍性工资水平不高、晋升渠道不明确、岗位流动性大，作为高校辅导员该怎么办?

3. 如何理解“一名优秀辅导员应具备高尚情操”这句话?

参考文献

[1] 周良书，朱平，俞小和，等. 中国高校辅导员工作史论 [M]. 北京：人民出版社，2016.

[2] 教育部思想政治工作司. 加强和改进大学生思想政治教育重要文献选编（1978—2008）[M]. 北京：中国人民大学出版社，2008.

[3] 冯刚，等. 辅导员队伍专业化建设理论与实务 [M]. 北京：中国人民大学出版社，2010.

[4] 何东昌. 中华人民共和国重要教育文献（1949—1975）[M]. 海口：海南出版社，1998.

[5] “2008 全国高校辅导员年度人物” 简介：上 [J]. 高校辅导员学刊，2009，1（2）.

[6] 江泽民. 在中央思想政治工作会议上的讲话 [N]. 人民日报，2000-06-29（1）.

[7] 张再兴，等. 高校辅导员队伍建设理论与实践 [M]. 北京：人民出版社，2010.

[8] 陈正芬. 我国高校辅导员制度研究 [D]. 重庆：西南大学，2013.

[9] 张耀灿，郑永廷，吴潜涛，等. 现代思想政治教育学 [M]. 北京：人民出版社，2006.

[10] 郑永廷. 现代思想道德教育理论与方法 [M]. 广州：广东高等教育出版社，2000.

[11] 邹绍清. 当代思想政治教育方法论发展研究 [M]. 北京：人民出版社，2013.

[12] 王树荫，王炎. 新中国思想政治教育史纲（1949—2009）[M]. 北京：人民出版社，2010.

[13] 沈壮海. 思想政治教育的文化视野 [M]. 北京：人民出版社，2005.

[14] 徐建军. 大学生网络思想政治教育理论与方法 [M]. 北京：人民出版社，2010.

[15] 商雪岩. 高校基层服务型党组织建设研究 [D]. 大连：辽宁师范大学，2016.

[16] 刘树忠. 大学生公益素养现状及其培育 [D]. 桂林：广西师范大学，2011.

[17] 胡凯，杨欣. 论大学生志愿服务的思想政治教育功能 [J]. 思想教育研究，2010（2）.

[18] 王金龙. 高校基层党组织目标化管理体系构建 [J]. 才智，2017（22）.

[19] 王春雨. 创新高校基层党建工作模式探讨：以“践行师德、结对帮扶”为视角 [J]. 江苏高教，2013（5）.

[20] 魏桂红. 大学生基层党组织建设的现状和对策 [J]. 江苏高教，2006（3）.

[21] 冯英豪. 高校基层党组织建设存在的问题及对策［J］. 学校党建与思想教育（下），2009（23）.

[22] 李晓彦，于晓娟. 中国慈善公益组织的信用危机与品牌建设［J］. 新闻传播，2014（3）.

[23] 李新泰. 马克思主义学风论［M］. 北京：中共中央党校出版社，2001.

[24] 赵庆. 社会发展的哲学新视野［M］. 北京：光明日报出版社，2012.

[25] 简敏. 校园危机管理策略创新：当代高校稳定的现实选择［M］. 北京：中国检察出版社，2007.

[26] 赵明吉，朱新筱，赵海涛，等. 社会工作视野下的高校辅导员校园危机管理［M］. 济南：山东大学出版社，2014.

[27] 李新仓. 高校突发事件的防范体系及防范机制的实证研究［M］. 北京：人民日报出版社，2014.

[28] 赵洪伟，钟俊生，王旭东. 高校平安校园建设理论创新与工作实践［M］. 北京：中国石化出版社，2015.

[29] 刘向信，等. 高校突发事件应急机制研究［M］. 北京：社会科学文献出版社，2009.

[30] 康伟. 校园危机管理［M］. 哈尔滨：黑龙江教育出版社，2012.

[31] 康伟，孙德梅，吕冬诗. 学校突发危机事件管理研究：以生成、演化与控制为视角［M］. 北京：人民日报出版社，2016.

[32] 卓立筑. 危机管理：新形势下公共危机预防与处理对策［M］. 2 版. 北京：中共中央党校出版社，2013.

[33] 赵艳霞. 公共管理学［M］. 哈尔滨：哈尔滨工程大学出版社，2016.

[34] 程惠霞. 危机管理：从应急迈向前置［M］. 北京：清华大学出版社，2016.

[35] 郑子云，司徒永富. 企业风险管理［M］. 北京：商务印书馆，2002.

[36] 李余华，李黎青，丁阳喜. 高校突发事件应急处置机制研究［M］. 成都：西南交通大学出版社，2007.

[37] 黄冬福. 高校突发事件思想政治教育疏导研究［M］. 厦门：厦门大学出版社，2014.

[38] 孔令栋，马奔. 突发公共事件应急管理［M］. 济南：山东大学出版社，2011.

[39] 胡宝国. 内地高校少数民族学生教育管理工作的内涵、挑战及对策分析［J］. 思想理论教育，2015（7）.

[40] 刘修志. 内地高校少数民族大学生教育管理方法现状及其优化［J］. 学园，2017（10）.

[41] 祁鸣，速成. 内地高校少数民族学生教育管理模式创新探索［J］. 学校党建与思想教育，2016（14）.

[42] 张强，袁本新，李敏. 高校新疆籍少数民族学生教育管理研讨会论文集［C］. 广州：中山大学出版社，2017.

[43] 刘衡，马亚琼. 内地综合类高校少数民族学生教育管理工作的思考［J］. 时

代教育，2015（14）.

［44］刘金凤，薛璟，郑施. 内地高校少数民族学生日常管理工作方法探索：以乐水学堂为例［J］. 当代教研论丛，2016（2）.

［45］陈万柏，张耀灿. 思想政治教育学原理［M］. 3 版. 北京：高等教育出版社，2015.

［46］魏则胜. 职业道德理论与实践［M］. 广州：中山大学出版社，2017.

［47］教育部思想政治工作司. 思想政治教育原理与方法［M］. 北京：高等教育出版社，2010.

［48］黄签名. 辅导员价值论［M］. 天津：天津大学出版社，2013.

［49］彭盼盼. 论我国公民法律素养的提升［D］. 南昌：江西师范大学，2014.

［50］浦纯钰，黄风琼. 论提高高校辅导员的法律素养［J］. 经济研究导刊，2009（35）.

［51］江沈红. 高校辅导员教师身份内涵及身份实现路径研究［M］. 武汉：武汉大学出版社，2016.

［52］宋红霞. 高校辅导员人文素质培养刍议［J］. 中国成人教育，2008（5）.

［53］梅敬忠. 回望国学经典：领导干部提升人文素养的“捷径”［J］. 人民论坛，2016（30）.

［54］余钦. 高职院校辅导员人文素养培养路径探析［J］. 广西职业技术学院学报，2013（6）.

［55］沈壮海. 辅导员如何做科研［J］. 思想政治教育研究，2012，28（3）.

［56］刘海滨. 高校辅导员专业化素质和能力培养研究［D］. 天津：天津师范大学，2014.

［57］马克思，恩格斯. 马克思恩格斯全集：第 46 卷上［M］. 北京：人民出版社，1980.

［58］江泽民. 论“三个代表”［M］. 北京：中央文献出版社，2001.

［59］张凤莲. 马克思的个人发展理论及其当代价值［J］. 哲学研究，2006（5）.

［60］冯刚. 在教育部高校辅导员培训和研修基地工作会议上的讲话［J］. 高校辅导员学刊，2012，4（5）.

［61］贝静红. 高校辅导员队伍专业化发展研究［M］. 武汉：武汉大学出版社，2016.

［62］李国华. 论“人的发展”与“个人发展”的辩证关系［J］. 理论探索，2004（2）.

［63］张铤. 内职业生涯：大学生职业生涯规划的关注转向［J］. 教育探索，2010（10）.

［64］曾昭浩，李卫东. 高校辅导员职业化的反思与建构［M］. 桂林：广西师范大学出版社，2013.

［65］李秀林，王于，李淮春. 辩证唯物主义和历史唯物主义原理［M］. 5 版. 北京：中国人民大学出版社，2004.

后　　记

本书属于高校思想政治教育研究丛书，依托全国高校思想政治理论课教师研修基地（华南师范大学）、教育部高校思想政治工作队伍培训研修中心（华南师范大学）两个工作机构，组织各方力量编写而成。全国高校思想政治理论课教师研修基地（华南师范大学）、教育部高校思想政治工作队伍培训研修中心（华南师范大学）两个工作机构不仅承担高校思想政治理论课教师以及思想政治工作骨干的研修任务，而且还需要进行理论研究和文化传播，以将研修基地建设为高水平的学术研究和理论宣传阵地，为此，我们组织了一批业内专家，编写了一套“思想政治教育研究丛书”作为上述两个机构的工作成果。本书第一次出版时间为2018年，几年来，中国社会在发展变化，高校辅导员队伍建设经验和相关理论观点也在不断完善，基于此，我们组织力量，对原书进行修改后再版，此书得以付梓出版。

“思想政治教育研究丛书”的总负责人为华南师范大学魏则胜教授，王刚、江峰、荆懿、贾婀娜四位专家负责对本书进行修改和完善。本书具体编著任务如下：

李进方（山西财经大学）撰写第一章。

何小勇（暨南大学）撰写第二章部分内容。

万宗节（华南师范大学）撰写第二章部分内容。

肖孟琦（广东技术师范大学）撰写第三章。

魏争（华南理工大学）撰写第四章部分内容。

诸小妮（东莞理工学院）撰写第四章部分内容。

鲍金勇（华南农业大学）撰写第五章。

何雪梅（华南师范大学）撰写第六章部分内容。

王刚（广东金融学院）撰写第六章部分内容。

陈南坤（哈尔滨工业大学）撰写第七章。

陈相光（华南师范大学）撰写第八章。

王鹏（华南师范大学）撰写第九章。

海景龙（东莞理工学院）撰写第十章。

荆懿（华南师范大学）撰写第十一章。

张志刚（桂林电子科技大学）撰写第十二章。

魏则胜

2023年5月